eye

守望者

—

到灯塔去

北京高校西葡语专业群资助

想象的全球化

La Globalización Imaginada

［阿根廷］内斯托尔·加西亚·坎克里尼 著　陈金梅 译

Néstor García Canclini

南京大学出版社

目　录

序言　加西亚·坎克里尼的全球化研究与“杂糅文化”
乔治·尤迪斯 / 001

引言　全球化想象体中的文化与政治/040

第一部分　叙事、隐喻与理论

第一章　要全球化还是维护本土认同：该如何抉择？/ 057
第二章　全球化：尚未被定义的文化对象 / 079
第三章　市场与跨文化：介于欧洲与美国之间的拉丁美洲 / 109
第四章　我们不知应如何称呼他者 / 156

第二部分　插曲

第五章　一位拉美人类学家、一位欧洲社会学学者与一位美国文化研究人员的不同见解 / 187

第三部分　跨文化政策

第六章　途经纽约，从巴黎到迈阿密 / 207
第七章　文化之都与国际城市 / 236
第八章　从文化角度看待全球化 / 256

第九章　误解中的人类学：关于跨文化研究方法的讨论 / 292

结语　社会转变和当前的全球化想象

2011 年秋内斯托尔·加西亚·坎克里尼与托比·米勒的谈话 / 321

参考文献 / 342

译名对照表 / 360

序　言

加西亚·坎克里尼的全球化研究与“杂糅文化”

乔治·尤迪斯[①]

我想以实际发生的故事为切入点，对全球化进行思考。这些现实中普遍存在的事例表明了不同文化间的联系极为紧密。若没有这种跨文化接触，全球化也就无从谈起。全球化使我们变得类同、拉近我们之间距离的同时，也导致更多的差异出现并催生了新的不平等。若不能理解人们虽为远方别处所吸引，但在与不同人群接触时容易产生各种惊恐，甚至有可能受到排挤或因需与自己不接受之人或事相处而深感无奈，我们也就无法对官方公布的、覆盖各个区域的金融数据和媒体报道进行评判。由于全球化并不意味着我们所有人都能为他人着想，也不是说有了全球化我们就能走进所有地方，所以只有了解不同文化碰撞和排他

① 应作者之求，将本书的英文译者乔治·尤迪斯所写评论也一同翻译出来，列于此作为书之序言。评论中引用加西亚·坎克里尼原文时所标页码，翻译时只对其保留，未做调整。乔治·尤迪斯为迈阿密大学教授，研究大众文化。英文译本 *Imagined Globalization* 于 2014 年由杜克大学出版社出版。该文以其在英文译本（2014 年版）中的前言为基础，稍微做了改动，于 2017 年完成。（若无特别说明，本书脚注均为译者注。）

> 行为带来的痛楚、残酷的种族主义侵入和自我防御，以及波及全世界，在自愿选择的他者与被迫接受的邻居之间进行区分所产生的争执，才有可能理解全球化。没有跨文化性的全球化只能是个 OCNI①，即一种尚未被定义的文化对象。(García Canclini，*La globalización imaginada*，50)

关于全球化，还有什么没有被论说和著述分析过的呢？2011 年 10 月中旬，笔者在美国国会图书馆②线上书目检索系统的“按书名查找”一栏中输入“全球化”一词，系统便导出了 5514 个条目，从世界政治学文摘数据库（Worldwide Political Science）上可搜出 16801 个条目，再到 Proquest 社会学文摘数据库上能查询到 20492 个条目。此外，在迈阿密大学的大图书馆（Richter Library）也能找到共计 271962 条包括图书、文章及其他格式的各类条目。在信息资源如丛林般丰茂的情况下，介绍《想象的全球化》这本书的意义何在？

作为回答的第一个理由是，若想要知晓和理解拉丁美洲在乌尔夫·汉内斯（1989）关于全球化研究中的重要地位，[i] 最好的着手点莫过于加西亚·坎克里尼。据我所知，没有人能像他那样如此持续地关心全球化对于拉美、欧洲和美国之间关系，以及拉美各国之间关系的影响。他的分析主要涉及区域思想，换言之，涉及欧盟、由美国所推动的与拉美的自由贸易协定、南方共同市场等的一体化策略。这样的一体化策略众望所归，

① OCNI 为“Objeto cultural no identificado”的缩写，是 20 世纪末常用的一种诙谐表达，取义于 OVNI（Objeto Volador No Identificado，不明飞行物）。

② 全世界最大的图书馆。

是应对世界快速全球化背景下生产、运营、销售和市场重新组合而形成世界区域霸权（如德国、美国与巴西）之威胁的妙方。第二，作为拉美研究专家，加西亚·坎克里尼无意介入关于全球化不同趋势的争论，而是力求绘制灵活的策略，以通过这个厚重的概念推动已处落后状态的拉美地区实现更高效的发展。虽然如加西亚·坎克里尼在《想象的全球化》（1999 年的西班牙语版）发表十一年之后所写的结语中承认的，一些拉美国家，如巴西和阿根廷，已制定了独立于全球霸权机构的新发展方针，这个区域整体还是落后的。第三，这些策略要求建立一个“能够指导与全球化相关的各类异同视角与想象体（imaginaries）”的方法论框架，以辨别那些分别在本土和区域范围内发生联系的主体（其中包括那些未能被各国家与国际经济、政治和传播事业所吸纳入内的主体），如何能够从象征意义和政治层面上介入新的、具有影响力的公共场域的开拓过程，并随后制定出新的治理方案。建构这样的框架涉及跨学科研究，而跨学科分析恰巧是加西亚·坎克里尼的一大强项。第四，加西亚·坎克里尼将调解置于社会政治行动与政策设计的中心位置，即特别突出在整个本土的、国家的、区域的和全球的事物链中的统筹能力（201）。第五，同时也是最重要的一点，上述所有都要求我们必须关注跨文化性及其想象体。关注跨文化性是因为全球化的过程将不同社会文化背景的人聚集到一起，而想象体的重要性在于它是不同人群相互了解和交往互动的一个重要手段。第六（当然还可以继续列举其他有必要阅读此书的理由），加西亚·坎克里尼提出了一个理解全球化想象体的诗学视角，集中讨论隐喻和叙事，他认为隐喻和叙事是人们试图与偶然性谈判的方式。尤其是在这样一个全球化时代里，各种曾提供安全防护的结构（特别是民族-国家机构，其他跨国机构和跨国社会民生机构，如欧盟）因腐朽败落引发持久的不安定，如此情况之下，隐喻与叙述极为重要。

全球化与文化杂糅（hibridación）

该引言意为引导读者对《想象的全球化》一书的阅读，同时也向读者介绍这本书在加西亚·坎克里尼学术思想中的重要地位。如任何一位写作者的作品一样，这本书中也有一些主题前后重复提及，但并非固有观念的重复，而是赋格曲的变体，伴随所关联的情境场景的变化而不断重新书写的变体。在写全球化之前，加西亚·坎克里尼一直在研究想象体的变革，特别关注资本主义现代化背景下的艺术家、作家和手工艺人的想象体，这在其获奖无数的《资本主义的大众文化》（*Las culturas populares en el capitalismo*，1982）中尤为明显。《资本主义的大众文化》一书讨论的是在资本主义背景下，手工艺人如何依照这个让他们必须改变，又使得他们能在创新的同时不抛弃过去的双面性进程中，对其传统技艺进行变革。加西亚·坎克里尼后又扩充其分析范围，将艺术、文化工业、媒体、文化消费、民族遗产与认同、民俗、手工艺、大众文化、博物馆、都市生活以及不同学科都纳入他另外一部名作《杂糅文化①：进入与走出现代性的策略》（*Culturas híbridas: Estrategias para entrar y*

① 亦有人将坎克里尼提出的“culturas híbridas”译成“杂种文化”。鉴于“杂种”一词在汉语中是带贬义之词，与作者原意有偏差，在本译文中统一使用“杂糅”一词。

salir de la modernidad，1989）中。在《想象的全球化》出版两年后（即 2001 年），《杂糅文化：进入与走出现代性的策略》西班牙语版第二版发行时，他写了题为《全球化时代的杂糅文化》的引言，并在文中坦言，虽然书中并未使用全球化的概念，但他所分析的所有进程都曾属于“现代趋势与冲突发展的顶峰”，即安东尼·吉登斯和乌尔利希·贝克理解全球化的方式（García Canclini，2001：23）。

非常有必要指出，加西亚·坎克里尼所指的 hibridación 并非混血杂交——在民族化政策框架下能够形成规范性认同的文化熔炉。这一规范性认同概念的艺术表达就是魔幻现实主义的美感，并最终变成一种在发达国家激发人们异国情调欲望的产品（2001：21）。为回应秘鲁知识分子安东尼奥·科尔内霍·波拉尔的批评，加西亚·坎克里尼将 hibridación 定义为一种无辩证色彩的异质性，它所蕴含的内容与其说是一个融合或一体化过程，不如说是同一时间从不同地方发声（2001：20），以多个来源和理论框架来支撑身份认同的概念，而且是意识形态出于战略目的决定了这一“多个”的角度。加西亚·坎克里尼在其书中表达了对于规范性“杂交”（mestizaje normalizador）的质疑，其质疑形成的时代背景为各类社会种族运动高涨。这些运动推动人们将拉美社会认定为多文化和多种族的社会，这一观念于二十世纪八十年代末、九十年代初随拉美地区的宪法改革而逐渐实现制度化。他关注的焦点不是具体动因，而在于杂糅的过程，这一过程可以得到国家和地区政策的支持以“避免分化并变为跨文化过程，从而以民主的方式处理各种异同，由此，历史不会局限于如萨缪尔·亨廷顿所想象的不同文化之间的一场战争。我们可以选择是要战争还是处于杂糅之中”（2001：

20）。这一观点与生活方式的多样化逻辑一致，正如2004年联合国开发计划署（PNUD）的《2004年人类发展报告》所倡导的“今日多样化世界的文化自由”，以及于2006年10月为148个国家讨论通过并于2007年3月正式生效的《保护和促进文化表现形式多样性公约》一样，人们应当有自由选择的权利。实际上加西亚·坎克里尼参加了《公约》创始文件讨论的几次重大活动，其中之一为1998年在斯德哥尔摩举行的政府间文化政策发展会议。此次会议对发展下的定义不是指经济增长，而是指生活质量的高低取决于人们是否能自由选择如何生活，还包括一个人的身份认同。

多元文化的问题

加西亚·坎克里尼常思考的另外一个主题就是对于美国多元文化主义的不满。在他看来，美国的多元文化主义无非是一种社会分隔的方式：每个民族种族都有自己的身份认同、自己的机构和（被认为理所应当的）文化，各族群的诉求都建立在这样的基础之上（García Canclini，1998：12）。加西亚·坎克里尼认为，全球化使得为身份认同所做的无条件辩护适得其反；而跨文化交流与互动，在看似过度确定的世界里，反而能够促进新的行动方式产生。他说，“我认为当今的关键问题并不在于是极力维护自我文化认同还是迈进全球化浪潮中去。对全球化进程阐释得最清楚的研究不是那些孤立地审视群体身份认同问题的研究，而是探寻如何与他者相处，如何正视多样性、差异与不平等现象的研究”（30）。

《想象的全球化》包含了一个对不同国家和区域看待他者之不同方式的极具洞察力的比较反思。作者提炼出西方世界对待他者的四种方式：欧洲追求普世权利的共和体制，美国的多元文化隔离主义，拉美国家民族国家体制下的多民族融合，以及跨越了上述几种模式，并在大众传媒中得到强化的多元文化一体化（14，以及第四章）。加西亚·坎克里尼发现，上述所有的跨文化关系模型都不足以保证人们在国家政策设计和跨国语境中的民主参与——“一个民主的政治文化和文化政策不仅承认差异，还要创造条件让人们能在模糊状态中体验差异”（125）；他尤其怀疑美国多元文化主义在认可他者时一般采用的权宜实际的方式。这份怀疑一部分要归因于学术、政治和媒体对拉美裔的看法。迄今为止，这些看法大部分都是刻板印象，不光来自外部（如臆断所有的拉美裔都是非法劳工），也来自内部（如拉美裔的营销人员企图向广告商兜售其对拉美族群的“专业”了解，从而在拉美裔人口暴涨的情况下赚一笔）。

对于美国少数族裔尤其拉美裔始终如一的看法正在瓦解，这就意味着加西亚·坎克里尼关于多元文化分离主义的一些分析论断需要修改。不论我们是去读一下奥巴马关于多种族归属的发言，或是看一眼 2010 年美国人口普查所显示选择两个以上种族的人增长 37%之实，还是关注一下分析拉美裔自我认同方面种种矛盾的研究［据《拉美裔身份认同研究报告》（Beyond Demographics Latino Identity Research Initiative）显示，40%的人认为自己是黝黑皮肤的混血或黑白混血，而根据 2010 年人口普查数据表明，58%的拉美裔自我认同为白人］，都会发现想象体正愈来愈多样。[ii]这印证了加西亚·坎克里尼关于区分性身份和（或）多重身份的假定，但同时也弱化了他提出的另一个观点——三千万（1999 年数据）的美国拉美裔应算作西班牙和拉美的西语使用者以外的又一西班牙语使用者群体，并且应成为跨国区域想象体的一部分（45），因为实际上英语掌握者和英语（单语）使用者在不断增多。[iii]这一观察分析的要点不在证明西裔族群有这样或那样的身份认同，而是表明他们是一个正在经历快速变化并具有异质特征的人口群体，任何想捕捉其现实之状的尝试，都如同加西亚·坎克里尼在分析全球化时代的跨文化性时所采用的隐喻——朝一个移动的靶子开枪（52）。

区域一体化

有评论者将《杂糅文化》阐释为对混杂的赞美，但加西亚·坎克里尼在为该书新写的引言以及《想象的全球化》一书中阐述得很清楚：全球化的进程将人们绑到了一起，并生产出同质化的诸多形式，比如消费品及商业媒体，还形成“保有关联的世界碎片化，该碎片化重组各类差异与不平等却无法消灭它们”（49）。他既不歌颂全球化（成为麦当劳倡导者），也不憎恶全球化（成为马孔多支持者），而是专注于对各相悖趋势的分析，力图找到“文化和社会政治调解的场域”（31），并推动那些将跨文化作为“公民身份在文化层面的一次世界性演练”之政策的形成（191）。以此为目标，加西亚·坎克里尼对区域一体化寄予一种谨慎的乌托邦期盼，原因有二：一为夯实基础以对抗欧洲和美国的新殖民主义经济计划，二为对已失败的国家方案进行补救。

关于上述第一个原因，拉美各国历来都是国际货币基金组织和世界银行经济控制的牺牲品。晚近，美国竭力推动自由贸易协定，寻求重构新自由主义的“妙方”——私有化，货币贬值，缩减公职岗位，减少关键性的公共服务如失业险、医疗卫生和教育等，拉美各国又成了最大的受害者。但近来，如加西亚·坎克里尼在本书结语中所述，好多拉美国家已经摒弃了那些“妙方”，而且实现了社会经济增长（至少过去几十年是如此），而美国、日本和欧洲都发生了剧烈的经济危机。在缺乏所谓的经济“纪律”（discipline，世界货币基金组织和世界银行发布的术语）的情况下，阿根廷并没有发生经济危机。相反，阿根廷经济最近数年保持了年均7%至9%的增长率。巴西和乌拉圭也非常成功地找到了替代性经济模式，且如阿根廷一样，它们也有效地减少了贫困和增加了各类社会服务。关于经济增长和社会责任的新型想象体大多与巴西相关。事实上，加西亚·坎克里尼在结语中还评述道，巴西在世界舞台的崛起可谓脱离欧美中心的一个重要历史性事件，我们可将巴西崛起与另一个历史性转折事件——柏林墙的倒塌进行比较，大家都把柏林墙理解为世界历史的重大转折，但实际它是表现欧洲中心的事件（203）。

然而，至于文化领域，人们对于巴西正展现出的文化活力所知甚少（随后我将再回来讨论此话题）。拉美文化想象体的流通还是大多根植于全球性大型跨国企业控制的分销布局，这使得拉美音像和文学产品在本区域的内部传播受阻，只有电视剧例外。出版业的问题更为严重，拉美国家的出版销售都限于国内作者之作品。此外，加西亚·坎克里尼大力批判各大跨国出版集团无心传播拉美学者的思想和社会科学著作（144）；这个弊病还传染给了参与区域经济一体化的政客与商人——他们

“对高等教育、科学研究和技术发展漠不关心，其实就是因为他们不懂得文化与拉美人的现代全球化意识是紧密关联的”(92)。

相反，假如政府间的合作有恰当的政策支撑，后续又实施措施将理想变为现实，那么区域一体化应能创造更大的市场。对此问题，有两点意见可参考。首先，欧盟作为一体化的典范，当前似乎正处于经济和社会政治意义上的分裂状态。加西亚·坎克里尼援引乌尔利希·贝克关于“欧洲巴西化”的讽刺性评论（2000：93），但经过八年的社会持续发展和贫困明显减少之后，欧洲朝着巴西前进的方向发展的话，应当能表现非凡。而至于社会政治问题，反移民和反跨文化情绪已经使排外的右翼党派——包括在荷兰与瑞典这样的国家——能被选为国会议员以维持权力均衡。欧洲危机正在产生一系列新的想象体，其中也包括义愤者的想象体（后续我们再对其进行分析）。

关于寻求区域一体化的第二个原因，二十世纪九十年代在新自由主义政策的领导下，整个拉美经历了一个衰退期。整个区域没有能力扭转倒退之势，加西亚·坎克里尼希望区域一体化能够为转机的出现创造条件。对于一体化寄予的期望还与文化和传媒产业在城市中的发展相关，虽然社会分化、犯罪和治安等问题仍然存在。他写道，“若艺术和手工艺传统、博物馆和历史老城区能够与先进通信技术和信息化手段一道，成为城市或国家发展计划的一部分，那它们将会是解决社会分化与不平等问题的新路径”(175)。改变国家衰落的趋势，似乎既是国内（城市）问题也是跨国（区域一体化）问题。在文化方面，需要指出，加西亚·坎克里尼引用的两个区域研究和资助项目都已经被取消了，一个是“美国-墨西哥文化基金会”，推动美国人与墨西哥人合作的公立-私营项目①；另一个是“安德烈斯·贝略”协定（Andrés Bello Covenant）——类似联合国教科文组织的拉美区域组织，旨在推动拉美各国教育、科学和文化发展，始于安第斯山国家的项目。这一实证说明了维持区域合作之艰巨。而且，西班牙为伊比利亚美洲文化与媒体项目发展提供金融和基础设施这件事暗藏危机，很可能对进步②文化政策的发展产生负面影响。[iv]这一危机似乎是与西班牙进军拉美一系列产业（包括银行、保险、电信、酒店管理与旅游、出版以及音像媒体等）同时出现的，加西亚·坎克里尼曾对此进行了批判（131，尤见García Canclini，2002）。然而，由于一些拉美国家，如阿根廷、巴西、智利、哥伦比亚、巴拿马以及秘鲁，在当今全球经济经历危机之背景下能保持良好的经济发展势头，便产生了促进文化的推进力，部分国家（阿根廷、巴西和哥伦比亚）着手完善其助力社会进步的文化政策，而另外一些国家则建立或更新其国家文化部，如巴拿马与秘鲁。另外也有项目尚在进行中，特别是巴西文化部部长吉尔贝托·吉尔和茹卡·费雷拉实行的自下而上的创新文化政策让人看到了希望。[v]巴西的自下而上政策为其已然生机勃勃和亲民独立的文化发展更添活力，由此验证了加西亚·坎克里尼在结语中的评述——公民对于诸如欧盟那样的抽象规划无感，对于很多政党自上而下的政治计划也冷漠，却对与新自由主义方案相反的一些新举措极为感兴趣。然而，文化影响力的增加还是受控于传统的政治谈判，巴西在参与国际文化政策制定时表现出的犹豫不决便是例证，对此我们将在下文展开讨论。

---

① 基金会的资金来源既有政府拨款也有私人筹集。

② 作者用美国社会哲学进步主义（progressivism，强调对社会弱势群体的关注及保护的社会哲学）来指代一些社会民生福利问题的解决。

想象体和跨学科方法论

加西亚·坎克里尼并不是第一位讨论全球时代想象体概念的人。比如，阿尔君·阿帕杜莱就曾提出“想象世界”（imagined worlds）概念。阿帕杜莱的“想象世界”指代归属感，以及从未相识的成员之间“深度的和横向的手足情谊”（deep，horizontal comradeship），这一概念以本尼迪克特·安德森将民族视为“想象的共同体”这一提议为原型稍做改动而成。一个想象的共同体是一个“感觉结构”“一种感觉和想法”“人们真实经历和感受的意义与价值”的综合，它们“与正规（或说系统）信念之间的关系实际是多种多样的”。一个感觉结构，总的来说，是一种“文化假设”（Williams，1997：128—35）。阿帕杜莱将这一概念进行延展，以描述“遍布全球的个体和群体基于历史构建的想象体所组成的多重世界”（1996：33）。

阿帕杜莱特别强调全球流动的分离和解域化[①]特点，而加西亚·坎克里尼则相反，他反对过分强调游牧主义，并认为这些想象世界里的主体并不是随意、无限制地在流浪中建构与重建起来的，而是被多变且受多种因素影响的力量拉拽进指定的框架之内。一方面，金融机构、跨国集团、全球性媒体和电信巨头以及各种商贸协定对文化产生了重要影响，并催生了关于更加美好的世界——对所有人都更美好——的想象体，尽管对那

① 亦有学者使用“去域化”，详见周宪著《文化表征与文化研究》，北京大学出版社，2007年，第211页。

些因缺乏资源而无法加入消费行列的群体来说，其共享福祉的可能性非常小。另一方面，不同类别的移民以及受排斥人群也有他们的想象体，使他们能认识全球化当中的裂隙与分化（11）并了解与其变动迁徙相关的社会背景。关于移居美洲的老移民的想象体与生活在跨国背景下之当代人的想象体之间的截然不同，加西亚·坎克里尼描绘了一幅引人入胜的画面（见第三章）。即便是同属当今时代的移民者，他们对于全球化的想象也存在诸多差异：“在一个有亲属在美国工作的墨西哥或哥伦比亚家庭看来，‘全球化’指他们与亲属所在的美国某区域的密切关系，而这又不同于墨西哥或哥伦比亚一些艺人对全球化的构想，比如著名艺人萨尔玛·海耶克和卡洛斯·毕维思，他们的受众遍布全美”（12）。在书的结语中，加西亚·坎克里尼提及随着南至北的移民浪潮变成北至南以及南至南方向的人员流动，新的想象体产生了：拉美人正回到他们的母国，一些欧洲人（比如葡萄牙人）在想办法到机会更多的巴西找工作，还有海地人希望在巴西寻找新的生活（Romero，2012）。

加西亚·坎克里尼的阐述极为雄辩有力，他以跨学科的方法将隐喻和叙事结合起来的分析尤为突出。这其中一部分原因是作为哲学家和人类学家，他具有极高的专业素养，同时他还能从社会经济角度分析艺术、文学、手工艺、传媒及其他文化表现形式。如果一定要将他与其他全球化理论家进行区分归类，加西亚·坎克里尼应当被列入第三波或后怀疑/改革派浪潮当中去，即，将其与卢克·马特尔①（2007）[vi]所说的拥护全球化者和怀疑全球化者区分开。与其他第三波全球化思想者一样，他认

① 《全球化社会学》（*The Sociology of Globalization*）的作者。

可各种全球化变革，并承认变革所造成的差异与分化；作为一个政策思考者，他认为国家政府仍然非常重要，但他主张通过权力共享协定对其进行重组，以跨越政治与经济壁垒，强化公民身份。他理想中的社会是绝对的世界主义民主，而在文化层面，他是杂糅与复杂（hybridization and complexity）的重要理论代表。谈及未来，他认为想象体将带来不确定性，但其著作的目的在于讨论与思考应对诸多偶发事件的策略。这些偶然性的产生源于一些新的公民身份形式，其导向为多样的社会组织形式而非同质化或排他现象。

从方法论角度讲，加西亚·坎克里尼追求的是解释的力量，这也是为何他主张全球化问题不能是一个定义清晰的研究对象（他非常巧妙地将全球化刻画为一个尚未被定义的文化对象，它可以被想象、被看见和被体验，但很难从社会科学层面对其进行解释），它也不是一个科学的、经济的、政治的或文化的范式，不能把它设定为唯一的发展模式。[vii]相反，全球化是一系列的叙事，这些叙事只是部分接近事实，而且在很多方面还存在不一致（47）。他强调想象维度的原因在于，就连第一波的全球化（支持）者和第二波的怀疑者以及普通民众，都根据可能发生的乌托邦或反乌托邦情况来采取行动，这就公然违背了社会科学所倡导的概念清晰。因此，他不仅对各种理论感兴趣，也关注人们所说、所做以及认识世界的方式。“当移民人口普查数据、投资的全球流通及消费统计等数据能与表现事物异质性的叙事相结合时，这些数字信息会具有更深刻的含义。在整体结构中，主体将重新出现”（35）。此外，将人也纳入分析中则意味着需要关注人在理解全球化方式之变化中所发挥的作用，如此一来才不会将全球化理解为一场市场力量的匿名角逐，只为时时刻刻能在跨国竞争中取得更多的盈利（64）。

加西亚·坎克里尼参与了大量民族志学的合作研究项目，他的主要建树可概括在《消费者与公民：全球化和多元文化冲突》（*Consumidores y cuidadanos: Globalización y conflictos multiculturales*，2001，初版，1995）和《想象的全球化》两本书中。他的民族志学研究中既包括对艺术作品的分析（他的确是罕见的民族志学方向的艺术批评-理论家之一），也有他深受博士论文导师保罗·利科影响，以及受梅洛-庞蒂、朗西埃和德里达启发而进行的哲学思考。这样的民族志学研究开启了他对叙事与隐喻作为启发性资源的探索。叙事和隐喻有助于我们跳出自己的认知框架进行想象（52）。我们关注“那些为填补理论和政策的缝隙和不足而形成的叙事与隐喻”（14），那些弥补数字与预测之失真的叙事与隐喻（49）。由于全球化问题的复杂性和不确定性，叙事与隐喻就更适合于描述混乱和流动：“隐喻的特点在于能够塑造并清晰地呈现那些移动、联结或混杂之事物；而叙事则寻求在众多的人员往来以及多个‘他者’存在的情境中梳理出一个秩序。”（58）加西亚·坎克里尼将代表广泛而多样主体的隐喻和叙事纳入“一种不同文化共享的合理方式，将各种基本概念表达连贯地组织起来”（48），如此一来，加西亚·坎克里尼超越了新自由主义和后现代主义，前者傲娇推崇“单一思维”必胜，后者则舍弃对普遍智慧的追求。

在关于跨文化误解的人类学分析之方法论的附录章节中，加西亚·坎克里尼分析了几种日常话语类别，即一些具表演力（performative force）并能阐释阿马利娅·西尼奥雷利所提出的“小窗人类学”概念的民族文化代表性语句，从而可以思考“不同主体和不对称的权力之间的门槛，如地理边界，是以多种方式进行磋商，以将公共和私人、集体和个体联结起来的地方”(225)。这让我想起瓦连京·沃洛希诺夫提出的微型行为类别 (little behavioral genre) ——通过它，不同个体在社会情境中进行协商。[viii]这些类别有助维持社会稳定，但在流动的条件下，尤其是在跨文化情境中，它们会制造一些不易被甄别、容易导致误解的信息。这并不是说对于上述类别的调整将消除那些由互动过程中内部存在的“权力不对称”所引发的问题。但重要的是，承认这些交流形式有利于实现加西亚·坎克里尼的目标：构建跨国公共场域，以确保主体相对独立的权利，尊重他们的主观选择权。在这样的一个公共空间里，用共同的规章制度要求所有人——无论是有礼之士还是等级不同的人，不论是愤愤不平之人还是那些能在冲突中仍保持礼仪之人 (225)。

与大多数全球化理论研究者不同，加西亚·坎克里尼将艺术和文学视为一种探索研究具象想象的路径，而这些想象通常是无法被思考的。他所寻求的公共空间和由此产生的跨文化社会秩序需要将对具象世界的种种感受也囊括进去。加西亚·坎克里尼认为通过艺术生成的隐喻可以实现这一可能。一个极具说服力的例子就是艺术家柳幸典的装置艺术作品《美洲》，蚂蚁被放置在一连串已连接好的有机玻璃盒里，盒子里盛放的彩色沙粒呈各国国旗图案。随着蚂蚁爬动，国旗（沙粒）瓦解，整个一连串盒子的各种颜色混合在一起，寓意跨国界流动使得人们的身份认同也发生变化。加西亚·坎克里尼评议说，“这个隐喻表达之意是，群体性移民和全球化将使现今世界变成一个流通和互动的体系，在这个系统内，各国之间的差异也将逐渐消失”(53)。同样，在蒂华纳和圣迭戈边境处陈列的拉米雷斯·厄雷所设计的双头木马（一头朝北看着美国，另一头朝南看向墨西哥)，也暗指“跨文化的误解”在边境两头都会发生 (57)。

诗　学

在他最近出版的著作《没有故事的社会：关于急迫的人类学与美学研究》（*La sociedad sin relato: Antropología y estética de la inminencia*）一书中，加西亚·坎克里尼进一步展开了他对当代艺术的探索。他说，艺术不再仅留在博物馆和美术馆里，而是已移居许多其他领域，如传媒、时尚、社会行动、投资基金、都市复兴、新技术、证券、危机青年的治愈计划等。全球化进程中，艺术逐渐走出布尔迪厄所提的自治场域（campo de la autonomía）；对艺术的分析可以从这些角度入手，比如研究上述变化的代表性符号，研究变化发生的外部背景，以及研究观察者和参与者对变化的看法。“通过改变公共与私人、文化体验与经济效益之间的常规关系，艺术生产这一慢经济，发挥着这样的公共职能：它促使人们重新思考强劲的符号文化产业经济所推行的公共的、转瞬即逝的和健忘之物”（200）。人们“走近艺术作品和随时跟踪各种艺术活动时”可以学到很多东西（2010：243）。书的副标题突出了社会生活的紧迫性或者说不完整性。从启发思考的角度看，这本书可以说是对皮尔斯所谓的“溯因”（abduction）①影响深远的探索，“溯因”即“一个解释性假设形成的过程……一种能产生新想法的唯一符合逻辑的运作方式”（Pierce，1903）。在《想象的全球化》一书中也可见这一启发性探索，加西亚·坎克里尼在该书中提出“有必要继续保

① 即溯因推理（Abductive Reasoning），指用假设的理论去与经验相对照，以证明理论的正确性。

持惊讶并承认叙述的多样性……我们需要思考这些不同的叙述是否有互相矛盾之处，且力求让描述富有深度，以厘清大致上客观的结构与多层主观意义的关系”(35)。

加西亚·坎克里尼的独特之处在于他提出对全球化的诗学解读。这一诗学一定程度上归于溯因法，就如为书取名为《想象的全球化》一样，他从惊喜和意外中寻找知识。但他也说，能产生知识的惊喜极为罕见，我们已很少为跨文化的交汇融合而惊叹，在这世纪之交，革命性的视角都已退去且大家认为想象全球化的方式仅有一种，那么留给预料之外的事情的空间也不会多（182)。从这个意义上说，大多数研究——社会科学、人类学和文化研究——都不能从惊喜意外中生产知识（183)。加西亚·坎克里尼的书就希望改变这一匮乏现象。加西亚·坎克里尼在以下几个场景中找到了惊叹之源：1994 年萨帕塔民族解放运动（35)，在苏格兰一家意大利餐馆里与一位墨西哥侍者相遇（“在爱丁堡做关于墨西哥的田野调查”，59—61)，作为一个旅居墨西哥的阿根廷人亲身经历各种错乱悲喜而感困惑，还有他为理解导致这种惊愕产生的环境而尝试从哲学与人类学两个视角进行分析时发现不同角度间的张力（221—222)。要对上述这些时刻有深刻理解，需要超越全球化支持者（史诗般）和全球化怀疑者（情景剧式）的阐释方式。前者认为全球化能应对“跨文化戏剧”的抵抗力，而后者则坚持说全球化将抹去文化之间的差异。

正如要理解全球化就必须思考文化间性（interculturality）一样，经济学、社会学和传播学对全球化史诗般的陈述都因缺少了人类学家、心理分析学者和文学艺术批评者从“文化间性的裂缝、暴力和苦痛”角度出发构建的情景剧式的叙事而显得过于片面（34）。史诗般陈述反对对全球化进行情景剧式的夸张抵制，并坚定认为它们在不久之后随着历史前进和时代发展都终将消亡（34）。情景剧式的叙述则指出了全球化进程的片面性或其失败之处。加西亚·坎克里尼的分析主张，在全球化中，不仅史诗与情景剧共存，而且还有多种叙事使人们能保持惊叹，否则它将消失殆尽（35）。他在分析中也将各种结构和霸权形式纳入了考虑范围，但他也注意到了社会主体参与结构和霸权重组的努力。

虽然加西亚·坎克里尼没有直接将其分析与经典诗学联系起来，但可以说他对于主体如何在一个充满极端偶然性的世界里生存饶有兴趣，在这样的世界里，离心力量好像远超结构和主导霸权的势力，不论是传统的民族主权还是新型的跨国集团、贸易协定或区域一体化的力量。从古老的礼仪（包括酒神仪式和希腊悲剧）到政治、文学、艺术和日常行为等所有他所探讨的内容，想象体都面临偶然性的问题：各神灵、独裁者的专断，以及当今由缺乏管制、金融投机和世界（合法或非法）贸易引起的全球性的混乱无章。这也让我们看到加西亚·坎克里尼忽略了宗教问题，而宗教是关于偶然性的想象体最常见的生成者。有意思的是，加西亚·坎克里尼是个现代主义者，他让艺术取代了宗教的位置。但如他接下来所解释的，他所寻求的叙述方式既非史诗式的也不是情景剧般的，而是多个排列组合，在这些排列组合中史诗与情景剧相交或交融从而产生其他新的叙事可能。

《想象的全球化》给我们提供了一个对文化间性的诗学解读，它承认在异质化叙事的背后存在着一个全球的无秩序，一种受权力驱使的、只有通过想象体才能清除和净化的任意性。在亚里士多德的《诗学》中，他将悲剧视为一种体裁，通过卡塔西斯（catharsis）[①] 让观众看到那些犯错（hamartia）的英雄遭遇灾难性结局，净化观众的痛楚与恐惧。可以说由于各神灵的任意专断，英雄人物都逃脱不了失败的下场。作为政治空间的一种艺术性和试验性表现，悲剧保留了权力与虚构（人的创造）、他治（承担对他人的义务）与自主性（通过对自主责任和自由选择的期望，将他者话语内化）、道德与政治之间的必要张力，从而使法律、神话和宗教场域紧密相连。通过“加以必要的变更”（Mutatis mutandi），加西亚·坎克里尼分析主体通过叙事和隐喻的手段应对偶然事件的各种方式。

社会科幻小说

沿着诗化思路，加西亚·坎克里尼也在这本书中尝试了叙事的手法。书中最明显的虚构叙事就是那部影射小说，讲述了拉美人类学家、西班牙社会学者与美国文化研究学者试图解释在不断变化的世界中，不同文化之间的关系（第五章）。我想要猜测一下小说中人物的背后所指（确实，我是根据各人物的职业进行辨认的），但其实只要指出其中人类学家的原型便是加西亚·坎克里尼足矣。这一章向我们表明“科学”理论并不是抽象之物，而是与学者们自身的生活、他们来自何方，以及他们在去本土化的信息流动中、在网络上、在离开母国的游历中的处境密切相关。因此小说中人物刻画的场景均要不是专业学术会议，就是关于合作以及叙述者称为“跨大西洋和美洲内部各

① 又译为“净化说”或“陶冶说”。

国关系”的研讨会（130）。

人物之间讨论的内容多与他们对诸多话题的观点形成对照，而这些话题恰巧是加西亚·坎克里尼在书中其他章节里更为“科学地”阐述的内容：巴黎、柏林等欧洲首都城市，以及美国的大学对于拉美人和拉美研究的重要性；选择什么研究题目以及关注哪些社会将有助于在欧洲找工作；种族混合和拉美的身份认同问题与法国理性主义和美国多元文化主义（特别是美国种族分类的“魔幻现实”）之间的对比（136）；移民问题，以及从跨国视角分析那些过去认为边界分明的社会；其他国际城市（如威尼斯、马德里、圣保罗和卡塞尔）作为重要的艺术传播节点对纽约形成的挑战；“经济全球化与文化民族主义的矛盾结合”（如作者所举的西班牙人买西班牙艺术作品之例）提出了一些经济学家不会关注的问题（134）；引导阐释解读的理论踉跄不稳且相互矛盾（影射小说中的人物曾讨论后殖民主义和法农主义），却在拉美独立后近两个世纪的时间里在拉美被广泛（或说无效）运用（135）；文化研究的文化与阐释倾向，以及对统计和“硬数据”的无感（82）；作者承认，尽管书中所提学者来自不同地方，现实中人们不会说“美国的文化研究学者”或“拉美的人类学家”[①]（137）。该章以小说人物商定合写一本关于跨文化的小说结尾，这本小说中“半隐藏着一个非主角型的人物，不经意间出现在街角，信手拈来他身边拉美人和美国人惯用的词语，轻松自如地说些什么，他说话的语气仿佛他生活在别处，但这种不停评说又成了他身系此地的方式”（138）。

另外一个半虚构或说自我民族志式的片段是加西亚·坎克

① 就是说现实生活中，我们不会在研究人员的头衔前面特别加上国别名。

里尼（同为叙述者和人物）在爱丁堡一家意大利餐厅与一位墨西哥服务员的相遇。通过两人的对话，加西亚·坎克里尼分析服务员和他自己的身份或者说多重身份的矛盾与偶然之处。那位服务员是世界主义者的典范，而加西亚·坎克里尼作为一个着迷于墨西哥传统的旅墨阿根廷人，却无法完全接受辣食。这一片段以作者定义“杂糅文化”的巧妙方式结尾：“来自多种文化融合之地的背景，以及移民别国的经历，让我这个哲学家变成了人类学家，还能在一位与苏格兰人结婚、认同意大利文化、在爱丁堡餐馆工作的墨西哥人面前代表墨西哥文化。”（61）

《想象的全球化》原书的最后部分是一个附录，在附录中，加西亚·坎克里尼探讨“误解的人类学”，它的副标题是“关于跨文化研究方法的讨论”（207）。在就作者个人流亡经历对墨西哥和阿根廷各种关系的展开分析（见“一外国人是否能精确理解何为墨西哥”208）中，我们能看到另外一个饶有趣味的社会科幻小说的样子。加西亚·坎克里尼援引了罗伯托·达马塔和吉列尔莫·奥唐奈以“什么样的句子最能够代表一个社会”为焦点关于特定都市社会的分析（219）。得出的句子都是一些诙谐幽默之句：当一个人向另外一个施加（或尝试施加）权力影响时，里约热内卢人一句地道的回应是“你知道你在跟谁说话吗?”（você sabe con quem está falando?）暗示说话者是个重要人物或与某重要人物有关系。而在阿根廷，人们的回应大概会是“这关我屁事?”（¿Y a mí qué mierda me importa?）加西亚·坎克里尼接着想象墨西哥是否有什么对应的句子，他脑中闪现的是“愤怒之人有所失”（el que se enoja，pierde）（220），这么一句与他作为旅墨的阿根廷人的个人经历相关的话。在另外一个自我民族志式的片段叙述中，加西亚·坎克里尼讲到的一个受挫遭遇就是极好的例子：他到银行想打印一份银行账户流水信息，但几经失败，便向银行职员抱怨，那女职员竟然提高嗓门跟他说不要吼叫。这时加西亚·坎克里尼才意识到是他的阿根廷式的说话方式引起了那位银行职员的不满。这个例子是跨文化交流深处存在的许多误解的典型代表。可以看到，我们之前所提到的一个微型行为类别里约定俗成的交流方式，对于来自另外一个社会或同一社会不同阶层甚至同一城市不同区域的人来说，常常是难以理解的，甚至（或特别?）对于人类学学者来说，也是难以理解的。也正是这样的难以理解，成了分析和（更乐观些说）跨越鸿沟（或说银行职员窗口两端的文化差异）去据理力争的凭据。

调　解

全球化使得各种误解成倍增长，这也是为何加西亚·坎克里尼对艺术如此感兴趣，因为艺术不遵循社会约定俗成的规则，它为这些俗成之规打上引号，赏玩其奇特之处并对可能的离经叛道持开放态度。作家与艺术家重新创作社会剧本，表现不同语言之间、不同生活与思维方式之间的张力，而媒体则只是想把这一切搞成一场秀、一场快速表演，然后立即转入下一个节目（200）。“在这个全球化似乎要将世间万物都囊括其中而呈环状发展的世界里，艺术却坚持将全球化的大门打开，让其以切线状甚至稍有偏离的方式运行。即艺术还保留了人们做出选择的可能，人们还可以在社会的厚重与多样性面前有所犹豫，这可远比掌握电视遥控器更具战略意义。艺术介入现实并选择一种新的逻辑进行叙述，其实是保持了对诸多张力的表现。有真实社会与不同社会想象方式之间的张力，也有现实存在与批判方法之间的张力，这些张力关系并非一成不变，而是不断变化的。”(200)

在加西亚·坎克里尼看来，艺术手段的介入与更为广泛的文化社会运动，如印第安主义、女性主义和环境主义运动等，相互关联——这些运动包含霸权的一面，同时也有反霸权的一面。但他主张超越诗学和对介入之可能性的探讨，而将其视为一种调解政策。这种政策再现的既不是政府、大型企业或特大非政府组织的绝对权力控制，也不是德勒兹式的回避控制的游牧主义，更不是因特网热爱者的天真想法：他们认为随着互联网的广泛传播，调解机构和人员将被淘汰，其理由在于人们可以将自己的东西上传至网络，因特网热爱者认为利用网络的概念可以创造一个含糊、怀旧、安东尼奥·内格里所称的“将要到来的共产主义”(2003：144)。

制定一个在全球化时代仍保有其重要性的策略意味着发展文化消费的调解能力。美国、欧洲和拉美大国（如墨西哥与巴西）的文化工业已经促成了国际机制的产生，如自由贸易协定、对某些产业（如好莱坞电影）的隐性支持、对大型集团有利的严格知识产权法，以及大多数都站到了经济实力较强国家一边的政府间实体（世界贸易组织和世界知识产权组织等），其目的在于建立全球性的盈利市场。问题不在于这些机制遍布全世界，而是在许多拉美国家，它们使得有调解功能的公共场域达到饱和。调解对文化内容之发行和传播非常重要，因为人们一般在公共场域中参与关于他们所见所闻之事的讨论，如果人们所接触到的大部分文化问题与社会关系不大，关于社会的讨论就会枯竭。此外，如果人们所能接触到的关于其他社会的信息是由大型媒体集团掌控决定，那么他们所听所闻将只是大千世界里纷繁文化产品中一小部分信息的略图。

这种观点主张制定能改变调解力量的政策（实际并不存在这样的事，因为任何社会都必须有调解力量，只有艺术和哲学这样没什么冲突之领域的叙事除外，当然艺术和哲学作为学科本身也始终处在深度的调解之中），并让这些政策与公民、移民和居民的关联更为紧密。谁来设计和执行这些政策呢？在《想象的全球化》一书中，加西亚·坎克里尼仍然觉得区域一体化可以为这样的政策提供框架性结构。但执行政策的人恐怕仍然会是政客、银行家和非政府组织的高管，而他们恰恰是人们不再信任的人。

结　论

作为结论，我想主要讨论一下在全球化背景下改变了调解行为并使得文化表达的传播有所创新的两种运动。这两种运动加西亚·坎克里尼没有在其著作中提及，不过在他近期著作中有所涉及。第一种运动与巴西人类学家埃尔马诺·比亚纳所述之“平行文化”概念相关，即发生在正式企业外围的生产、传播和消费。参与平行文化的人大部分为低收入者，他们来自社会平民阶层且许多属非白人族群。但他们的文化行为与所谓的大众文化截然不同，尤其是手工艺人这个加西亚·坎克里尼在他许多重要著作中都分析过的群体。第二种则与力图建造独立文化圈的青年群体相关。这类青年大部分来自社会中层。这两种运动都对全球化持积极态度且具革新性，而非简单地否定全球化；此外，两者都将现状视为阻力或效能低下。

平行文化

对于第一种运动最精彩的表达就是诺莱坞（Nollywood）①，制作电影总量约为好莱坞的三倍、宝莱坞的两倍，且为约五十万人提供就业（虽然工资不高）的尼日利亚电影工业。而且它的发展没有如好莱坞那样得到正式公司和风险投资资本的投资，没有庞大的配套基础设施，也没有申请知识产权（Ogunyemi，2009）。

尼日利亚电影业繁荣了起来，并得到了政府项目的资助，甚至在首都阿布贾建立了一个电影村。而且世界银行也将诺莱坞纳入政府增长与就业（Growth and Employment in States）项目，为诺莱坞提供两千万美元的资金用于产业升级。这一资助当然比任何政府或政府间多边发展银行对拉美的平行文化产业的支持力度都大，唯一例外的是巴西的文化点位项目（下一节我将细述），这其中的显著区别在于巴西项目的目标并非某个具体产业的发展，而是全国成千上万社区的本土文化表达。

拉美有许多充满活力的平行文化，比如哥伦比亚卡塔赫纳的 champeta[ix]、巴西帕拉州首府贝伦的 tecnobrega[x]、巴西里约热内卢的 funk carioca[xi]、阿根廷布宜诺斯艾利斯和乌拉圭蒙得维的亚的 cumbia villera[xii]，还有与秘鲁利马的 huayno pop[xiii] 及其他与本土音乐相关的安第斯山视频产业。它们的共同特点是，制作都由本土企业、本土音乐师和视频制作者共同完成，都在一些非正式市场发行，而且这类市场还常与所谓的盗版相关联；现场演出是其最大的收益来源，以此方式满足了一大群普通民

① 又译为“瑙来坞”或“尼来坞”。

众的文化需求，而这类节目在主流媒体的节目单上是没有的。便携式技术引进后，出现了平行文化的爆炸式发展。先是二十世纪八十年代拉美的盒式录音磁带，后有 CD 碟片随着八十年代末价格下降以及盗版盛行而广泛流传，以及晚近的一些社交平台［如 Facebook（脸谱网）］的兴起。此外，音乐制作频繁使用电子鼓和音乐合成器，安第斯山视频制作开始像诺莱坞那样使用数字摄像机。有时这些平行文化形式的需求还能大到被主流文化吸收采纳，比如被誉为“美丽的爱情女神”的秘鲁女歌手迪娜·帕乌卡尔就在 2004 年成为非常成功的主流电视剧《为梦想而努力》(*La lucha por un sueño*）的女主角（Alfaro, 2009)。关键之处在于，平行文化产业中的本土演员开始以中间人的身份出现，而且无一例外地都被正式的大型公司挖走。[xiv]

青年文化网络

在本书的结语中，加西亚·坎克里尼指出当今青年与过去的反文化运动中的年轻人（如法国、美国、墨西哥及其他国家的“六八一代”）有着重要区别。在他目前对于青年的研究中(在本书结语中也稍有提及)，加西亚·坎克里尼发现现在年轻人的逻辑不同于其他“反独裁运动、追求社会民主化和商品社会化的运动，以及质疑现有性别等级的运动”(208)。他列举智利学生为例，他们所要求实施的社会变革若在过去早会被认作革命，包括对外国矿业公司实行国有化、推进税务改革让富人缴纳更多税款以及裁减国防预算。但这些方案的提出者“不标榜自己为革命者，而只是在新自由主义体制下长大的年轻人，他们成长的民主社会环境过去从未敢做出改变以纠正皮诺切特建立的制度”(208)。这些年轻人想象着全球化世界里还有另一种生活方式。加西亚·坎克里尼还观察到“已经有一些地方正在建立独立于金融系统的银行，提供借款和信贷服务。新的组织模式出现，而且出现了许多金融投机之外的运作方式。这些势头虽然还很微弱，但事实证明，它们有一定的可持续性，其发展未必不可能”(213)。

作为一本关于数字时代青年文化之书的主编，加西亚·坎克里尼统筹了一系列精彩有趣的课题研究，涉及墨西哥与西班牙的青年出版社、音乐制作公司、艺术空间和美术馆。其中墨西哥部分由马里察·乌特亚加·卡斯特罗·波索协调，西班牙部分则由弗朗西斯科·克鲁塞斯负责协调（García Canclini et al.，2012）。这些年轻人在制作、发行及宣传中带来的变化与革新，常常会促进横向协同并且在实体与虚拟销售网络中产生作用，这使得他和他的同事们开始怀疑布尔迪厄通过区分场域来研究文化空间的理论框架是否实用。如果说在现代主义时期我们习惯长期从事一个职业，去做艺术家、制片人、技术员、市场营销专家或经理人等，那么在当今这个全球化和技术化的时代节点上（有些人称其为非物质的、认知的或富有情感的资本主义世界），追求事业的年轻人常在多个稳定性工作与临时性打工的状态中辗转切换，并不期待一份工作给他带来稳定感和成为唯一收入来源。从这个角度看，加西亚·坎克里尼和他的同事们也加入了对于创意产业话语的批评之列，认为它无法支撑关于文化工作的统计分析。但这并不意味着年轻人开放、灵活和创新的行事风格（modus operandi）源于就业市场的糟糕状况。年轻人投身文化领域是出于他们对音乐、艺术、文学和科技的热情，而且带着这份热情创造出了许多企业模式：他们利用公有、私立或非营利部门任何可以利用的资源，也不必从意识形态上与这些部门产生什么关联。

尽管艺术与价值链功能（生产、流通、传播和接受）的混合已成为世界各地的准则，加西亚·坎克里尼仍然坚信艺术场域一说。但在全世界已出现了一个将艺术归入文化的全球化现象，这一变革，比加西亚·坎克里尼及其同事们所分析的那些引领潮流的年轻人的开创之举更为深刻。相对而言，加西亚·坎克里尼对于文化行动主义——可将艺术与社群权利的争取结合起来的行动主义——的相对忽视，或许得归于他长期对于艺术之强大力量的信仰，将艺术定义为一种介入、一种“社会接受的叙事”。文化行动主义则与此相反，它主张不仅要介入，还要推动本土文化活动的多样化。加西亚·坎克里尼作品中对于文化行动主义的相对忽视的另外一个原因，或许在于他对巴西的研究不多，尤其是他不了解巴西文化行动主义领域的一些创新。文化行动主义不等于大众文化，大众文化关乎形而上的实体——人，加西亚·坎克里尼在《杂糅文化》和《消费者与公民》中对此进行了颠覆性分析。

如之前所提，巴西的文化点位项目是为了促进全国成千上万个社区的本土文化表达，正如巴西前文化部部长吉尔贝托·吉尔所说，也为推动全国上下已存于多个社区（包括内陆城市、印第安部落、非洲后裔社群、农村地区、数字文化行动者运动等）的大量“鲜活文化”的发展。吉尔贝托·吉尔把社群鲜活文化的推广比作 do-in 式中式按摩，可以起到疏通经络（因身体和情绪紊乱而受阻）、恢复气力的作用，而国家对于那些文化点所给予的支持就如同按摩中对于穴位的按压（Ecologia Digital，2004）。文化点位项目所包括的文化范畴极为广泛，这个广泛的意义不在于该用单数还是复数来对文化进行定义，而更大程度上指的是巴西本土极为丰富的创意：它充分体现在政治合作、经济革新措施、传播网络、新科技，以及传统的知识、行为和艺术表达等诸多方面。

文化行动主义成为公共政策的一部分并非巴西独有。文化点位项目正在拉美其他国家如秘鲁、乌拉圭和哥斯达黎加推行。阿根廷则有一个被称为“活社区文化”的网络，这个网络的构成包括社区组织和一群来自不同领域的个人与团体，他们希望在一个民主、有担当、可持续和受尊重的组织范围内进行社会变革（这恰巧是二十多年来新自由主义政策难以撼动的问题）。如想归纳出这个网络所组织的17000个“活社区文化”活动有何特点几乎不太可能（Regional，2012）。我们通过简单列举其中两项活动便可看出这一网络除了推动本土文化发展，也力图给政府施压以通过类似巴西文化点位项目的政策。

有一个“活社区文化”的跨国运动活跃于拉美多国，其中一个名为“人民生产文化”的组织一直在向阿根廷议会施压，要求通过一项法案成立以国家预算的0.1%支持独立自营的社区文化的国家基金会（Krakowiak，2009）。这些组织的目的是传播不同群体的多种文化表达，同时搭建一个参与公共政策设计并使政策更为民主的平台。阿根廷另外一个类似组织叫作独立音乐联合会，它将所有风格和种类的音乐人联合起来，竭力保护这些音乐人，让他们可以生存，并有空间与机会行使其权利，完成音乐制作与发行，以及举办现场音乐会。联合会也参与公共政策的制定，曾向阿根廷议会呈交一份新法案，其内容涉及设立国家音乐学院作为主要的传播机构，为音乐制作提供硬件设施，保证来自不同文化区域的独立音乐人组织的演出能分享盈利，在全国各文化区设立稳定的现场音乐演出场所，设计方案促进民族音乐在媒体上的传播，以及开创一个社会文化场域让音乐艺术走进那些与音乐接触少或没有接触的社会群体（Unión de Músicos Independientes de Argentina n.d.）。

上述加西亚·坎克里尼所提及的只是众多网络群体的一部分（2012），所有群体对于艺术和文化的热忱不限于制作、传播和接受环节，而是延伸到创立新型企业模式和参与设计有利于其工作开展的公共政策。有些网络群体与社会抗议活动合作或同路前行，参与义愤者的抗议活动，如墨西哥的“我是第 132 号”（#YoSoy132）运动。极具争议的“离轴电路”始于一个遍布巴西全国的独立音乐节网络，正寻求将活动范围扩至电影、视频、戏剧甚至社会抗议领域，标榜自己为巴西的“占领”组织，但为谋求权力，它现在也会与一些集团和政治精英交往甚密。[xv]所有这些组织以及其他许多可列举于此的网络，都试图改变后工业-政治-市场集合体（Yúdice，2013b）。而且他们都已意识到建立跨国联系和进入跨国市场是在当今全球化舞台上谋得可持续发展的关键策略之一。他们不认为这些策略与本土需求相冲突，相反，他们能通过这些策略强化本土的影响。

加西亚·坎克里尼的思想与上述各社会网追求的目标一致。实际上很多青年成员都已读过他的作品并深受启发。这些年轻人成为加西亚·坎克里尼研究和分析的“非中心的多焦点”，也由此他们正在推动另一个全球化。虽然在《想象的全球化》序言里提及作者对青年文化的讨论看似有点跑题，但加西亚·坎克里尼关于青年文化网络的新书中的论述是这些他十多年前就试图回答之问题的延伸拓展，同时也再次证明了他用跨学科之道，立于经验研究之基，以艺术与哲学的高度概括、捕捉亟待探索研究之问题的能力。

参考文献

Alfaro Rotondo, Santiago. 2009. "Economía y cultura de la música andina en Lima Metropolitana." Tesis de Licenciatura. Pontificia Universidad Católica del Perú. Facultad de Ciencias Sociales. Sociología.

Anderson, Benedict. 1993. *Comunidades imaginadas. Reflexiones sobre el origen y la difusión del nacionalismo*. Trad. de Eduardo L. Suárez. México: Fondo de Cultura Económica.

Appadurai, Arjun. 1996. "Disjuncture and Difference in the Global Cultural Economy." En *Modernity at Large: Cultural Dimensions of Globalization*. Minneapolis: University of Minnesota Press, 27 - 47.

Argüelles, Regis. "O pós-rancor e o velho Estado: uma crítica amorosa à política do Fora do Eixo." *Passa Palavra*, Febrero 4, 2012. http://passapalavra.info/?p=51886. Consultado el 9 de diciembre de 2012.

Barreto, Saulo F. A., et al. 2007. "Digital Culture and Sharing: Theory and Practice of a Brazilian Cultural Public Policy." En *Information Resources Management: Global Challenges*. Ed. Wai K. Law. Hershey, PA: IGI Global. http://website.3ca.org.uk/projects/technology/code/mediatech/resources/Chapter.pdf. Consultado el 10 de enero de 2012.

Cartagena, Chiqui. 2010. "New Latino Identity Study Redefines Today's Hispanic Community. Over 40% Self-Identify as 'Brown,' 'Mestizo' or 'Mulatto'; Will Spanish-Language Media Diversify?" *Advertising Age*. Mayo 18. http://adage.com/print/143933. Consultado el 19 de octubre de 2011.

Cultura e Integración. http://culturaeintegracion.net/. Consultado el 19 de octubre de 2011.

Dávila, Arlene. 2001. *Latinos, Inc. The Marketing and Making of a People*. Berkeley: University of California Press.

——. 2008. *Latino Spin: Public Image and the Whitewashing of Race*. New

York：New York University Press.

Ecologia Digital. 2004. “Pontos de Cultura—Do-in antropológico via massageamento cultural.” 16 de septiembre. http：//ecodigital. blogspot. com/2004/09/pontos-de-cultura-do-in-antropolgico. html Consultado el 21 de junio de 2012.

Fora do Eixo. Portal Fora do Eixo. http：//foradoeixo. org. br/. Consultado el 10 de enero de 2012.

García Canclini，Néstor. 1998. “Policies for Cultural Creativity”. En *The Power of Culture* [1996－1998，Nuestra diversidad creativa；discusión del reporte de la UNESCO]. Amsterdam：Ministrie van Buitenlandske sake. http：//unesdoc. unesco. org/images/0011/001137/113754eo. pdf. Consultado el 19 de octubre de 2011.

——. 2001. “Las culturas híbridas en tiempos globalizados.” En *Culturas híbridas. Estrategias para entrar y salir de la modernidad*. Buenos Aires：Paidós，13－33.

——. 2002. *Latinoamericanos buscando lugar en este siglo*. Buenos Aires：Paidós.

García Canclini，Néstor，et al. 2012. *Jóvenes，culturas urbanas y redes digitales*. Madrid：Fundación Telefónica；Barcelona：Editorial Ariel. Puede descargarse en：http：// www. fundacion. telefonica. com/es/que _ hacemos/conocimiento/publicaciones/detalle/164. Consultado el 5 de enero de 2013.

Garland，Shannon. “ ‘The Space，the Gear，and Two Big Cans of Beer’：Fora do Eixo and the Debate over Circulation，Remuneration，and Aesthetics in the Brazilian Alternative Market.” *Journal of Popular Music Studies*，24. 4 (2012)：509－531.

Hannerz，Ulf. 1989. “Notes on the global ecumene.” *Public Culture* 1. 2 (Spring)：66－75.

Krakowiak，Fernando. 2009. “Presupuesto participativo.” *Página* 12，13 de junio. http：// www. pagina12. com. ar/diario/economia/2 － 126573 －2009－

06 - 13.html. Consultado el 21 de junio de 2012.

La Posta Regional. 2012. "La Caravana de la Cultura Viva Comunitaria en Buenos Aires." 19 de abril. http://www.lapostaregional.com.ar/blog/?p=613. Consultado el 21 de junio de 2012.

Losson, Pierre. 2013. "The Creation of a Ministry of Culture: Towards the Definition and Implementation of a Comprehensive Cultural Policy in Peru." *International Journal of Cultural Policy*, Volume 19, Issue 1: 20 - 39.

Martell, Luke. 2007. "The Third Wave in Globalization Theory." *International Studies Review* 9: 173 - 196.

Negri, Antonio. 2003. *Time for Revolution*. Trans. Matteo Mandarini. New York: Continuum.

Ogunyemi, Dayo. 2009. "Film Financing in Nigeria: Opportunities and Challenges." Geneva: World Intellectual Property Organization. http://www.slideshare.net/dayo2000/film-financing-in-nigeria-opportunities-and-challenges-4835691. Consultado el 5 de enero de 2012.

P2P Foundation. Fora do Eixo. http://p2pfoundation.net/Fora_do_Eixo. Consultado el 10 de enero de 2012.

Peirce, Charles Sanders. 1903 (Harvard Lectures on Pragmatism, CP 5.171 - 172, 1903). En *Commens Peirce Dictionary*. http://www.helsinki.fi/science/commens/terms/abduction.html. Consultado el 19 de octubre de 2011.

Pew Hispanic Center. 2009. "Between Two Worlds: How Young Latinos Come of Age in America." (Diciembre) Washington, D. C.: Pew Research Center pewhispanic.org/files/reports/117.pdf. Consultado el 26 de diciembre de 2011.

Poljokan, Bruno, et al. 2011. "Fora do Eixo Card: The Brazilian System for the Solidarity Culture." http://conferences.ish-lyon.cnrs.fr/index.php/cc-conf/2011/paper/view/76/17. Consultado el 10 de enero de 2012.

Romero, Simon. 2012. "Haitians Take Arduous Path to Brazil, and Jobs." *The*

New York Times, 7 de enero. http://www.nytimes.com/2012/01/07/world/americas/brazils-boom-absorbs-haitis-poor-for-now.html. Consultado el 7 de enero de 2012.

Unión de Músicos Independientes de Argentina. N.d. "Ley nacional de la música." http://www.musicosconvocados.com/marco.html. Consultado el 2 de julio de 2012.

U. S. Census Bureau. 2011a. "The Hispanic Population: 2010." U. S. Census Briefs (Mayo). http://www.census.gov/prod/cen2010/briefs/c2010br-04.pdf. Consultado el 19 de octubre de 2011.

——. 2011b. "2010 Census Shows White Population Growth Fueled by Hispanics." 29 de septiembre. http://2010.census.gov/news/releases/operations/cb11-cn184.html. Consultado el 19 de octubre de 2011.

Voloshinov, V. N. 1972. *El marxismo y la filosofía del lenguaje*. Trad. de Tatiana Bubnova. Madrid: Alianza.

Williams, Raymond. 1980. *Marxismo y literatura*. Trad. de Pablo di Mazzo. Barcelona: Península.

Yúdice, George. 2009. *Culturas emergentes en el mundo hispano de Estados Unidos*. Madrid: Fundación Alternativas. http://www.falternativas.org/occ-fa/documentos/culturas-emergentes-en-el-mundo-hispano-de-estados-unidos. Consultado el 19 de octubre de 2011.

——. 2011a. "Las industrias culturales hispanas en Estados Unidos." *Anuario de cultura: Informe anual de la cultura en español en el mundo*. Madrid: Fundación Alternativas.

——. 2011b. "Novas tendências dos negócios da música." En Herschmann, Micael, org. *Nas bordas e fora do mainstream. Novas tendências da Indústria da Música Independente no início do século XXI*. São Paulo: Editora Estação das Letras e das Cores.

——. 2012. "New Social and Business Models in Latin American Musics." En John Sinclair and Anna Pertierra, eds. *Consumer Culture in Latin America*.

Houndmills: Palgrave Macmillan.

——. 2013a. "Audiovisual Educational Practices in Latin America's Peripheries." En *The Education of the Filmmaker*. Ed. Mette Hjort. New York: Palgrave Macmillan.

——. 2013b. "Gestión y Promoción. Más que un contexto, viabilidad cultural." En *La Gestión Cultural en 3D: debates, disyuntivas y desafíos*. Santiago de Chile: Universidad de Chile/Fondo de Cultura Económica.

注 释

i 人类所居住的世界作为一个整体其特点在于"持续的文化互动与交流"（Hannerz，1989：66）。

ii "拉美裔身份认同研究"（Beyond Demographics Latino Identity Research Initiative）由 Cartagena（2010）负责宣传推广。整个项目操作由 Starcom Mediavest Group 完成，研究其客户 Telemundo（美国第二大西语电视频道）的市场销售策略。市场销售是一个可收集拉美裔信息的渠道，但如 Dávila（2001，2008）及其他观察分析所述，其收集的信息常不可靠。美国人口调查局的分析看起来更为准确，但调查内容只包括极为有限的一些问题。调查问卷中有一项问被调查者是否自我认同为西语裔（拉美裔）并请他们指出自己属于（选项所给出的种族名目中的）哪一种族。有众多被调查者选择了白种人，而且人数之多竟然"占据白人人口自 2000 年至 2010 年增长总量的四分之三"，这一结果使调查极具研究意义。另外一个有说服力的数据是越来越多拉美裔认同自己属于两个以上的种族（美国人口调查局，2011a）。

iii 2010 年人口调查数据和皮尤研究中心西裔研究部关于拉美裔的语言使用情况调查分析显示，与以英文为主要使用语言的拉美裔比较，使用西班牙语的拉美裔数量正在减少，因为大多数人——16 岁至 25 岁人口段中高达

67%的人——都在美国出生长大（Pew Hispanic Center 2009）。拉美裔移民的第三代大部分人只讲英语，不言而喻，他们所有的文化菜单都用英语（Yúdice，2011a）。

iv　而对拉美文化政策和计划产生积极影响的有两个例子，一是秘鲁成立了一个新的文化部——该部以促进文化发展而非局限于对精英艺术或民族遗产的支持为导向（Losson 刊印中），另一个是中美洲文化和一体化项目的创建——该项目旨在“从战略上通过跨国间文化合作推动公民社会文化网络体系嵌入中美洲一体化进程”（Cultura e Integración n. d；Yúdice，2011b）。这两个机构都受到了西班牙国际合作署的支持。

v　迪尔玛·罗塞夫在2012年9月将文化部部长奥兰达换成工人党老党员及前圣保罗市市长玛尔塔·苏普利西，这对于巴西的文化进步主义发展来说，是一件令人宽慰的事情。在文化领域，奥兰达被认为是罗塞夫强硬的不亲民发展主义政策的支持者［如，近来巴西联邦法院中止了破坏环境和损害种族利益的贝罗蒙特（Belo Monte）水电大坝项目］。在经历其前两任文化部部长吉尔贝托·吉尔和茹卡·费雷拉为期8年极为进步主义的数字文化举措之后，奥兰达打压知识产权改革计划，包括许多本土文化和公民社会组织以及公司企业的计划，而这些组织和企业也声称美国支持的数字保护政策不利于大部分巴西文化形式的传播。罗塞夫替换奥兰达的决定当然得到了进步主义者的支持，但这一替换也凸显了政治上的纷争，就是公民社会组织也免不了为在有利可图的巴西文化“市场”上捞上一笔而卷入其中。

vi　对于全球化支持者来说，全球化是必然之物。他们赞成自由贸易和经济一体化，强调全球治理或者说新自由主义，以及作用渐微的国家政府，至于文化方面，他们鼓励全球品牌同质式的多样性。对于全球化怀疑者而言，全球化不着边际且受多种因素影响。国家政府与区域组织依然重要，其重要性可在其推动或试图改变不平等现象的保护主义政策中得到证实；他们支持社会民主与国际管控；文化层面，他们认为全球化的突出特点是碰撞与冲突，而且日趋激烈。另一种观点——改革派的观点——认为，全球化确实已经导致了社会的巨大变化，但这些变化并没有促成全球化支持者所推崇的全球村，相反，在全球化背景下出现了更为明显的差异和嵌入性（embeddedness）。同时，也没有所谓的全球或民族主权，而是产生了共享主权。政治意义上而言，改革派全球化者主张世界主义的民主，他们认为未来是不确定的，他们既不倾左也不靠右，更不在这两端之间骑墙；文化层面，他们坚持全球化促生文化杂糅（Martell，2007）。

vii 加西亚·坎克里尼使用“科学的”一词指代社会科学而非自然科学。西班牙语“ciencia”，与德语的“Wissenschaft”一样，比英语“science”含义更广些，可以包括社会科学，甚至有时候还包括人文科学。

viii “任何由社会习俗约定而成的情境，都拥有自己特定的受众群，因而也就有一套相应的将受众群行为类别进行细分的模式。每一行为子类都是社会交流的渠道，从意识形态层面反映着社会交流之种类、结构、目标与社会构成，比如节假日、休闲时间、在工作坊或研讨会上的交谈等。每一类行为都与社会背景相关，且背景影响着和决定着行为的所有内在方面”（Voloshinov，1972：135）。

ix Champeta 是一种活跃于都市，适合跳舞的电子音乐，它混合了加勒比音乐节奏（rap-raggareggae、zouk、soca 和 calipso）、非洲节奏（soukous、highlife、mbquanga juju）以及非洲-哥伦比亚-印第安混杂声音（bullerengue mapale zambapalo chalupa），常成为 D. J. 录制唱片的合成音乐。

x Tecnobrega 结合了巴伦州的非洲-巴西电子节奏（如 carimbó 和 lundu）与流行乐（如加勒比的卡利普索民歌）。Tecnobrega 是 brega 音乐（brega 意为“油脂”）的电子形式。

xi Funk carioca 是 20 世纪 70 年代在巴西里约热内卢发展起来的舞蹈音乐流派。热衷黑人文化运动和灵魂音乐的 D. J. 过去常在一些聚会上听美国黑人音乐，特别是 Miami Bass 和 Freestyle 风格。随着岁月流逝，这种音乐被巴西化，在里约一些街区出现了一个强劲的、由 D. J. 和声音混合主导的里约疯克（亦译为“放克”）音乐工业。

xii 阿根廷和乌拉圭各城镇最流行的音乐 Cumbia villera 是由现代哥伦比亚的 cumbia 音乐演变而成，它混合了非洲和印第安元素以及非常少的西语文化元素。

xiii Huayno pop 混合了传统的音乐与 cumbia、rock、pop、tecno 等其他

音乐形式。源于秘鲁高原地区的 huayno 可追溯至印加帝国时期，而在 20 世纪当高原人迁移到秘鲁海岸线地带——特别是到了利马之后，大众阶层中 huayno 流行音乐与音频的产业兴起并蓬勃发展。

xiv　关于此现象的更多信息，详见 Yúdice，2012 与 Yúdice，2013a。

xv　“离轴电路”组织（Fora do Eixo）应对全球化压力的解决方案极具争议。它通过模仿其他水平和分散的网络组织，以及吸收与它有联系之人士入网而得以延续下去。由此来看，它遵循的是资本主义逻辑：不停地扩张。它备受批评，原因是它利用加入其组织的乐队和艺术家获利，经常拖欠酬金，还占用他们的文化资源。许多场馆表示将不再与“离轴电路”合作，声称它欺人太甚，把自己场馆的标识放到在当地举办的活动中，好像它是场馆的控股公司一般。随着社会网不断壮大，它与政界人士和其他社会组织也建立了密切的联系，这些政客与组织也从社会网中获得政治利益，如曝光度增加以及网络中大量成员成为其拥护者。尽管“离轴电路”保有与大型企业集团和政治利益的紧密联系，它已自我定义为巴西“占领”组织。详见 Argüelles，2012；Garland，2012。

引　言

全球化想象体中的文化与政治

人们偶尔会在一些自己并非很想引用的学者著作中发现些很是在理的文字。几个月前，我就读到菲利普·索莱尔斯所述的这样一段故事：“暴君称：二加二等于六。另一位略微温和的暴君则言道：二加二等于五。当一位勇敢的臣民冒着各种风险，提醒人们说二加二等于四时，警察走来警告他说：‘您绝对不愿意我们回到那个二加二等于六的年代吧!’”

政界人士评论说，大家肯定不愿再回到专制独裁和游击战争的年代。经济学家也提醒说，大家不想再过遭受恶性通货膨胀的苦日子。与此同时，我们并不清楚，多国为应对全球化而寻求的区域联合，会给世界秩序造成多大程度的新混乱。美国联手欧洲以对付日本和中国，美国还与拉丁美洲联手以防欧洲独占拉美市场，同时我们拉美人也赶紧就拉美国家之间的自由贸易达成协定，并向区域外国家示意，希望引入其他地方，如美国、欧洲甚至亚洲的外资。

得到几个拉美政府的支持，美国正竭力推动在2005年建立美洲自由贸易区（西班牙语简称ALCA)。欧盟十五国也一直在跟南方共同市场成员国和墨西哥会晤，并于1999年6月又与其他拉美国家商谈，研究与部分拉美国家于2001年之前达成自由贸易协定的可能性。这一协定的商讨遭到了法国的强烈反对，因其将拉美视为农产品市场上的强劲竞争对手。美国也时不时控告墨西哥和欧洲国家实行倾销和保护主义。而在南方共同市场内部，各种意见分歧和信任缺乏使得那些已签署的协定实施起来步履维艰。到底是自由贸易，还是区域一体？是新形式的隶属关系、对抗关系，还是区域联合？人们是否能够从容应对这些现今已成定局之事，能否不去再三考虑不同文化间的关系而做出对自己最有利的决定？死对头之间的陈旧故事以及看待事物的偏见眼光，使得以上诸类对话合作只能停留于想象之中而难以在未来成真。

以上诸多协定难以落地变为具体数字，因为我们的账目糟糕得一塌糊涂。最近二十年里，拉美国家的外债翻了四倍甚至六倍。像阿根廷与墨西哥这样的国家，背着1200亿到1600亿美元的债务，每年光偿还债务利息就要花掉一半甚至更多的国内生产总值。美国的外债更是比以上数额还高出三倍，多到无法偿还。又有谁会将报纸上公布的巨额数字与自己日常生活花费进行比较？尽管上述数字夸张至极，由其引发的冲突也如此难以解决，以致限制着我们的想象，但思考政治的确是件需要想象力的事。

奇怪的是，这一所有人之间的相互争斗却被称作全球化，在这一过程中，工厂倒闭，就业机会锐减，大规模移民潮剧增，还有族群间和区域性争端冲突不断。引起人们注意的是，企业家和政界人士将这一全球化理解为人类走向更加团结的未来的凝聚力，而不少研究全球化的评论将这一痛苦的转变解读为最终将我们引向同质化的过程。

呈环状与呈切线状的全球化

尽管全球化的结果难以确定，全球市场的统一还是被誉为唯一可考虑的模式，那些暗示世界还可以有其他运转方式的人，则被斥为怀旧民族主义者。如果有人更大胆，敢质疑全球化带来的益处，还对贸易自由化作为实现全球化的唯一途径进行怀疑，那么就更会被指责为在支撑力不够的墙还没倒塌之前就开始缅怀旧日。既然任何理智的人都不会相信有可能回到过去，由此得出的结论便是，资本主义是人们相互交流、影响的唯一可行模式，它不可避免的最高阶段便是全球化。

本书旨在探讨：面对这样一个对一些人来说充满希望，而对另一些人来说则意为末日的未来，我们文化工作者可以做些什么？换句话说，文化间性向市场提出了什么问题？国家之间的边界又向全球化提出了哪些问题？这涉及重新思考如何在这一阶段从事艺术、文化以及传播工作。比如，在分析欧洲、美国和拉丁美洲之间的关系重组时，我们可以从文化的角度去理解全球化这一进程，并采取与那些单纯把全球化视为经济交流的人完全不同的行为方式。

首先需要说明的是，文化不仅是一个信奉二加二等于四的领域。文化还是一种非明确的立场，以此去想象如何处理大量模糊不清的事物，它们的积聚潜力和表达力尚待我们去揭示。文化中有一部分生产知识，以知识之名，人们可以在政治或教会权力面前，坚定无疑地断定二加二就应该等于四。知识使人们能相当客观地理解“真实”，发展覆盖全球的通信技术，测算文化产业的消费情况并设计媒体传播项目，以丰富大众知识，形成社会共识。文化的另一部分，则是自进入现代化以来，随着对世界之无序或过于有条理的不满而发展起来的，即文化还致力于改变和创新。

这两种对文化不同的理解方式，一方面将社会科学与技术发展区分开，另一方面区别对待人文研究与艺术创作。如何对其进行比较分析，在全球化时代则变成了一个全新的任务。为搞明白什么可以被了解和掌握，改变和创造有何意义，科学家和艺术家不可只与赞助方、政界人士或不同机构协商，还必须应对以全球化之名隐藏不露却无处不在的各种权力。众人都说，与经济、传播和艺术活动只局限在一国范围内的年代相比，全球化进程所依赖的体制结构、各种规模的组织、各类物质产品市场及文化市场，更加难以定义和掌控。这真是大卫不知歌利亚在哪儿。

为理解这其中的复杂性，我们这群研究文化的创造性、文化流通及文化消费的人越来越关注那些硬实的数据和“客观”社会经济活动，这些活动以新的规则主导着科学与艺术市场以及我们不断变化的日常生活。然而，由于全球化表现出模糊不清且难以掌控的特征，处理全球化事务的人也需时不时采用叙事和隐喻的手法对它进行描述。因此，从文化的社会人类学角度来看，不但需要分析统计数据以及概念文本，也要分析那些能反映全球化构想的叙事与意象。此外，历经艰难的移民跨越边境、离家远行所经历的艰险，向人们讲述着全球化蕴含的撕裂与分化。因而，在关于移民和流亡的故事里涌现出许多虚构与隐喻。

另一个类似的不确定因素，改变了其他一些通常对文化问题不感兴趣的社会主体的想法。经历了二十世纪八十年代全球化的鼎盛期后，国家机构在社会和经济领域能掌控的空间减少，为这些机构卖力的政界人士不太明白他们的工作正遭遇什么变化，开始不断思考对策，思考应从哪些方面入手。制造经济向投机经济的急速转变，让企业家们茫然失措，他们也产生了类似的疑虑。不断有人呼吁建立一种新的工作、消费、投资、宣传及媒体管理的文化。这一呼声让人产生的印象是，人们终于想起将文化视作一种应急手段，就好像“建立一个新的文化”的口号便可以如魔法般重整经济，弥补运作与投资方面的漏洞，那可是竞争在媒体和消费层面都没能解决的难题。

营建一种适应全球化浪潮的文化的呼声，也可理解成一种调解不同想象体之间冲突的需求。我们看到每个群体对全球化含义的想象不尽相同：一个跨国公司经理眼中的“全球化”主要指其公司运营、业务开展以及行业竞争所涉及的国家；对于那些主要与美国发生贸易往来的拉美国家之政府工作人员来说，“全球化”几乎就是“美国化”的同义词；而在南方共同市场的话语体系中，“全球化”一词则还囊括了欧洲国家，有时还可指代共同市场内部各国间一些新的互动关系。在一个有亲属在美国工作的墨西哥或哥伦比亚家庭看来，“全球化”指他们与亲属所在的美国某区域的密切关系，而这又不同于墨西哥或哥伦比亚一些艺人对全球化的构想，比如著名艺人萨尔玛·海耶克和卡洛斯·毕维思，他们的受众遍布全美。

严格意义上说，只有一部分政治家、金融家和学者是从整个世界的角度进行思考的，思考一个呈环状的全球化，而他们在业内也并非多数。其余大多数人构想的全球化则呈切线状。不同人思考全球性概念的思路有宽有窄，反映了人们接触所谓的全球经济和文化的机会并不均等。而这一不均等让我们可以认识到，全球化是但又不是如其允诺那般。许多全球化人士无非是在装模作样地推行全球化。

然而，连穷人和社会边缘群体也躲不开全球化的浪潮。当拉美移民来到墨西哥北部或者美国南部时，他们会发现雇用他们的企业不是韩国公司就是日本公司。此外，还有许多人之所以如此极端地背离故国，是因为“全球化”使得他们在秘鲁、哥伦比亚或者中美洲丢了饭碗；或者因为全球化的影响，外加当地的悲惨境况，他们之前生存的社会已经变得极不安全。

一位在好莱坞——美国梦的代表地——工作的美国电影人，得知环球影城已被日本资本收购后，他对于自己国家的世界地位的认识开始改变。以往人们一直认为，西方代表现代而东方意味着传统，现今日本的发展超越美国及其他西方地区，让人不得不思考大卫·莫利所提，是否现在“世界该按照从右至左，而非从左到右的顺序，来解读”（Morley & Chen，1996：328）。

我在书中突出移民过程和移民群体，是为理解资本、财富和信息的流动，以及不同生活方式与表现形式之间的差异。从全球出发进行思考时必然经历头晕目眩与犹豫不定，这促使不同国家间通过建立区域联盟来加强防护，同时在市场、社会及其想象体等方面划定隶属范围。对于其每个成员来说，上述界定范围便成了他们能承受和应对的全球化。尚在争论的是，是否应当设立新的壁垒以理顺投资，或应对不同民族、区域和各种群体融合太快或遭受排挤的威胁等问题。那么，超越国家的一体化在这方面能有所作为吗？答案是，尽管二十世纪九十年代初才开始在欧盟，后又在《北美自由贸易协定》框架以及南方共同市场讨论这些问题，但全球化、区域一体化和多元文化三者之间的联系，正在成为研究议题和诸多谈判的重点。

作为本书分析的开端，我将在第一章探讨近些年来出现的与全球化的未来导向相关的三个问题。第一个问题是全球化常被总结为全球性与地方性的对立。在我看来，这一关系的特点表现为多层次的抽象与具化，这其中经济、政治与文化在全球化大环境下进行改编重组。第二个问题与第一个有交叉之处，是关于如何改变人们的政治无能之感。日常的生活经验总让我们感觉，重大决策的制定都是在一般人到不了的地方进行的，大家甚至都不知道那是什么地方。第三，我将探析这些难点给跨学科研究带来的理论和方法论上的挑战，即可归纳为，既要运用经济学和文化政治学的数据，又要凭借在构想全球化过程中所使用的叙述和隐喻手段。

第二章将分析全球化——“尚未被定义的文化对象”会产生什么后果。有一点是清楚的，它兼有国际、跨国与全球的属性。即便如此，全球化仍不是界定分明的研究对象，也不是科学、经济、政治或文化某领域的范式——一个可设定为唯一的发展模式。我们应承认关于全球化的实现存在许多种叙述表达方式，但只要其核心特征在于加强不同社会间的相互联系，我们就不能高枕于陈述的多样性，而不去担忧并思考它与一个相对普遍的认知体系的共存问题。这意味着既要讨论社会学和人类学理论，也要研究那些为填补理论和政策的缝隙和不足而形成的叙事与隐喻。从一些故事和意象中可以看到全球化乌托邦的一面，也能看到它无法调解的另一面，比如盎格鲁人与拉丁族裔之间存在差异，还有那些移民迁徙、远离故土之人遭受漂泊之苦，他们四处奔波，与各种人群打交道而不知何时会再相见。隐喻用来进行想象、构建各种差异，而惯例化的叙述则将这些差异整理、呈现出来。

接着，第三章和第四章通过分析欧洲、拉丁美洲和美国之间的互动关系试图归纳出西方世界全球化的一些特点。我将分析以前的和最近的移民现象如何影响我们看待自我的方式。自十六世纪至二十世纪中期的商业往来和文化交流过程中形成的各类叙事又重新出现，成为全球化发展的最近几十年里的固定思维：北方国家歧视拉美人，而拉美人对北方发达国家既仰慕又心存怀疑。然而，如果我们从理解不同文化认同[①]之间的对抗，过渡到研究使我们贴近或疏远的文化因素，解析就变得更为复杂。不同文化身份似乎无法相容，但商业活动与媒体信息交换不断增多。为了更好理解意识形态和具体行为之间的差距，我将分析公民身份政策如何处理及利用想象体——关于欧洲、美国与阿根廷、巴西、墨西哥这三个拉美国家之间的相似与不同的想象体。之后，在关于每个案例的评论中，我沿用学界已有的研究，分析各种模式的矛盾之处、其调解之困难，以及在这个全球化拉近各国间距离的年代里达成一致意见的必要性。我在思考如何建立一个跨国的公共场域，各文化理念以及之后的各项政策在这一场域中具有共通之处。有效的模式有以下四种：重视普适性权利的欧洲的共和制度、美国多元文化分离主义、拉丁美洲国家实施的民族国家体系下的多种族融合，以及跨越以上各形式，由传媒助力的多元文化融合。

在第五章我将插入一个半虚构的“中场”故事。正如生活中的故事总需要构建人物和情节一样，在这里我将对一位拉美

① 作者在文中使用的词为“identidad”，译者将其处理为“文化认同”，为避免过多的同一词重复，有时也用“身份认同”来指代。

人类学家、一个欧洲社会学研究人员和一个美国文化研究学者三人之间的不同见解进行想象。鉴于当今在分析理论产生与社会环境之间的关系时不能只谈国家、阶级或者作为理论酝酿地的大学，我将在分析中加入一些研究者的出国经历，他们在国外生活期间体验异国文化并感受信息的国际传播。这类故事基于我和其他人的一些生平经历，但这并非重点，因为贯穿本章围绕社会科学和文化研究的讨论不是简单地关注命题的真或假，而是要为困扰今日研究的诸多两难问题提供一个可信的版本。

第六章通过对艺术界和文化产业现状的比较，来评判全球化的不同方式，或者说由欧洲霸权转向美国霸权的多种方式。尽管大多数艺术作品仍坚持民族传统并只在国内传播，越来越多的工业化形式和国际竞争标准被运用到视觉艺术和文学创作中，并改变着艺术创作的产出与评定。出版行业由跨国出版集团主导，它们按照语言区域对其出版物进行编目分类和分开销售。全球化效应在音像领域最为明显：几大寡头公司正对音乐、电影、电视和信息技术进行重整，以销往全球市场。由此，部分地整合了上述四个领域的多媒体，就前所未有地具备了向全球范围甚至边缘文化地区扩展的可能。但这同时也使得一些地区如拉丁美洲的对外依赖性更强，比如，拉美的视觉艺术过去依赖法国现在则依赖美国，而出版界一直依赖西班牙。除了有区分地分析跨国化和全球化在文化各领域面临的挑战，我还将探讨国家和地区间现存的不对称关系中，同质化与差异性之间的张力。

在第七章里，我将集中分析城市，因为对于全球性的想象是从城市开始的。特别是在大都市，那里本土的、民族的与全球化浪潮融为一体。在分析全球化城市形成的必备条件，以及如何区分所谓的第一世界与第三世界城市的过程中，我们将发现全球化进程造成的双重性和社会分化等重要问题。我们也会看到全球化中城市发展的两重性：一方面，融入跨国的商业、消费、管理和信息的流通让城市有了复兴重生的机遇，另一方面，在消费领域形成文化世界主义的同时，失业率上涨，社会不安全因素增加，环境恶化也日趋严重。

在第八章里我将列出一系列全球化时代的文化政策可能引发的争议。如何重建公共空间，推进超越国家层面的公民身份方案，让多国民众共享财富与信息，重新思考民族文化和区域性、世界性组织的潜能等，都是我在这章将要分析的颇有挑战性的问题。我探讨为何美学问题成了当今政治的重大关切，在市场导向的文化经济背景下又应采取什么措施来体现这一关切。

首要之方法问题

在选择叙事与隐喻、对其进行阐释且将其与确凿数据关联起来的过程中，会碰到不少棘手的问题。我会根据实际情况，在不同章节里一一展开论述。在这里我想先讲讲最为基本的一个问题。实际上有太多类似例子可选，为何书中选取的事件、故事和文化象征都与移民和跨文化有关，都涉及欧洲—拉美—美国之间的关系？这一选择是出于什么原因？

显而易见，本书篇幅有限，我不可能将涉及上述问题的所有故事和隐喻汇集起来，写成一本百科全书。我的选择标准如下：

1. 在多年研读民族志学研究论文与年鉴，又对不同国家跨文化人士进行了数十次的采访后，我选择了其中有代表性的事例，形成了这样的案例组合，以此列举尽量多样的情况，同时尽可能涵盖较多的结构问题，反映有标志性意义的变化。

2. 我尤为感兴趣的事件、叙事和隐喻是那些能集中反映国际关系的重要方面的事例，能展示想象全球化的多样方式的事例，或范围稍小的类似事例，比如国际或区域之间的对峙与协同，所有这些事例都会质疑传统的世界关系解读方式。

3. 我曾在一些学术会议上介绍过我所选的这些事例和部分解析。这些会议是与拉美研究有关的国际会议，如在美国、拉美（布宜诺斯艾利斯、墨西哥城、圣保罗）举办的会议，在欧洲（哈雷，1998）和加拿大（温哥华，1997）举行的拉美学者国际研讨会，以及拉丁美洲研究协会年会（简称 LASA，芝加哥，1998）；此外，还有文化研究大会（匹兹堡，1998），在美国（1996）、南方共同市场（1997）和哥伦比亚（1997）举行的人类学学者大会，以及一个关于不同地区边界问题的研讨会（布宜诺斯艾利斯，1999）。在这些会议上，我使用过一些用于其他科研题目、与该书中之例相对立的事例，还提到一些与我今日解读相悖的评论。而在该书中，我只保留了与那些会议相关的少量片段，而且还经过修改重写。毋庸置疑，这样的不一致问题可能会在更多场景里出现，我所选择的例子和我的阐释可能会相得益彰，也可能互相驳斥，或者在其他一些场合效果会完全相反，甚至引起新的不一致问题。很明确的一点是，文中所引用的例子均为完善该文的论证而用，而非百科书式的例子堆砌，目的只为出版、发行，以让更多读者继续参与讨论。总而言之，需要从整体上来看待这一切，我要著的是一本书而非一些文章或发言的集锦。

由于不少人通过参加会议已经了解到本书的部分内容，这里很难把所有那些曾帮助我对书中问题进行思考并再思考的人一一列出。在本书撰写过程所参考过的书目中，便能看到他们中不少人的名字。这里我不求详尽无遗，只想特别指出，与以下多位学者的谈话让我极为受益：乌戈·阿楚加尔、阿图罗·阿里亚斯、洛德斯·阿里斯佩、路易斯·博内特、赫罗依萨·布阿尔克·德奥兰达、拉蒙·德拉坎帕、爱德华·德尔加多、阿尼巴尔·福特、胡安·弗洛雷斯、琼·佛朗哥、亚历杭德罗·格里姆松、弗雷德里克·詹姆逊、桑德拉·洛伦萨诺、马里奥·马古利斯、赫苏斯·马丁-巴韦罗、丹尼尔·马托、瓦尔特·米尼奥罗、凯瑟琳·纽曼、雷纳托·奥尔蒂斯、玛丽·普拉特、内莉·理查德、雷纳托·罗萨尔多、比阿特丽斯·萨洛、阿马丽娅·西尼奥雷利、萨乌尔·索斯诺斯基和乔治·尤迪斯。

本书的撰写得益于墨西哥城市自治大学，特别是人类学系为我提供的科研和教学条件，以及与城市文化研究中心学生们的对话——该中心的成员和我们的共同出版物等信息也会在本书中注明。大学在 1996—1997 年我学术休假期间给予的资助，以及墨西哥-美国文化基金的支持，让我能在那段时间里顺利完成相关田野调查和采访。此外，与赖纳·恩里克·阿梅尔、爱德华多·尼翁、安娜·罗萨斯·曼特孔、托马斯·伊瓦拉·弗劳斯托、何塞·曼努埃尔·巴伦苏埃拉和巴勃罗·比拉的交流，对我推进关于边界、跨国与文化政策等问题的研究，具有重要意义。书中相当一部分关于全球化想象体的论述，源自我对墨西哥-美国边境 inSITE 艺术展的研究，为此我要特别感谢项目的负责人卡门·昆卡、麦克·克瑞奇曼。此外，也要感谢安德烈·多尔塞和露斯·玛丽亚·巴尔加斯为本书的出版给予的高效支持。

在本书后续的章节和附录中，我将对为何选择文中提及的事件、故事及其隐喻做更多解释说明，也将提及更多帮助过我的个人和机构以表谢意。由此，读者可以看到：作为一个最近二十三年一直生活在墨西哥，已经近乎墨西哥化的外国人，我的经历绝不会是次要的数据来源。同时，我作为一个阿根廷人，拥有许多出生在墨西哥和其他国家的“阿根廷同胞”，我与他们之间的亲近，让人可以直接去掉“同胞”两字上的引号。

若不了解这样一种异质多样存在，或只从其中一个角度去论述问题，则会与本书的主要论点和论证方法相矛盾。为此，我将多次论述我对茨维坦·托多罗夫的话——“在一个人内心深处的不同文化间的碰撞”（Todorov，1996：23）的理解。如果说身处多种文化的互动当中是件复杂的事，试图只从单一的民族或种族视角去研究这些话题则会遇到更大的挑战。阿敏·马卢夫在《致命的身份认同》（*Identidades asesinas*）一书的开头写道，“让我变成我，而非其他，就是那种身处两个国家、两三种语言以及不同文化传统之中的状态”（Maalouf，1999：19）。与马卢夫以及其他许多有过跨文化经历的人一样，我也曾被人这样问过：“在你心里，你觉得你是哪国人？”① 马卢夫这位既为黎巴嫩人又是法国人的作家，说这个问题有很长时间让他想笑。但现在他认为这是个危险的问题，因为这问题基于这样一个假设：每个人或者每个群体总有一个“内心真正的事实”，一种与生俱来的或宗教皈依而决定的本质。由此，任何人便可以“确信这一文化认同”，就好像同胞要比同一城市的人（他们可能来自不同国家）更重要；又好比血缘认定和幼稚的忠诚，

① 即“你觉得你是阿根廷人、墨西哥人、法国人或其他？”

要高于人们在不同文化环境中逐渐形成的信仰、偏好以及兴趣。

那些“边界人士”，如马卢夫所说，可能常会感觉自己是少数派，甚至被边缘化。但在一个全球化的世界里，我们所有人都是少数群体，即便是盎格鲁-撒克逊人，也是如此。至少当人们接受文化认同由多种元素构成，而我们力求实现完全的相互理解时，我们就成了少数派，只不过有些人比另一些人更为少数派而已。总而言之，这个问题就是要去考虑这样的矛盾：既是阿拉伯人又为基督徒，既是阿根廷人又是墨西哥人，或者墨西哥-美国人、巴西-巴拉圭人（近五十万巴西人在巴拉圭生活）、法国-德国人。此外，也不能忽略融合和撕裂的种种差异。这些问题并不是简单通过定义二加二等于几，也不是靠暴君抑或个人英雄主义就能解决。跨文化冲突问题在今天已成为学者研究最多的议题之一，同时也是构建集体主体与开放的民主政策的绝好良机。

墨西哥城，1999 年 9 月

第一部分　叙事、隐喻与理论

第一章

要全球化还是维护本土认同：该如何抉择？

在我们聆听关于全球化讨论之众多声音时，会注意到“悖论”的存在。在被人们视为市场扩张表现和社会经济发展潜力所在的同时，全球化也一定程度缩小了不同国家、党派、工会团体以及传统的政治参与者们的权力范围。全球化促进更多的跨国交流，并影响着对事物隶属关系的判定，人们很难再如从前那般可确定某问题只为一国现象。

政党腐败和失信而造成的政治危机，以及由传播媒介和技术专家取而代之的观点，已有大量著作讨论过。我在这里想要强调的一点是，将一国的政治决策权转交给一个不断扩张且不稳定的跨国经济，正在限制各国政府的执政，让它们变成了事不关己的决策执行者，无法积极自主地对社会经济发展设计构想和对政策进行长期规划。国家规划的空缺，不论是象征性的还是具体的，都会严重地打击人们参与公共社会生活的积极性。只有到每次竞选前，在各种市场营销手段的刺激下，这一疲软的状态才稍微有所改变。

在民主制度里，需通过地方、区域和国家层面机构间的互动来向权力靠近。事实是，这三个层面的代表形式并不总是能做到透明与准确可靠，而且政府机构并没有向民众做出恰当的解释。又因为当今民众与跨国组织关系疏远，那些造假和罪恶勾当就远不如过去那样容易被发现。对欧盟、《北美自由贸易协定》以及南方共同市场国家进行的社会调查显示，绝大部分人并不了解这些组织是如何运转的，不知道它们在讨论些什么，又如何做出那些决策。甚至连一些国家的议员似乎都无法厘清各类复杂议案中的关键点，因为重要信息由跨国政治精英或专家掌握，也只有他们才能够“解决”欧洲、北美和拉美的问题，甚至决定问题处理的次序安排。

公民自愿融入还是企业游说所致

1. 基于替代性工业的发展及各种现代中间服务形式的产生，在最近五十年经历了人口大幅度由农村涌入城市的拉丁美洲，应如何应对全球化这一突如其来的、在十年二十年内改变了半个世纪历史的社会重组？新格局造成国家的去工业化、国家民主机制弱化，而对全球化核心国家的经济和文化依赖则进一步加重。不过，经济一体化以及区域间的自由贸易协定也带来了希望。尽管已经厌倦了“伟大祖国”之类的承诺，历经多次并无实效的政府间会议、首脑和经济文化部部长会晤，但自由贸易协定、南方共同市场及其他区域性合作的快速运转仍让人心存期待。

在二十世纪九十年代初，拉美各国还在忙于迅速调整国民经济结构，以吸引投资，进而增强自己在国际市场的竞争力。但 1994 年爆发的墨西哥经济危机和 1998—1999 年的巴西经济危机造成的影响波及整个拉美地区，特别是各大城市，显而易见的事实是政府公信力急剧下降，执政乏力。政府间签署的区域合作协议只是助力了那些高度集中的企业和金融业实现垄断性融合。我们试图通过洲际区域一体化来构建、强化拉美社会文化机制的力量实属微薄，对此做出的研究测评结果也不容乐观。另外，最近有研究数据表明，劳动群众和消费者在听说企业家与政府首脑宣布以"全球化和区域融合"的双重配方作为实现现代化的新途径之后持怀疑态度。从数据可以看出，经济政治精英们的方案与大多数百姓的观点相去甚远。

1998年4月，在智利圣迭戈举行的第二届美洲峰会上，美国联合几个拉丁美洲政府，积极推进美洲自由贸易区的创建，以逐渐实现流通往来的自由化。美国提议，到2005年该地区各国经济实现一体化，以促进进出口贸易，同时提高该区域在全球竞争中的地位。

然而，1997年11月与12月，由拉美气压表[①]在拉美十七国做的大规模问卷调查（17500份访谈）结果显示，普通民众对建立上述自贸区的提议并不抱乐观态度。这份呈至当时圣迭戈峰会领导人手中的调查报告显示，只有不到23%的被调查者认为其国家在进步变好，而对几乎所有国家的评定都比上一年的差。那些被采访者视为极具权力的体系，如政府、大型企业、军队、银行以及政党，恰是人们最不信任的。政府管理出现危机，货币贬值严重，加上失业率上升和贫困现象加重，越来越多的人开始怀疑民主而赞成靠强硬手段来治理国家。持此观点

① La Corporación Latinobarómetro是位于智利的一家非营利机构。该机构的工作涉及拉美18个国家的年度公共意见调查。该调查名为Latinobarómetro，主要为观察评估该地区的民主水平和经济社会发展情况。

之人的比例（即占人口总数的比重）在那些当时刚刚走出军事独裁阴影的国家（阿根廷、智利和巴西）还不是特别大，但在其他还处在民主初期的国家，如巴拉圭和墨西哥，上述比额急剧上升。从 1996 年至 1997 年，赞成“强权”解决方案的巴拉圭人从 26%增长至 42%，墨西哥则由 23%上升到 31%。除了哥斯达黎加和乌拉圭这两个政治体系公信力仍然较高的国家，其余的拉美国家有 65%的人表示对民主政府“不太满意或者非常不满意”（Moreno，1998：4）。

如调查所示，强权主义支持率的上升，部分归因于人们深信政府拥有的权力越来越少。从 1996 年至 1997 年，将政府视为最强主体的人数比例由 60%下降至 48%。相反，越来越多人坚信未来的决策走向将由跨国公司主导，同时军事势力的参与度也在提高。

政治影响力减弱和不平等现象加剧造成人们失去信心，也引发了金融决策层的混乱和经济动荡、大选中的高弃权率以及社会基层的不定时暴动。我们不禁自问：这一不公正的全球化模式是否可行，或者更简单点说，这样的全球化是否能够长远？智利应该是经济开放最成功的拉美国家，但连《智利人类发展报告》都预测，社会不安全因素将会因犯罪、社会性危机和经济不稳定而继续增加。此外，报告还显示，人们也会因“害怕变得多余而被淘汰”而深感焦虑不安（PNUD，1998：115—126）。诺伯特·莱希纳在对此报告进行解读时注意到，尽管有每年 7%的经济增长率以及宏观社会的积极向好态势，人们仍隐约感到一丝不安。这种不安表现在对他人极为防备、害怕自己被排挤和害怕自己的存在无意义等方面。统计结果进一步证明，一个国家的现代化和开放程度提高确实增加了人们就业和受教育的机会，改善了人们的健康状况，“但人们对……未来不总是充满期望的”。全球化的到来被人们视为“如外星人的入侵一样”（Lechner，1999：187，192）。

面对各国政府影响力减弱，普通民众又无能为力，权力和财富在全球范围内不断重组，人们又能指望些什么？这一全球化进程又将对文化，特别是文化领域最具活力和影响力的部分，即信息传播，产生什么样的影响？全球化加剧了国际竞争，解构了内生的文化生产，却也有利于文化产业的发展，在推动产品趋于同一的同时，也顾及不同领域及不同区域间的多样差异。全球化背景下，那些效率不高的文化生产商竞争力越来越弱，甚至走向倒闭，这就使边缘文化有可能守住本土传统，甚至（在为数不多的情况下）得以更换风格并通过一些跨国企业来宣传推广其音乐、节日和美食。

科学研究和信息娱乐等的创新主要集中于美国、欧洲和日本，这更加拉开了第一世界与其他生产力低下又缺乏实时更新动能的边缘国家之间的差距。与欧洲相比，拉美的弱势愈加明显，尤其表现在人口发展的问题上：我们大陆①人口总数占世界总人数的 9%，但文化产业出口量仅为全球总数的 0.8%，而整个欧盟的人口虽为世界总人数的 7%，其文化产品出口却占世界的 37.5%，进口量达世界总数之 43.6%（Garretón，1994）。

2. 跨国的一体化是否会在大城市里取得更多民意支持呢？诸多关于欧盟的研究表明，想通过民主协商来构建一个公共空间，确实困难重重。因为在跨国协定和跨国组织中讲究的是，与会者之间进行谈判而非代表们来下达命令，企业集团之间的

---

① 指拉丁美洲。

妥协统一高于大多数公众的利益，而拉票行为（或“游说”）超越区域和洲际政府的诉求。这种状况在每个国家内部更是有过之而无不及。马克·阿贝莱提出质疑：在布鲁塞尔，欧盟各个部门聚集了上万名咨询师、律师和专家，他们有时作为区域组织的代表，有时又以农业技术人员、金融师或法律人士的身份向各大使、部长、工会、记者和企业家兜售他们的服务，甚至同时服务于好几家，这时候，政治变成了什么呢？“政治越来越成为一种游说行为”（Abélès，1996：102）。

欧盟已努力增加各跨国协议的透明度，尽力促进普通民众对协议的理解。此外，除了出台商业发展政策，欧盟还推出了囊括十五个成员国的教育和文化项目，以推进欧洲社会的一体化。“一个欧洲音像空间”的形成便是依照统一的规范标准和方案设计而成的，譬如欧盟音像业发展促进项目（MEDIA）、欧洲院线支持基金（Eurimages）①、尤里卡计划（Eureka）等，这些项目推动欧洲地区文化产业的联合制作，促成产品在所有欧盟成员国的发行，也就是说，除了加强文化认同的口号还有许多实际益处。同时，十五个成员国公民享有同一个欧盟护照，还拥有一面欧盟盟帜和一首欧盟盟歌，拟定每年的共同主题（如欧盟电影年、欧盟道路安全年等）并定期进行调查研究以了解“欧盟公众意见”（Moragas，1996）。1999 年建立并于 2002 年最终实现（当各国货币形式真正消失，不再被人使用时）的以欧元为统一货币的制度，强化了欧盟的经济统一并对欧盟文化认同的构建产生了重要影响。欧盟在选民中对这些变革进行了广泛的宣传，并配有图表使讲解更为清晰，从而起到了开导

① 指欧盟于 1989 年设立的文化发展基金，资助独立电影的制作。

作用。然而，记者对这些方面鲜有报道，他们坦言，困难在于如何恰当地将这些社会变革举措用报刊语言表达清楚。而关注社会参与问题的研究者则在思考，使政策欧盟化的复杂操作是否“符合基于透明原则且保证每位公民都能无障碍参与社会辩论的民主建设理想”(Abélès，1996：110)。

关于欧洲一体化的人类学和社会政治学研究让人们看到这样一个事实：那些致力于建设共同体的计划与项目不足以消弭商人、政府管理者眼中的欧洲与平民百姓的欧洲之间的差距。与其他一些区域相比，欧洲一贯非常重视文化和想象元素在跨国融合中的重要性，但目前，基于共同的文化认同的项目仍然无法做到让大多数人真正接受和内化这一社会变革。一个可能的解释是，如果不清楚如何面对异质性，也就是说，不知道如何处理一个统一的文化认同中无法化解的差异及冲突，那么唯意志论的一体化计划并不能取得太多的成效。

许多知识分子和社会学科研究者，尤其那些围绕《自由》杂志（*Liber*，由皮埃尔·布尔迪厄主编，并用十种欧洲语言发行）进行讨论的学者指出，难以形成一致社会认同感的关键在于，使欧洲成了“银行家的欧洲”的货币一体化竟然占主导，高于社会一体化。他们还质疑不计社会成本（如疾病和痛楚、自杀、酗酒和毒瘾等），仅从全球化角度建立社会联系的可行性。另外，从严格的经济学角度看，这一策略也有失偏颇，“不够经济”，因为它不考虑其行为对“人身和财产安全的威胁”，它对效率的定义过于抽象、狭隘，仅指投资者的经济回报，不关注客户需求（Bourdieu，1998：45—46)。

欧洲议会使用的十一种语言对应着无法简单通过经济一体

化协议调解的多元文化差异。类似情况也见于美国人与拉美人之间存在的语言多样性与文化政治对立关系之中，如新教与天主教、白人与西裔及印第安人的差异。同样，拉美人之间的差异也极为明显，表现在各类经济谈判中，而在实施政府管理者与专家的上层决策的过程中，差异更为突出。以自由贸易与一体化过程为研究对象的民族学与传播学研究至今为数不多，我将在后续章节里细述。这些不多的研究却清楚表明，在创建跨越国度的公共空间的过程中，太多的经济、民族、政治和文化利益交织，以至于让一些试图建立集市的尝试最后反倒促使巴别塔的形成。

当大卫不知歌利亚在何处

让大众信服跨国一体化方案遇到的最大阻碍是这一变革给各国家及地区社会发展造成的负面影响。民众很难接受及认同生产、交换与消费关系的变化：它疏远人们与其出生地的联系，导致工作岗位减少，并使那些仍在本地生产之物的价格一降再降。若无视那些对社会关系之延续发展具有重要意义的各种语言、行为习惯及文化财富等的整体性和多样性，只是简单地希望通过全球化和地区一体化来谋求经济繁荣的未来之构想则显得十分脆弱。但目前一体化进程走在前列的是无文化一致性的地区。

如果这事发生的原因是距离，正如一个西班牙或法国或希腊工人感受到的自己与布鲁塞尔①的距离，以及智利人、阿根廷

① 欧盟所在地。

人或墨西哥人与在巴西利亚或卡塔赫纳[①]所制定的决策之距离，那么以下情况下人们对远距离事物的无力感会更为强烈：一个跨国公司，它每部汽车的零部件或每台电视的生产需在四个国家完成，之后在另一国进行组装，而公司办事处又位于另外两个或三个其他国家。这种距离感就如同电视、电影、音乐或其他不知何处传来的信息带给我们的感受一样。由此产生了一个问题：面对诸多无形的、跨地域的权力因素，是否在生产和消费过程中还有主体一说？人们所干的工作越来越不属于自己，但也不是给具体哪个领导或上司打工，最大的老板是那些跨国公司，这类公司极为神奇，它们随时可能从任何地方向员工颁布一些不容争议也无法驳回的规定。

工会能够谈判的余地越来越小，比如那些不要脸、虽有品牌但名声不大的公司所称的“弹性化工作”。实际上，人们的工作不是变得有弹性而是越来越不稳定。比如，工作要求极为苛刻：必须达到一定工作时间，严格遵守各项工作规定，甚至为保住饭碗还得被迫无奈听人指挥、看人脸色。在众多有关全球化的研究评论中，我一直深刻记得乌尔利希·贝克的这样一段话：“晚上时间九点十分，柏林泰格尔机场一个清脆的声音向疲惫的旅客播告说飞往汉堡方向的飞机终于可以登机了。播音的是安赫利卡·贝，她正在美国的加利福尼亚，坐在她的平板电脑旁。当地时间下午四点后，柏林机场的一些运行便由加利福尼亚站点进行远程操作。原因非常简单且无可厚非。首先，不用向工作人员支付任何加班服务费；其次，对于同一项工作，加州的间接劳动力成本比德国低得多。”（Beck，1998：38—39）

---

① 卡塔赫纳是位于哥伦比亚西北部加勒比海沿岸的一座海港城市。

无独有偶，许多娱乐节目也由远方的他者制作而成，制作方其名不扬，不像 CNN（美国有线电视新闻网）、Televisa（墨西哥特莱维萨电视公司）、MTV（全球音乐电视台）那样人尽皆知。惊险恐怖片、电视剧、新闻和夜间娱乐节目都在哪里制作呢？在洛杉矶、墨西哥城、布宜诺斯艾利斯、纽约或设在美国某个海湾的隐蔽工作室？索尼以前不是日本的吗？怎么它还从迈阿密转播呢？节目主持人是说西班牙语还是英语已不重要，主持人说阿根廷口音或墨西哥口音的西班牙语也不再重要（MTV 分辨具体的某国口音只是为表示它与特定国家的亲近）。说到底，CNN 使用非本地化的英语进行报道，而 Televisa 播报新闻或译制片中的西班牙语口音并非其播放地观众的口音，貌似更符合正在发生的非本地化趋势以及那份远而未知的真实，即全球化。

在帝国主义时代，人们对于大卫勇斗歌利亚之现象尚处感知阶段，但已能清楚知道那个歌利亚式的政治强权就位于本国首都与华盛顿或伦敦，而传媒界的歌利亚则在好莱坞，其他领域的歌利亚也大致如此。但当今每一个领域的歌利亚就分布于三十个不同舞台，而且能通过市场的网络系统轻便地从一个国家传到另一国家，从一种文化融入另一种文化。

我们只在极少数情况下才能判断出对话者的具体方位，这就给人这样一种印象：要进行改变是很难的事，也很难去想象除了当前的电视节目和政治体制还可能有什么其他形式。有些观众会在电话热线节目或电视演播室的现场录制中发言，或接受收视率调查采访。但正如安赫拉・希格里亚和罗莎莉亚・维诺库尔最近的研究所示，这类靠近权力的特殊方式，以及被征求意见的满足感，大部分情况下并不能改变这样一种认识，即媒体报道的方式让人接不上话茬。各类策划及其决策在人们无法进入的场所，由机构组织而非个人完成。

我们一些研究者认为，对消费习惯的研究有助于了解消费者的真实需求。甚至这些调研能有助于城市、广播或其他独立文化机构提升其文化政策的民主性，并从微观方面了解公众。但是大部分的民众调查并不关注消费习惯，而只是对当天某一时段的消费倾向进行简单的确认或否定。这类调查不研究具体消费群体的需求，而是同时针对好几个国家的“大众”或称“观众”。此外，调查并不关注被采访者的日常生活和他们的冷门喜好，而是琢磨如何能够将调查对象的行为套进工作间和录音室那些不明示的方案框架里。

大众媒体会将我们导向怎样的社会？对这一问题进行深度研究不能以收视率为依据。我们必须把消费视为主体的一种反映，反映着主体急需和疑虑之事，促进或阻碍着主体与他人之间的互动。或许人们对于电视剧和电影（包括情节剧与英雄题材电影）的着迷，还有对那些因社会结构问题而酿成的个人和家庭悲剧的好奇，并不仅源于人们常说的一种病态的窥探欲，也有部分是出于人们的想象：想象有些社会主体需要关注，他们或正遭受着人间苦难，或正做着超乎寻常之事。

但近期工作和娱乐领域的权力关系重组，让此类主体沦为媒体虚构。大家都清楚在各个社会层面，这种情况发生的方式不尽相同。在承认这一事实的同时，我想提议的是，我们应当研究，为何所谓的冲突行为和民主协商的不健全会导致普通民众与当权者（包括政治和经济领域）的阶层固化。问题不仅在于，与冲突解决和未来导向相关的重大决策不由选举产生的政府领导层或机构制定，另外的麻烦是，就连那些“掌握市场”

的人也没有充分采纳这些决策。约翰·贝尔赫使用“掌握”而非“控制”，是因为“在这一过程中，随机性发挥着重要作用”(Berger，1995：13)。

历史上没有任何一个时代像现今这样拥有如此多从事各时期各社会的经济、历史和人类学研究的科研工作者，也没有如此多的学术会议、图书馆、杂志和信息网络汇集各类学科知识，并将世界上其他地方的娱乐与工作中所发生之事联系起来。这一多方面的信息繁荣，能够改变或者说控制什么局面呢？一方面，各大跨国企业和市场持续扩张，另类思想不断传播，另一方面，不同政见和社会运动日益增多，持非主流意见的各非政府组织团结一致，并由此形成替代性的想象体。所有这一切会给我们带来什么样的后果？但这一非主流的团结最终还是屈服于集权政治的事实，让人们不禁怀疑它们是否真的具有替代性。经历了这个史上政治、技术和艺术更新最为频繁的世纪之后，一切貌似都不稳定地制度化了，其遵循的规则是，无项目支持的短期再生产，助推经济投机的产生，以及非稳定权力的积累。

或许我们可以跳出全球性与地方性对立的惯性思维，来解释社会视野的狭隘。如此一来，就需要以一种更加复杂的方式来重新梳理具体与抽象、即时性与跨文化性之间的关系。同时，有必要研究分析各类隐喻，包括表达文化生产方式变化所使用的隐喻，与和我们不同的人还有与我们想象为同类之人进行交流沟通时采用的隐喻，以及构建概念用以分析全球化时代正发生的自我与他者关系重构时所用的隐喻。

作为梳理这一多样复杂状况并重新思考各类疏远关系或者说抽象化导致的权力缺乏的第一步，我建议回顾一下由克雷格·卡尔霍恩，以及后来的乌尔夫·汉内斯（1998）在重新阐述礼俗社会与法理社会、社群与社会间的古老对立关系时所采用的方案。全球化使核心关系和次级关系的区分变得更为复杂，前者涉及人与人之间的直接关系，而后者则涉及社会生活所发挥的各种作用。现今许多交流具有间接性特点，让人们能辨别出由技术和大型组织协调的第三级关系。比如，我们给某机构写信或者打电话到某办公室，得到的却是非人工的机器答复，就像通过广播或电视来收听政治家发言或获取消费品的相关信息。

我尤其感兴趣的是卡尔霍恩提出的最后一类关系，他称之为第四级关系。在这类关系中有一方全然不知这一关系的存在，如监控行动、电话窃听，以及数据挖掘，即从人口普查数据、信用卡使用记录及其他信息来源搜集个人信息。人们设法“分析”这些相互关联时，常会把我们当作“想象的客户”（Calhoun，1992；Hannerz，1998）。比如有时我们会收到某公司发来的垃圾广告，而至于是谁向这公司提供的地址信息，我们毫不知情。广告信常会用一种核心关系式的语气来掩饰他们窥探我们隐私的事实：“亲爱的内斯托尔，考虑到您常旅行的习惯，以及您和您家人的生活方式，我们诚挚向您推荐……”通过每次使用信用卡而累积起来的数据就像一架超级全视镜，其特征表现为，“在提供信息的同时，被监视者还成了使窥视变得愉悦的一个重要因素”（Bauman，1999：68）。

在这个少数人窥探着多数人的世界里，我们能做些什么？有可能用另一种方式来处理这类受监控的联系和绝巧的仿真式跟踪吗？是否可能将这些联系人性化，让我们摆脱其选择、组合并对信息进行删减和监控的过程？简言之，能否让我们重新成为这所有行动和消费的主体?

对此，一种可能的反应是，怀念起过去那个政治表现为军事对抗——持对立世界观的群体间的军事抗争——的年代。另一种反应则是，撤退到领土、民族或宗教单位内自我禁锢起来，以此企盼缩短决策制定者与决策后果承受者之间的距离，即以切线方式逃避。我相信以上两种立场都可产生积极后果，有效地完善政治（涉及第一种）和改善在有限范围内的共处状态(适用于第二种)，但谈及其真实的可行性，还取决于是否能够将简单的被动反应落实为具体的、可积极应对全球化各类新形势的行动方案。

更简洁点说，我认为当今的关键问题并不在于是极力维护自我文化认同还是迈进全球化浪潮中去。对全球化进程阐释得最清楚的研究不是那些孤立地审视群体身份认同问题的研究，而是探寻如何与他者相处，如何正视多样性、差异与不平等现象的研究。在一个地方特色渐渐摆脱其排他色彩，而变得不那么小家子气，且我们对远方陌生群体的成见也随着交往日益频繁而消解的世界里，出现了这样一种可能（虽无完全保证）：与殖民时期和帝国主义时代相比较，全球化背景下的共处更容易实现，且相互之间的误解更少。为此，全球化需要将其进程中所构建的想象体以及运行过程中催生的文化交流纳入其体系当中。

我们主张将全球化的辩论从身份认同问题转向跨国融合政策与普通民众表现之间的不契合，并不是要将其拘泥于简单的全球性与地方性的对立关系中。我们试图将对辩论的思考置于这样一个大背景之中：当代生活中抽象与具体进行广泛重组，而介于两端之间新的调解方式开始产生。也就是说，不是要将本质的身份认同问题与全球化对立起来，而是探讨在扩大的社会结构中构建主体的可能性。的确，当今大部分的生产和消费活动都在一些我们无法掌控，甚至我们不知晓的情况下进行，但在全球化的大趋势下，社会主体参与者可开拓出新的跨文化联系路径，强化社会参与主动性。

在寻觅能够改变当今全球化结构的社会主体的过程中，我们注意到了许多新型的文化和社会政治调解空间。除了大家耳熟能详的一些中间机构，如跨国组织、咨询公司、金融机构和监管系统等，还有业务范围涉及几个洲的通讯社、美术馆和出版社，以及诸多联络协调多个地区社会活动的非政府组织。在众多的国际组织、民众团体、企业单位及客户群体中，产生了使用多种语言工作的机构、深谙不同民族和国家法规政策的专家和公务员，以及在不同社会中都能发挥作用的文化交流推动者和政治活动家。为了避免盲目崇拜全球化，避免将全球与地域关系过分极端化，一个行之有效的方法论原则是，思考那些致力于"多样性谈判"的诸多组织网络，它们介于中心与边缘之间、北方与南方之间。乔治·尤迪斯用"多样性谈判"这样的表述，来描写美国的策展人和艺术杂志如何影响拉美艺术在美国的形象、艺术家的自我感知、拉美和美国民众的审美标准，以及超越艺术领域的其他种种（Yúdice，1996）。丹尼尔·马托的研究则指出，史密森学会的工作是促使人们重新定义拉丁美洲印第安人的意义，以及美洲不同地区的种族、性别和跨文化联系的艺术表达；研究也表明，那些关注跨国层面之边缘问题的非政府组织，推动了中心国家对边缘群体之艺术表达的重新阐述（Mato，1998a，1999b）。

对全球性进行构想的方式

全球化可被视为一个整体的战略，借此战略建立超大工业企业、金融集团，以及电影、电视、音乐和信息大佬的行业霸权，侵占贫困国家的自然人文资源，争夺其就业岗位，享有其娱乐和财富等，从而使得贫困国家顺服于集中剥削，而那些得到了霸权的社会主体便顺利重整了二十世纪下半叶的世界秩序。

但全球化同时也是集体与个人想象的产物，想象的主体包括依附于全球化的政府和企业，还有以将其产品推广至更广阔市场为目的的电影电视制片商、艺术家和知识分子。全球化政策能获得民意支持，部分原因在于全球化激发了成千上万人的想象，它允诺人们至今还等于四的二加二，日后可以拓展至五或者六。有些人懂得将其财产、所掌握的信息以及金融业务融入更为广阔的领地，他们亲身经历的许多故事表明，只满足于国内市场的地方现实主义只会成为一种无远见的短视之识。

我们试图在本土及民族性视野不断扩大的背景下，辨别不同文化进程中哪些是真实的，哪些是虚构的。此外，还要区分受益于市场扩张的人，从边缘的经济和文化中参与全球化的人，还有那些根本没能步入全球化轨道的人。不平等的新界限，让有能力连接跨国发展大网络之士与困于本土封闭圈内的无奈者之间的差距越来越大。

我说全球化是想象之物，不仅因为在这一进程中某些国家参与得比其他国家多，也因为只有那些参与程度高的国家里的少数行业受益于此进程，而对大部分行业来说，全球化不过是个虚幻的概念，还因为全球化的话语里蕴含的融合，如我之前所说，只在极少数国家发生。全球化之名，在大多数情况下，推动着欧洲、北美和部分亚洲国家地区联系的加强、企业家联合的深化，以及传媒和消费渠道的延伸。但全球化不是指全球所有人之间的联系。基于对自由贸易协定实施以来数十年间国家经济和文化开放水平的了解，我们已能辨认出哪些是全球化叙事之虚，哪些是想象体在成效一般的行动与政策方面的具体表现。比如音像行业的盈利统计数据表明，西班牙语国家的盈利占全球市场总额的 5%，但是倘若我们把拉丁美洲人口、西班牙人口以及那些旅居美国的西班牙语使用者加到一起算，人口总数实际可多达五亿五千万。思考全球化意味着我们要搞清楚为何我们的市场占有率如此低，同时要设想如何利用我们的语言群体识字水平和文化消费量高居前列的优势。

我并非将想象等同于虚造。正如之前所论，想象体的构建让本土与国家社会的存在成为可能，同时也促进了全球化的构建。社会的开放是为了有形货物从一国到另一国的进出口贸易，也是为了传播多国联合打造的文化信息，用艺术手法表现合作与交流的过程，比如在音乐创作中融进一些过去不曾接触过的、属于其他民族的传统元素，又比如电影的制作结合了来自多国的资本、演员和舞台等。这样的跨国过程，使许多文化产品和艺术象征得以从死板严格的国别归属中解放出来，一辆福特汽车不仅仅代表美国文化，一部斯皮尔伯格的电影也不只与好莱坞相关，它们成为超越国界的想象标志。即便是一些让人产生定式思维的意象，如电视剧中仍然常表现的地道巴西或墨西哥风情，提及香水难免要谈及的法国风格，以及说到电视机就会想起的日本制造等，现也融入了许多社会的叙事和实践中，在几十个甚至上百个社会里都能见到。全球化时代里，我们除了与多个社会真实地发生联系，还能在同一时间于多个舞台之上展开我们的想象。以这样的方式，我们开始了如阿尔君·阿帕杜莱所论的“想象的生活”（1996）。想象可以是人们产生幻觉的场所，但同时，如艾蒂安·巴利巴尔所分析，它也是“一个讲述故事的空间，即一个能够虚构故事的空间”。

随着想象体的全球化拓展延伸，以前我们一直以为跟自己毫不相干的文化，现也已经进入了我们的视线。西方少数商人、艺术家、宗教人士、研究者和敢于冒险之人，早在二十世纪中期之前就对远东人的生活方式感兴趣。而如今，印度、日本、中国香港已成为成千上万西方人旅游、投资和商旅的目的地，类似的例子不计其数。从二十世纪八十年代到发生危机的九十年代中期，“亚洲四小虎”成为经济发展的楷模，并激发了西方第三世界精英层对它们的极大好奇心，好奇这些亚洲国家如何成功地处理了产业升级、古老文化和工作习惯之间的关系。在此，我们不得不提及东方宗教在西方、美国和拉丁美洲的传播，还有在我们日常生活中留下东方社会文化印记（如日本或中国台湾的工艺品）的各种交流。

除了向以前未曾关注的区域扩张，还有很多值得讨论的事。譬如，加强与这些地方的交往，特别是与邻近地区国家的交往，打破了我们之前对这些区域的刻板印象。如我之前所述，理解全球化要求人们去探究在拉丁美洲，欧洲和美国的想象体正在发生怎样的变化。确实在发生变化吗？接下来我们将逐个讨论关于他者的哪些表述仍然存在，并影响、阻碍着新的一体化机会的产生，以及在最近的移民、商业往来和旅游交往中又形成了哪些新的叙事。同时，我们还分析不同叙述者（企业家、百姓和非法移民）对一体化的看法发生了什么样的变化。

全球化意味着大多数人与身边人的交往更加频繁，也促使我们改变之前对他者生活的理解。由此，各种边界线也变成了全球性研究分析的实验室。为此，我们试图厘清全球性是如何在边界地区，在各城市的多元文化里，以及在媒体观众的复杂组成中得到不同表现的。

全球化奇观与跨文化情景剧

对诸多异质事物分层次、有区别地进行探讨，我们得出的结论之一就是，需要同时面对全球化和文化间性。那些关于我们的时代是如何实现全球化的表述，讲的其实就是各种流动交往和同质化过程，在此过程中，国与国之间开放边界，人与人之间联系加强。其论点都基于交易增长的数字及交易完成的飞速，或者现今正在经历的数量与速度增长的同步性。与此同时，关于移民、文化渗透以及其他跨文化体验的研究分析中则充满了以下叙事——分裂与冲突、重新划定的边界，以及对重建失去的国家、民族或家庭统一体的渴望，这事关社会张力与记忆。

因此，全球化与文化间性之间的张力就可以理解为一种史诗与情景剧之间的关系。当今社会科学中的分裂，很大程度上，发生在这样两大群体中：一群人试图将全球化的成果（涉及经济学、部分社会学和传播学）作为史诗叙述的支撑，另外一群人则用撕裂、暴力以及跨文化过程中经历的苦痛（涉及人类学、心理分析和美学）来构建情景剧。前者在叙事中心留下旁注，仿佛承认不同文化渗透带来的不幸是对全球化的抵制，然而他们也会立即断定，所有的悲剧会随着历史的进步和时代的更新而逐渐消解。对后者而言，不同文化之间无法消除的差异和不兼容性则体现了全球化进程的片面性，或是其失败之处，又或是不太顾及差异和区别问题，匆忙实现世界的统一所带来的新变化。近年来，不论是全球化的叙述者，还是主张维护本土和主观差异的人，都开始去听取更多不同的声音，不再只顾讲述史诗或是表现悲剧，而是努力去理解两种情况并存状态下将会发生什么。

当移民人口普查、投资的全球流通及消费统计等数据能与表现事物异质性的叙事相结合时，这些数字信息会具有更深刻的含义。在整体结构中，主体将重新出现。反之，当我们通过具体的悲惨故事去思考全球化的重大社会思潮以及由现今的生产规则和消费模式所塑造的集体话语时，那些本土主体的叙事也能指代更为广泛的内容。当今，人们越来越不相信范式的解释力，如此背景下，要把上述两种角度合在一起实属不易。但是如果我们依照文化相对论设想各个文化是分离和自给自足的，并对所有社会进行分隔，那么我们一定无法理解全球时代这些频繁发生的、覆盖面极广的共存现象。到底什么样的表述——既不是简单的史诗也非简单的情景剧——才能将在区域与全球之间逐渐产生的重新组合阐释清楚呢?

1994 年 1 月 1 日，墨西哥南部发生了新萨帕塔主义暴动，当时我听说一位经济学学者和一位人类学研究者对消息有着不同的惊讶反应。前者说起义不会对墨西哥社会有太多影响，因为奇亚帕斯州①的经济只占全国经济的 1.5%。而后者则从人类

① 位于墨西哥南部，即暴动发生地。

学的向性（los tropismos）角度，表示了极为不同的观点。他认为奇亚帕斯州拥有占全国近30%的印第安人口，为墨西哥境内最高比例之一，对于墨西哥的历史和文化具有举足轻重之意义，而且该区域与中美洲毗邻。事发数月之后，人们意识到，要理解萨帕塔运动的历史渊源以及寻求政治沟通方式的改变，需要超越经济学与人类学角度平行无交叉的阐释，将它们联系结合起来分析融合、区隔甚至排挤现象。

至今仍让我们感到惊讶不已的是，对数据进行一种带倾向性的连贯分析竟又回到了叙事本身——经济学和人类学角度的叙事。为此，有必要继续保持惊讶并承认叙述的多样性。但这并不是在写一部略显复杂的小说，而是对于我们构建的真实进行解释说明，因此我们需要思考这些不同的叙述是否有互相矛盾之处，且力求让描述富有深度，以厘清大致客观的结构与多层主观意义的关系。我们构建的叙事必须具有逻辑上的一致性，以区别于全球化“停靠”在单个文化中的方式，以及为求生存，本土进行结构重组的方式，或许只有这样才能在全球化交流中保有部分优势。

不论调查研究如何尽力细化其观察范围，比如将其限制在一个区、一个城市或者旅居某个具体国家的外国人，只要研究关注的是西方社会，都会经历这样的时刻：需要考量全球化结构和跨国性区域一体化过程在发生什么样的变化，比如欧洲、拉丁美洲和美国的关系有什么变化。或许有人会说，世界如此之大，无法包罗一切，可以把这个问题先放一放。但问题仍在，并影响着人们的研究分析。即便研究者决定不对西方发展进行简单的一般化演绎，那些古老的西方哲学设想与认识论仍然以假设的形式存在。糟糕的是，那些假设适用于前全球化时代，而那时，国家之间的联系看起来更为紧密，也蕴含更丰富的跨文化交流，也就是说，在那个时期，人们尚能够清晰地分辨哪些是本土的，哪些是世界的。

面对如此难题，我能想到的最好解决方式就是，一边研究那些可以体现全球化大趋势的数字和其他与宏观社会相关的硬数据，同时也分析社会文化的种种表达。这些描述如相机般能够捕捉诸多具体细节，包括客观结构中的细节和想象体中特有的细节，反映出个人主体和集体主体群的境遇和可能采取的行动。这需要我们重新将以往社会科学研究中分离的解释与理解结合起来。也就是说，我们需要既对具体社会结构进行显微镜式的细致观察，还要留意不同文化之间的亲密关系。依我看，完成这一任务，我们便获得了由多元文化的普通民众来决定未来全球化发展的关键。

第二章

全球化：尚未被定义的文化对象

关于全球化的论断有许多并不真实，比如其中一个讨论说全球化可以让世界变得整齐划一。其实光是关于全球化的定义，至今都尚未能形成统一的说法，关于全球化始于什么历史时期以及其效应究竟是重组还是分解社会，也都还没有达成一致意见。

关于全球化的起始时间，有作者推测是十六世纪，即资本主义扩张以及西方现代化开始之时（Chesanux，1989；Wallerstein，1989），也有人主张是二十世纪中期，当技术和传播手段更新与市场在世界范围内相结合之时。直到全球性的传播和资本市场形成，技术更新和市场升级的结合才真正具备全球性，并在苏联解体、世界两极化瓦解时得到强化（Albrow，1997；Giddens，1997；Ortiz，1997）。

上述观点的分歧源于定义全球化的方式不同。那些认为全球化始于十六世纪的观点侧重的是经济角度，而认为全球化始于二十世纪的看法则更多关注政治、文化和交流的维度。就我个人而言，我认为有相当多的理由让我们认同吉登斯所述“我们是有机会接触全球化的第一代”（Giddens，1997）的论断。

国际化、跨国化和全球化

全球化始于二十世纪中期之论断的出发点在于全球化不同于国际化，也不同于跨国化。经济和文化的国际化要追溯到欧洲横渡大洋的航行、向远东和拉美的商业扩张，以及随后的殖民地开拓。航船将一些稀奇之物和新鲜消息带到西班牙、葡萄牙、意大利和英国。从马可·波罗和亚历山大·冯·洪堡的叙述到十九世纪末、二十世纪初移民和商人的各类纪事都蕴含当今我们称为世界市场的迹象。但那时，各个国家的信息及消费物品均产自本土，而纷杂的可丰富日常生活的外来信息与舶来品都必须通过海关，并依照保护本地生产的法规接受检查。如马可·波罗对可汗大帝①说，“不管我用言语给您描述一个什么样的地方，您对它的观察感受取决于您观察时所处的位置，比如您站在您宫殿内的楼梯上来看”（Calvino，1985：37）。在国家社会与民族为范围界定清晰的有力观察点的年代，兴许任何一位人类学家或记者在与其同胞讲述发生在遥远他乡之事时，都会表达类似的话：你一定会从你的城区、市镇或国家的角度出发去看待不同的社会。

跨国化是一个随着经济与文化的国际化而逐渐形成的过程，特别在二十世纪上半叶得到快速发展。那时，许多机构、企业和社会活动的总部不仅仅也不主要设在一个国家内，飞利浦、福特和标致等公司跨越多国，且可以在面对与它们相关的政府

① 忽必烈大汗。

和民众时保持较大独立性。但就在这个相对独立的运作中，各种相互联系往往带有原生国[①]的印记。好莱坞电影让世界看到美国人如何看待战争与生活日常，墨西哥和巴西电视剧因其对家庭聚合故事的生动演绎感动着意大利、中国和其他国家的观众。

依靠在先前的国际化和跨国化发展过程中不同主体之间相互依赖的不断加强，以及在全球范围内展开的经济文化联系网的飞速发展，全球化逐渐进入了筹备模式（Beck，1998）。再后来就进入了这样一个阶段：社会要发展，卫星和信息系统、电子化商品的生产与加工、航空运输和高速火车以及遍布全球的服务网必不可少，如此才能打造一个世界市场，那里的资本、商品和信息的生产横跨国界，地域边界变得模糊，海关也只是象征性地存在。因此就产生了生产、流通与消费各集散地之间更为复杂和更相互依赖的互动关系（Castells，1995；Ortiz，1997；Singer，1997）。我并不主张技术决定论，我只是建议要重视技术所能提供的便利功效。实际上，新的信息化的传播浪潮与雄厚的工业和金融资本结合，消除跨国交易的各种限制因素和国家管控壁垒，在此过程中催生了全球化进程。此外，技术、产品和金融跨国界的流动必然伴随大批的移民和旅游浪潮，而这一人员交往促进了多种语言的习得和多元文化的想象构建。在此背景下，除从一国向另一国出口电影和电视节目，我们还可以构建无具体国别特色或同时展现多国特色，具有全球象征意义的产品，就像史蒂文·斯皮尔伯格的电影、电子游戏以及音乐世界那样。这些全球化涉及的经济、资金、移民和传播由多个主体共同完成（Appadurai，1996；Giddens，1999；Sassen，

① 即总公司所在国。

2000)，这就再次证明了全球化是一个新的空间与时间的组合方式。

尽管我认为上述这种对概念及历史时段的区分是有说服力的，但也深知不存在全世界及不同学科对此问题的一致认同。这个过程应当命名为“全球化”还是“世界化”也仍在讨论中。使用不同语言的写作者，用英语或者法语，会选择不同的称谓，但是称谓的不同也与概念的分歧相关。(Ortiz，1997)

更不明确的一点是，对全球化的总结性论断最终产生的是积极的还是消极的结果导向。现在已经很难断定所有的国际开放与融合能够让所有人都受惠。全球性的自由开放因强调私人利益而加剧了许多问题和冲突，如失业、污染、暴力、贩毒等，这使得人们开始意识到全球化进程必须由政治来掌舵，且各大资本之间的争端应由区域性组织，如欧盟、南方共同市场等来协调解决。与上述讨论点同样重要的是，全球化是否真的无法避免，以及生产、流通和消费各个层面都全盘全球化是否能被人们接受和喜爱等(Singer，1997)。

关于全球化的含义和范畴存在的种种分歧让我们可以得出几个对研究理论和方法具有重要意义的初步结论：首先，全球化不是一个科学或经济范式，它没有一个界定明确的研究目标，也无法提供一系列连贯持续的知识——不同领域的专家共同认可且能与实际经验进行比照的知识(Passeron，1991：37—48，362—363)；其次，也不能把全球化视为政治或者文化的范式，因为它不构成唯一可能的发展模式。全球化不只是一种社会秩序或一个独特过程，它是指多个社会运作共同进行的结果，这些运作体系相互间存在一些矛盾，但其结果呈现开放性，即多种多样的“本地与全球”“本地之间”的关联(Mato，1996)。

人们对全球化的理解则构成一个叙述整体，这些叙述是通过对不同方面进行粗略探索而形成的。

我们注意到全球化问题的脆弱性常以下面两种方式隐身于近期出版的部分著作中。第一种方式是简单地将全球化几乎当成新自由主义的同义词，因此，全球化成为一个无可争议的出发点，一个声称超越意识形态斗争的“整体思维”。新自由主义框架下的全球化是为那些想要融入世界经济发展大潮流中的发达与不发达国家建立的唯一模式。因此，在一些作者的论述中又出现了以往倡导的马克思主义生产方式理论，即力求世界的整体发展以及任何社会发展的具体过程都采用同一个模式。这一模式以及相关论述都有着相同的核心要素：市场经济、多党制、国家经济的对外开放、各类资本的自由流通、外国投资和知识产权的保护、财政平衡和新闻自由。不遵循这一模式的国家，如伊拉克、伊朗、利比亚和阿尔巴尼亚，则成为历史的流放者。其他一些试图寻求自行发展的国家（中国、古巴和越南）其实也只是在不断重新适应这一模式的普适性。持这一观点的有福山和亨廷顿等学者，当然还有实施新自由主义经济政策的七国集团和第一世界的企业、银行等。但从 1994 年 12 月开始相继在墨西哥及其他拉美国家发生的危机，自 1997 年起先后在俄罗斯和东南亚国家、1998 年在巴西出现的危机，以及世界各地的社会冲突愈演愈烈，凡此种种，让人们开始质疑新自由主义框架下发展模式的持续性和有效性。

第二种方式掩饰了我们对全球化的认知缺陷，依照后现代主义的原则将我们的认知简化为多个叙事的共存，全然不顾全球化是否可成为一个科学的模式或发展范例。我并不主张回到实证主义，即去追求一个普遍有效且其抽象含义放之四海而皆准的公理，但我也不鼓励在如此相互联结的世界里放弃对于知识普遍性问题的讨论，也就是说，我们需要寻找一种不同文化共享的合理方式，将各种基本概念表达连贯地组织起来。这在对全球化进行理论阐释时尤为必要。

思考全球化需要超越这样两种立场：一种将全球化视为唯一且不可逆的模式，另一种则完全不在乎全球化过程的内在联系，也不关心全球化能否将所有主体都融合进去。面对部分物质和文化市场被同质化的趋势，我们有必要从方法论上深究全球化形成过程中所筛除的那些东西。

因此我的分析基于这一假设：我们对全球化没有统一的理论，不仅因为我们对现状的了解尚不全面，也因为片段性、不完整性恰恰就是全球化过程的结构性特点。再具体些说，人们所谓的全球化实际上表现为一个由各类同质化过程构成的整体，同时，全球化又表现为对世界进行有联结性的划分与整合，从而对社会差异及不公进行重整但非清除。我发现上述观点已开始被少数艺术表述和科学论述接受。

那么在对于全球化的概念存在诸多分歧的背景下，人们当如何自我定位？除了上述提及的对于普适派理论的质疑，以及没有任何一种观点能得到普遍的一致认可，还有这样一个难题：很难将参与全球化过程的多样维度归并到单一的体系里来解释。甚至致力构建可靠、准确的全球话语的经济学家、企业家和政客，也需要用隐喻手段对全球化做出描述。雷纳托·奥尔蒂斯呼吁大家关注几组意象化的概念，如大前研一提出的“阿米巴社会”、麦克卢汉提出的“地球村”、阿尔文·托夫勒提出的“第三浪潮”。奥克塔维奥·扬尼进一步将这个清单拓展，加入“全球性迪士尼王国”“技术宇宙”“新型巴别塔”“全球购物中心”等词（Ianni，1995：15—16）。其中最雄辩有力的一个比喻是乔治·索罗斯在描述市场的各参与方时说的，“如果各参与方代表不同国家”，那么它们不是简单地追求一个未来力量的平衡，“而是朝一个移动的靶子开枪”（Soros，1997：15）。

如马克·阿贝莱在分析欧盟情况时所述，各类自由贸易协定和区域融合代表着一种征兆，映射着我们对现代冒险尝试的失望以及对全球化寄予的期待。甚至连那些最周密和完整的合作协议，如欧盟，都没能摆脱如失业那样的消极影响，也没有找到解决社会及市场难题的办法。然而，更大的难点还在于，组建经济贸易区之后并没有相应的就业、移民和跨文化政策出台（如《北美自由贸易协定》），或者急于经济谈判而没来得及关注不同社会政治体系之间的兼容性（如南方共同市场）。

在各类数字和预测不准，政策摇摆和低效的情况下，诞生了各种叙述和隐喻：在各类协商谈判进入最关键期之时，因急于抓住一切机会提升自己的竞争力，公务人员会将人们的抱怨和抗议贬称为“不带后视镜的行驶”（Abélès，1994：101）。此外，阿贝莱还在研究欧盟议会的日常时曾听到这样一个说法——“没有躯体的天使”，是欧盟工作人员切身感受的真实写照。他们身处与其所代表国家相距遥远的布鲁塞尔，承担着协调各类跨国性决策的重大压力。然而，对日常谈判的研究更清楚地显示了各个文化体（比如盎格鲁-撒克逊人与拉丁人）之间的差异，以及欧洲北部与南部国家对于生态与媒体的不同评价（Abélès，1994：102）。因此，在本书中，我们将用不短的篇幅来分析盎格鲁民族与拉丁民族的文化差异是如何演变又如何被反复强调的。

在书中，我将花不少笔墨分析各类叙事和隐喻，并非仅仅因为全球化具有动态箭靶那样的即逝性，也是因为在分析全球化的过程中，不可避免要特别讨论人们移民或旅行、生活在他乡、与远方之人进行物品和信息交换、观看他国电影电视或者聚在一起相互讲述各自母国的故事传说等经历。又或，人们举行聚会庆祝他国的节日或通过邮件与那些不知何时能再相见的人保持联系。从某种意义上说，他们生活在别处。我想以实际发生的故事为切入点，对全球化进行思考。这些现实中普遍存在的事例表明了不同文化间的联系极为紧密。若没有这种跨文化接触，全球化也就无从谈起。全球化使我们变得类同、拉近我们之间距离的同时，也导致更多的差异出现并催生了新的不平等。若不能理解人们虽为远方别处所吸引，但在与不同人群接触时容易产生各种惊恐，甚至有可能受到排挤或因需与自己不接受之人或事相处而深感无奈，我们也就无法对官方公布的、覆盖各个区域的金融数据和媒体报道进行评判。由于全球化并不意味着我们所有人都能为他人着想，也不是说有了全球化我们就能走进所有地方，所以只有了解不同文化碰撞和排他行为带来的痛楚、残酷的种族主义侵入和自我防御，以及波及全世界，在自愿选择的他者与被迫接受的邻居之间进行区分所产生的争执，才有可能理解全球化。没有跨文化性的全球化只能是个 OCNI，即一种尚未被定义的文化对象。(García Canclini，*La globalización imaginada*，50)

我们所说的“一种尚未被定义的文化对象”，不是指全球化的倡导者和研究者没有意识到全球化中的跨文化性、各种不同的交流方式、面貌迥异的城市以及多元的艺术潮流。全球化的垄断性策略经常只考虑全球化过程中属于市场范畴的事物，也就是说，只包含那些可以纳入其客户政策范围内的事物。至于全球化过程中出现的其他异同事物，我们就希望暂不对其下定义或者不描述其特征，当然也不一定要将其消除。

从麦当劳到马孔多[①]

需要注意的是，对于扁平式一体化融合的批判没有因钟摆效应而将我们推向另一个极端，即认为不被全球化预期的同质化禁锢住的就是抵抗。当我们为那些未被全球化吞噬之事得意欣喜而暂忘我们融入全球化进程的初衷之时，也就丢失了文化融合附带的多功能属性。拥有多重文化背景的移民、大众媒体工作者和艺术家希望利用好其他听众来了解不同的文化，从中吸取精华以丰富自己。贸易全球化的批评者，如绿色和平组织与重要刊物《世界报》（*Le Monde*），就利用了全球化在生态、信息和政策等领域提供的机会，扩大了它们在更多国家和不同语言使用地区的影响力。他们活动范围的拓展并非为单纯地抵制全球化运动，实为立足于那份模棱两可与矛盾之上趁机发展壮大自己。此类矛盾现象不单发生在全球化或各本地文化中，也存在于“全球本地化”中——描述全球与本土之间相互独立又互相渗透的关系的时髦新词（Beck，1998；Mattelart，1996；Robertson，1996）。

关于全球与本土交流的研究，不应只是一张列举全球化各项成就的清单，也不能仅汇总那些限制全球化取得成果或宣告

① 马孔多是加夫列尔·加西亚·马尔克斯的小说《百年孤独》中描述的一座虚构的城镇，是布恩迪亚家族的故乡。在此段中作者用“麦当劳”指代全球化，用“马孔多”指代本土元素。

全球化失败的种种阻力。根据我们现在对全球化的了解，最好将它理解为一个呈现明显多样性的进程，它需要人们在多国或者说超越本土范围的区域里执行多项既真实又虚拟的任务。正如贝克所言，可口可乐公司和索尼公司“坚信全球化不是在全世界到处建造工厂，而是要让自己融入每一个文化之中并最终成为其鲜活的一部分”（Beck，1998：16）。但我不同意他的另一判断：“一个统一的世界文化”，即一个消除了吃饭、穿衣和思考的多样性的世界文化，“将成为市场和各种便利的祸根”（Beck，1998：16）。我反对的部分原因是，从人类学角度看，这种所谓的统一文化将使得本土文化蒸发消失，更主要的原因还在于资本主义在扩张时，必然利用多样性推行同质化。从这个角度上说，我很赞同贝克最近的论断，他在论证中表示，全球化改变本地原来面貌后又重新开始新一轮的本地化并不就意味着“本土复兴”。德国巴伐利亚香肠（为贝克所赞誉）、牙买加雷鬼音乐及探戈音乐，又或北欧设计，都不能幸免地进入了全球化的秩序。许多特色传统元素也被卷入全球化之中或被拉到其边缘处，卷入方式多种多样，而非简单的“麦当劳化”①，亦不是简单的对立关系②。我们将在讨论拉美为应对文化市场的激烈竞争而选择的文化政策时，对此问题进行更为细致的论述。其中相关文化政策有，出口一些电视剧与民间音乐，对差异进行均衡化，加强内生增长和区域内部流通，发展配合多国商业合作的新型文化项目和机构。除了麦当劳和马孔多之外，未来我们还能有许多其他的选择。

---

① “麦当劳化”是指一个社会的发展具有速食餐厅的特色，这一词由社会学家乔治·里兹（George Ritzer）提出，用来指代传统事物转向理性化科学管理的过程。

② 即传统元素与全球化进程的对立。

有许多社会经济理由可以说明为何全球化无法摈弃本地化，本地或者国家的发展，甚至是简单的生存，都不可能与全球化浪潮脱节（Robertson，1996）。在此，我想先谈一下应对全球化与本地化进行综合思考的文化层面的论据。理由之一是，在全球化时代讲故事，即使是讲述自己的故事，比如对自己出生或者生活的地方的描述，也总是对别人讲的，因此这个过程不仅是简单地讲述客观存在，也蕴含了超出客观存在的想象。正因如此，隐喻就变得格外重要，因为它通过与不同事物的比较来阐释事物的含义。我们讲述故事时运用隐喻，是由于我们对自己进行描述时，需要以文化差异作为参考，因为进入任何一种市场，不论是食品市场、资本市场还是图像市场，都如同朝一个移动的靶子开枪。

那些关于实为很远但是感觉近在身边之事物的叙述，即将此与彼进行对比所做的隐喻，自欧洲开始现代化扩张以来便日益增多。拉丁美洲便是这个隐喻游戏的爆发点之一。但在二十世纪，叙事和隐喻成了更加重要的主角，这个世纪出现了大量的劳动力移民、政治流亡和出于经济原因的离乡（为逃离战争，或非精英阶层在政府因应对全球化而调整宏观经济时被边缘化）。的确，这个进程在人们开始称其为全球化之前便已开始，但是随着二十世纪下半叶的大批人员流动才达到高潮。比如五分之一的墨西哥人和四分之一的古巴人长期生活在美国，洛杉矶成了墨西哥的第三大城市，迈阿密成了古巴人的第二大聚集地，布宜诺斯艾利斯成为玻利维亚的第三大城市。一个国家的大部分人口聚居他国，我们该做何感想？又该如何去想象这样一座城市或国家——其大量居民并非本国公民，且他们所读之书、所看之电影电视节目都出自远方的工作室？

寄给一位全球化魔怪的明信片

如果最好是通过擅长讲故事和打比喻的专家，即艺术家和作家来了解社会生活的各个方面，那么当我们试图描述的现象实在让人难以捉摸而且指向异域和其他族群时，这种必要性更为凸显。历史上用隐喻描述一些不可理解之事，指代惯常身份急速且剧烈的变化，有时能形成具调解性的意象，也有时让人联想到魔怪。

1. 有机玻璃盒里装满彩色沙子，组成三十六面不同国家国旗的图案。盒子由一些管子串联起来，管内放置了蚂蚁，这些蚂蚁在爬动过程中将盒中的国旗图案慢慢拆散，然后不同的国旗就自然混合起来。日本艺术家柳幸典的这一创作第一次展出是在 1993 年的威尼斯双年展上。1994 年在美国圣迭戈跨国艺术展上重展时推出的作品为北美洲、中美洲和南美洲三大美洲国家的国旗。展出开始几个星期之后，国旗上有些标记已经无法辨认。柳幸典的作品可以以隐喻方式做如此阐释：随着劳动者在世界范围内迁移，各种民族主义和帝国主义逐渐消退。但这一隐喻没能被所有参观者察觉。柳幸典在威尼斯双年展上展出此作品时，动物保护协会以“不应剥削蚂蚁”为由，迫使该作品被撤展了好几天。还有其他观众表示不能接受作品所表现的对不同国家间差异的打破。相反，创作者本人柳幸典则坚持要将所有文化标记都完全消除：在他看来，1996 年圣保罗双年展上，巴西当地的蚂蚁品种爬行过慢，他在展览开始之前就担心这种蚂蚁不能将国旗构造打乱到他想要的程度。

这个隐喻表达之意是，群体性移民和全球化将使现今世界变成一个流通和互动的体系，在这个系统内，各国之间的差异也将逐渐消失。人口统计的数据并不能展示这一互相流动的画面，也无法体现大面积的跨国性互动。离开故土到他国定居超过一年的人数量高达一亿三千万到一亿五千万，占世界总人口的2%到3%。吉尔达·西蒙解释说，在这个人们移动变化日益加快，移动成本在全球呈下降趋势的“游牧世界”里，实际上大部分人还是不太变动，充斥着不可控的移民浪潮的世界形象只是陈词滥调大商店里的特色产品之一罢了（Simon，1999：43）。

就是在经济领域我们也不能笼统地讲全球化能代替各个国家，或我们生活在一个没有边界的国度里。金融市场的确完全全球化了，金融交易总额在近十五年翻了五番的事实也强化了金融交易在经济发展中的重要作用。然而，大部分商业活动还只局限于国内或者区域范围内，另外全球化的压力促进了经济体之间的区域联合，区域联合又强化了一些政府的决策能力，欧洲便可为一例典型（Giddens，1999：40—46）。我将在接下来几章里集中分析的文化领域，特别是文化产业中，实际上存在着多种全球化趋势，但这并不等于会产生一个代替国别文化的全球文化，毕竟只有一小部分在全球化过程中生产的电影、音乐和互联网产品不具有本地特征。

一些人类学家采用乌尔夫·汉内斯的表述——“全球文化流动分支”，来警示全球化进程中的互动不是平等的。汉内斯作为“跨国关系”研究专家，阐明“流动有方向性”，而且“其中一些场景空间占据优势”。那么哪些是占优势的场景空间呢？汉内斯举了“纽约、好莱坞和世界银行总部”为例（Hannerz，1997：13）。我们完全可以将这个清单加长，但是我们将不断证实全球化的重要标志几乎全部集中在美国、日本和欧洲一些国家，在拉丁美洲则几乎一个都没有。汉内斯还列举了反向流动的例子，比如非洲艺术家在伦敦展出其作品，奥斯陆的康复理疗采纳了马来西亚的解梦方法。但是对边缘地带的手工艺术、文学及智慧的认可并不能让人们忘却“流动的非对称性”，这一非对称性体现在基本技能和公共机构形式、西方的基础教育和高等教育、行政手段和生物医疗知识等社会资源分布的不均等。因此，汉内斯认为社会财富和信息的双向流通并不能消除中心与边缘之间的差异。

全球化运动有时候集中体现在艺术或者文学隐喻中，让世界多样文化之间互动的新情况变得可视。然而，我们需要将所视的画面与社会宏观统计数据结合起来，以便知晓隐喻可理解的部分，以及它所蕴含的想象力在哪里失去了启发意义。

2. 与外部世界的联系可能让人联想到，本地特色将消退，人们将寻找新的全球性特征。有位戏剧导演回到他儿童时代踢球的蒙得维的亚街巷，想起当年足球只是游戏而非生意，孩子们的关系也完全不同。那时候每当有人进了球，大家就拥抱欢呼——“那种拥抱不仅是一种脸贴着脸的亲密，更是一种身体上的靠近，象征着我们精神上的团结一致”，这种场景在城区或街角随处可见。而如今，进球的人和他身后的团队习惯出去找个地方聚会庆祝，“向想象的观众或听众问候，好像他们就在眼前一样”。已不再是小圈子聚会，而是如大家在赛事的电视转播中所见，向“全球的观众”问好以共庆胜利（Galli，1991）。这种与虚拟的看台观众的“抽象”关系，在其他城市也会遇到，它融合了不同国家著名球员的欢呼姿势。我曾在墨西哥街头看到孩子们进球之后绕着球场跑，面对想象的虚幻观众席，一个孩子模仿墨西哥球员乌戈·桑切斯耍杂技，另一个孩子学巴西球星贝贝托始创的怀抱刚出生婴儿的动作，另有一些孩子重复墨西哥球星古斯塔沃·拿破雷斯的跳跃动作。

3. 不同民族社群间除了隔墙，也有零散的财富、人员和信息流动。由于对另一种生活方式或者常驻他乡的同胞的排斥，人们常用动物名称来指代这类异者以突出其差异性。迈阿密的古巴人被称作“岛上蠕虫”，但是一旦以旅游者身份将美元带往古巴并与在古巴境内生活之同胞重建联系，他们则被冠以另一更为漂亮的名字：“蝴蝶人”。境内与境外古巴人之间的距离拉近，以及墨西哥人、哥伦比亚人和阿根廷人与在美国生活的同胞们的交往不断加强，证明距离能促生排挤现象，同时也能产生距离美感从而成为一种吸引力，换句话说，跨国群体可能被人以完全不同的两个视角看待。新型交往和联络方式产生，将相距遥远的人连接到一起。旅居美国的墨西哥人定期向在墨家人汇寄的美元年均高达 70 亿。这些远在他国的人也常会回到家里过节探亲。他们与家人每周会通过不同方式联系，比如电话、传真、电子邮件、电报或者信件等。那么在美国生活的拉美人每年与其母国联系要花多少电话费呢？美国人类学学者马克辛·L. 马戈利斯[①]在二十世纪九十年代互联网普及之前做的研究表明，居住在纽约的巴西人中，有 95％都是通过电话与巴西家人保持联系，每个月通信花费在 85 至 200 美元之间。

全球性流动往来对于边缘地区、非发达国家来说更是意义重大，如移民从美国汇寄的美元就是墨西哥的第三大经济来源、

---

① 美国著名文化人类学学者，美国艺术科学院院士，文化唯物主义理论倡导者马文·哈里斯（Marvin Harris）的学生、同事。

萨尔瓦多的第一经济来源。但除此之外，还应看到在跨国交流中，各类故事得到传播，国民文化视野得到拓宽，以及一些多国共享的礼仪都软化了边界感，甚至消除了距离感。布宜诺斯艾利斯的一个玻利维亚广播台，除了播放激起怀旧之情的旋律和消息，也以想象的方式构建了一个人们心灵的相聚："亲爱的同胞，听我们的音乐，拉起你们的手，闭上双眼去想象我们就在故乡的土地上。"正如研究海外玻利维亚群体的人类学家的分析所说，人们之间的交流已经不再是"在老家某个村庄的篝火旁进行，而是在通过广播构建的一个想象的村庄里"完成。在这个媒体空间里重建的国家概念，与玻利维亚地理概念上的领土没有关联（Grimson，1999）。

4. 出现了另外一些反映跨国互动和相互影响的表达倾向，其中最具代表性的是马科斯·拉米雷斯·厄雷设计的名为特洛伊木马的作品，作品在 inSITE 艺术展最后一期的都市艺术专栏中展出。艺术展于 1997 年在墨西哥蒂华纳与美国圣迭戈轮回展出。这位来自蒂华纳的艺术家在离边境几米远的矮平房旁架起一个高达 25 米的木马，木马共有两个头，一个朝向美国，另一个朝向墨西哥。如此设计就避免了落入由北至南单向渗透的成见，同时可以避免逆向思维造成的错觉：有人总认为南美移民偷偷走私一些在美国被禁的物品。马科斯跟我说过，这个临时搭建的不坚固的"反纪念碑"式的结构设计成"镂空透明的样子，是因为我们很清楚他们对我们的意图，同样他们也明白我们对他们的态度"。在木马的四周，墨西哥小摊贩们穿梭于矮平房前面的来往车辆中，过去他们只卖阿兹特克日历和墨西哥手工艺品，现在也卖起了"蜘蛛侠和迪士尼乐园的小猴子"，而拉米雷斯·厄雷的木马并不是对民族主义的肯定，而是改良后的世界文化象征。对特洛伊木马这一具有公共代表意义的历史意象进行改动，就是要突出各种信息的多方向性以及媒体报道将会引发的多重阐释。拉米雷斯还设计制作了印有木马形象的文化衫和明信片，小商贩们把它们拿去与阿兹特克日历及“迪士尼小猴子”一起销售。拉米雷斯还在木马旁放了四件特洛伊服装，让想要与这一“纪念物”合影的游客着装拍照，用这种稍带讥讽的方式暗示游客用照片记录下自己近距离感受墨西哥风情与美国风格的经历。

这四个例子讲述的其实都是当地社区发生的事情，但它们与全球化的关联都以不同方式被想象构建了出来。柳幸典设计的打乱国旗构造的蚂蚁代表的是一个泛化的互动关系，在这一互动中，自身特征标记会逐渐消退。第二个例子中，当孩子们向全球观众致意时，即便他们模仿墨西哥和巴西球员的一些动作，本土特征也没有完全消失，而是融进了一个全球性的想象：孩子们的庆祝活动仍旧是个极为本土化的行为，是一个只有当地街口的路人才能看到的活动，虽然他们脑中想着那些跨国性的动作手势。而关于在布宜诺斯艾利斯生活的玻利维亚人的故事，则可以让我们感受到一个想象的、与身在玻利维亚的同胞共享的社群，以此共同体来突破距离的局限，进而重塑民族身份。也就是说，与旅居阿根廷的同胞紧握双手和欣赏身在玻利维亚的远方同胞制作的音乐这样的仪式，将那些希望抹去距离的印记、不忘自己民族身份的群体紧密联系起来。最后一个例子中的双头马代表着各类双向的交往互动，木马设计成镂空的样子暗示已经无法隐瞒“他们对我们的策略以及我们对他们的意图”。冲突是显而易见的，但作者并没有用民族意象而是用一个代表跨国交往的符号来表现冲突。当人们重温这一符号时，自然会对某个特定边界进行重新审视。陈设于美墨边境的柳幸典的作品，庆贺着国家之间壁垒的消除；拉米雷斯的双头木马及其整体演示（performance），包括文化衫、供路人合影留念的特洛伊服装以及供游客消费购买的仿新手工艺品，则揭示了在某特定边界处，对跨文化的错误理解是如何产生的。

这四个实例代表了当今重新构想各种具体与抽象、近距离与跨文化之间关联与矛盾的不同方式。应当如何定义这些变化，以及我们又该如何与异己者进行交流？这是一道难题。如此难题之下，我们诉诸隐喻来进行想象，并参照整体惯例对变化进行整理。不同的想象意象表明对现今正在进行的关于自己的与他属的之再分配持有的不同见解。我们需要通过可能获得的更为客观的数据来分析讨论：这些关系应当命名为国际化、跨国化还是全球化？是该叫多文化性、种族主义、南北不平等、文明冲突还是接触地带？在本章一开始我就解释了那些词在指代不同进程时有何不同侧重点，哪些词遗漏了太多新兴事物以及尚存的传统，又有哪些定义之词稍显过时。不过，各类叙事和隐喻给我们的启示是，本地与全球的紧张关系在不同时期一直存在，各社会主体以矛盾的方式共存，这一矛盾式共存的影响之深以及功能之多，很难用几个概念概括清楚。

隐喻是否为一种我们得出科学概念之前采用的低效、临时性、刚刚被接受的社会思想策略，还是一种为了更好理解社会如何运转以及我们如何在这一社会里行动的必要手段？第一种观点为实证主义立场，它与最受推崇的隐喻研究理论，比如德里达和保罗·利科等的理论并不匹配，但被粗糙的经验主义所接受并被许多经济学家用来批判文化研究的模棱两可。然而，因为实际上在关于全球化的强硬话语中各种隐喻广泛存在，所以有必要认真对待隐喻，而非视其为过渡性手段。如果要在这里展开关于隐喻的社会辩论，如德里达的解构主义与利科的诠释学观点的辩论，那就超出了本书的目标范围。但我无论如何需要解释一下的是，我在书中转引全球化研究学者分析中采用的隐喻，并不是要证明那些论断的不完善，而是因为他们关于全球化的论述，极端地说明了社会属性的模糊不清。隐喻可以理解为一种暗指，指代那些不受统一化概念禁锢的事物，也指那些我们目前所经历的，以及未来我们可能经历的建构与解构的矛盾。

出于类似原因，叙述就成了一种不仅仅适用于分析文化的手段。所有的社会经济话语一定程度上都可以理解为一种叙事，与之前讨论的标准范例相对立而存在，当涉及全球化运动时更是如此，因为全球化中的话语所承载的意义和参照都还处于悬而未定的状态。那些金融运动会将我们引向何处？随着移民增加正在形成什么样的社会？想象便成为未来社会“现实”的一个维度。隐喻与叙事这样富含想象的活动，尝试捕获全球混乱秩序中转瞬即逝之物，这些事物跳出边界的禁锢，或在跨越边界之后又重新看到新的边界（如歧视）出现，在这个过程中，知识也随之被生产了出来。隐喻的特点在于能够塑造并清晰呈现那些移动、联结或混杂之事物；而叙事则寻求在众多的人员往来以及多个“他者”存在的情境中梳理出一个秩序。

除此之外，隐喻还对我们讨论跨文化性有着特殊的重要性，因为隐喻在比较差异与相似关系时生成的意义，不在于自我的满足，还考虑了他者等外部因素。隐喻视角下所理解的社会，“只为让人们关注到其他现象”以及其他生活方式“而存在”。这种对多样性的转移关注，可以通过对动物界的观察来实现，正如我们在本章曾讨论过动物名称使用（不一定是贬义）。这种方法同时还能够展现人性的多重意义。的确，出于认知需要，我们要有明确和具体的概念，但是隐喻，以其“过渡性智慧为我们提供了暗示和联想”（Mons，1994：216）等方面的意义。

社会科学界的一项艰巨任务就是如何交叉呈现叙述与说明、隐喻与理论。读者将会看到我在执行这项任务时已尽力避免以下两种情况：一，将故事或隐喻视为通过累积可以进行泛化的例子（即归纳经验主义）；二，将其理解为真实鲜活的案例来解释先验主义的理论原则（即演绎论）。我尽量选用具有战略意义的典型例子，它们不论是从抽象的理论框架上还是从具体的“经验主义”常识角度，都能对关于全球化和跨文化性的既定概念定义提出挑战。对案例的分析研究对我来说极为重要，因为它们有利于思考方式的重建，同时还有助于从理论层面对实际经验所得素材进行新的解读。

在爱丁堡做关于墨西哥的田野调查

对主客关系的梳理不仅涉及信息提供者的主观性，如文化研究与人类学研究中常发生的那样，研究者还有必要解释清楚是在什么样的背景下，或者甚至交代其真人置身什么地方，处于何种群体之中，进行的数据采集和提问，以便尽可能掌握那些外部因素。

在本书中，我将在若干个段落中阐明作为一个流亡墨西哥，也曾留学法国的阿根廷人，我是如何面对上述问题的。而近几年，我又如任何一个墨西哥人一样，向自己发问：在墨西哥生活的人究竟该算作拉美人还是北美人？但现在我想跟大家分享一个真实发生的故事，这个故事让我领悟到社会科学必须立刻更新其对广泛又多样的全球问题的解释能力。故事发生在1996年10月，我在爱丁堡做关于墨西哥的人类学调查研究之时。

斯特灵大学的拉丁美洲研究中心曾邀请我们去给研究欧洲和拉美的学者讲一讲“文化之间的边界”。当意识到英语国家对拉美的关注度不断提高，而欧洲的拉丁语国家，比如法国或者意大利这样对我们拉美大陆输出了较大移民群体，对拉美产生过并且仍在产生强有力影响的欧洲国家，却对拉美不太关切时，我很是不解：“现在文化之间的边界到底在哪儿？”为何美国关于拉美作者的学术研究和译介远比欧洲拉丁语地区多？

我一边坐在爱丁堡的一家意大利餐厅吃晚饭，一边思索着这些我曾在斯特灵大学讨论过，在下文中会继续分析的“悖论”。在被迫用我不流畅的英语与一位健谈的服务员聊了半天后，我才发现他原来是墨西哥人。这就开始了一段我意料之外的田野调查经历：他说他很难讲清楚他来自墨西哥的哪个地方，因为他爸爸作为政府人员先后被派到克雷塔罗①、圣米格尔-德阿连德②、首都墨西哥城和其他几个城市去负责工程项目。在不同餐桌之间来回走动的间隙，他跟我讲述了他的经历：先在克雷塔罗学习工程学，后获得一份奖学金可以到瓜伊马斯③的“海洋生物问题”中心工作，但他选择了追随他的一个朋友去洛杉矶。他坦言：“我一直很想认识接触其他国家的人。”他还曾在

---

① 全称Santiago de Querétaro，圣地亚哥-克雷塔罗，位于墨西哥首都墨西哥城西北220公里处，是克雷塔罗州首府。

② 墨西哥中部的一个直辖市，由瓜纳华托州负责管辖，距离首都墨西哥城274公里。

③ 位于墨西哥城郊区的港口。

旧金山、加拿大和巴黎生活过。这样的经历让他能慢慢将他在不同社会的所见所闻与自己对多样文化的理解结合起来。他说洛杉矶是“一个世界都市，但又不完全是，因为许多人都还只跟同胞圈子来往。不同族裔的人在一起上班，但是下了班回家，每个人还是回到他自己社群所在的那个街区”。他因此得出结论，“资本主义产生社会分化”，他一再重复，“在美国，犹太人是最有势力的群体”。关于黑人，他则认为“黑人特别崇尚他们的英雄，但他们总感觉自己受歧视这事其实挺让他们掉价的。他们只在音乐方面比较强”。“墨西哥人呢，害苦了咱们的就是为了做生意，先得喝两杯。”他的这些见解让我们看到，简单的跨文化经验的积累不能自动生成杂糅，也不可能让我们对各种差异形成包容性的认识。

餐厅打烊后，我们一起到我住的酒店喝酒，在那儿，他解释说：“美国的发展还是比英国好很多。苏格兰人自尊挺强，但凡事有些被动。美国人则比较主动：他们在全世界称老大，他们在各个地方都有生意，因为他们从来就只赢而不愿输。”说到自己在洛杉矶的生活，他语气中流露出对美国的特别崇拜，我就顺嘴问他怎么后来又离开了美国。他回答道：“因为当我懂了一个东西，我明白它的组成结构，原来就跟换一个碟片那样简单时，我就觉得无聊了。”同时，这也表现出了他对不同文化超强的适应能力，比如他虽然从没去过意大利，但他意大利语说得差不多跟英语一样好，就仅因为每天必须与同事交流，在agnellottis、carpaccios 和 Chianti① 这些词中间，他自然习得了意大利的语言文化。

① 分别意为“意面”“意式生腌肉”和“基安蒂酒”。

于是我又好奇地问他怎么最后又决定到爱丁堡生活，他说他娶了个苏格兰妻子。这就让我更加惊讶了：怎么在墨西哥、美国和加拿大转了一大圈后他还是喜欢苏格兰人？原来他觉得“苏格兰人不是世界主义者，比较保守，重视家庭，并且对他们所拥有之物充满自信、感到骄傲。他们也旅行，到处走走看看，但是他们一般比较好静，而且对这个有着四十万人口的城市的治安情况特别满意”。

最后他跟我讲他想开一家正宗的墨西哥餐厅，但是他不喜欢那些运到爱丁堡，放在德墨餐厅里卖的玉米饼，因为那些玉米饼是从丹麦进口的。（这让我想起布宜诺斯艾利斯的墨西哥大使馆，每逢 9 月 15 日庆祝墨西哥独立时，就邀请旅居阿根廷的为数不多的墨西哥人和好几百个流亡墨西哥的阿根廷人过去共度节日。为此，大使请来他们能在阿根廷找到的唯一一支玛利亚奇[①]乐队演奏，而这个乐队的成员都是旅居阿根廷的巴拉圭人。）

然后那个在爱丁堡的墨西哥服务员请求我回到墨西哥后给他寄点玉米饼的制作配方。有意思的是他居然向我这样一个旅墨的阿根廷人求助。大概二十多年前我作为哲学研究者流亡墨西哥，后来因在墨又学习了人类学而着迷于墨西哥的很多民俗习惯，于是就留了下来。但实际适应墨西哥生活的过程中对我来说最困难的一部分就是饮食——我吃不惯辣，因此当我要选餐厅时，意大利餐总是我的首选。之所以有这样的偏好，是因为不太成形的阿根廷菜系中有着强烈的意大利移民饮食元素存在。意大利人到了阿根廷后，与西班牙人、犹太人、阿拉伯人

① Mariachi，墨西哥民间音乐。

和高乔人一起相互融合，形成了阿根廷民族。来自多种文化融合之地的背景，以及移民别国的经历，让我这个哲学家变成了人类学家，还能在一位与苏格兰人结婚、认同意大利文化、在爱丁堡餐馆工作的墨西哥人面前代表墨西哥文化。

据我了解，在美国定居或只是短暂逗留的成千上万的墨西哥人中间，非常可能有人会有类似的经历，由此，人们的自我定位，以及当今时代如何表达民族认同就成了问题。不只是居住在国土之上的人可代表本民族，也不只是在外旅居地，即爱丁堡，决定了我们在那个相遇之夜的归属。就是语言和饮食习惯亦不能构成我们身份标志的全部，从而严格将我们锁定在一个国别范围内。那位墨西哥服务员与我都已经从多种习俗和思想中汲取了不同民族认同的特点标记，因而才能够扮演多重角色，哪怕是在脱离了背景环境的条件下也可以做到。

我清楚地意识到，传统的人类学研究已经无法阐释这些矛盾的问题，因它的研究对象只是本土的、传统的、稳定不变的文化。因此，对人类学及其他社会科学的研究者来说，未来取决于我们怎样重新整合学科的那另外一部分，让我们关注到他者、文化间性，以及本土与全球之间的张力。詹姆斯·克利福德写道，研究应以“跨本土的文化”、居住空间与各种旅行站点之间的调解为目标，有必要“将文化阐释为居住与旅行的各个地点”（Clifford，1999：46）。

从叙事到一种关于全球化的文化理论

在此我重拾不久前提出的问题：我们要怎样处理这些故事

和隐喻，以逐渐形成一个这样的概念性构想——它能够将关于全球化的多重视角与多种想象体梳理成一个定义，一整套可以用来对全球化中的矛盾进行理性研究的方法手段？接下来我将着重指出，关于对文化和全球化等常规概念的分析，我们需要做出理论上的调整与改变。

文化的再定义

全球化产生的各种变化使得人们看待文化的方式也有了改变。二十世纪七八十年代的社会符号学、人类学、社会学以及其他学科的研究都先后认定文化决定了社会生活中价值的生产、流通和消费。这个定义对于杜绝一些二元论（如物质与精神、经济实据与符号象征、个人与集体的对立）的重现仍然有效，同时也有助于表明文化是一个过程，其含义可以不断变化。

然而，这个针对每个社会而提出且期望被普遍推广的定义，并不涵盖每个文化区别于其他文化的部分。这一问题引起一些学者的关注，他们在二十世纪九十年代提出，应重新定义以便更好地分析跨文化。阿尔君·阿帕杜莱倾向于将文化作为形容词，而不是一个名词，因为如理解为名词就好像说文化是某个东西或者物件。“文化的”，即“文化”的形容词，则有助于将文化视为一个涉及“差异、对比和比较”的维度，且方便人们把它理解为“我们研究各种差异的一个探索性手段，而非个人或者群体的原本属性”（Appadurai，1996：12—13）。

弗雷德里克·詹姆逊则更激进一些，他把文化再定义为“一个群体展现给另外一个群体（反之亦然）的自身印迹的组合体”。他还断言，文化“不是属于某一方的物质或者现象，而是出现在至少两个群体之间的蜃景”，“应当把文化看作一种群体间实现相互关联不可或缺的工具或者手段”（Jameson，1993：104）。

从这个角度上讲，在“文化”的形容词化内涵中，想象所发挥的重要作用显而易见。但是跨文化的想象，并非只是那些反映社会真实的本土文化的简单附加品。首先，如在分析城市和媒体想象体时多次得到证实的那样，要有一些意象的存在来“代表和构成社会属性”。其次，在当今，显然我们是用意象来表达和建立我们的社会“与其他社会的关系”，因为一国居民的领域关系由其与那些居住在其他领地之人所发生的关联而定，他者与我们交流，向我们传递各种信息，而随着很多同胞移民他乡以及他国之人来到我们这里，这些信息也变得不再陌生与新鲜。能把各种想象体进行组织的隐喻和叙事，尽力将那些由想象产生的零散意义整理成体系，而在全球化的大背景下这一特征更为突出。最后，这一整理总是“波动式的划分界定”（Mons，1994：252），成为让社会有意义运行、让看不见的种种充满诗意的手段。总之，“文化”的形容词化囊括我们以想象的方式反映和重构社会的方方面面的所有过程；在这诸多进程中，我们也对自己与他者的关系，即互相之间的差异问题，进行想象与处理；我们还对想象体所呈现的零散且难以衡量的状态进行整理调整，以实现在保证（本土与全球）社会运转秩序的同时，让主体尽可能地开放社会。

全球化被赋予文化内涵

如我们在本章所述，宏观社会数据表明，全球化为一个形成于二十世纪下半叶的历史阶段，其间经济、金融、传播和移民等发展进程相互交汇，进一步强化了许多社会广泛领域之间的相互依赖关系，并使跨国联系产生了新的流动与结构。

我们来一步一步分析这个定义。第一，当我突出指明全球化是始于二十世纪下半叶的现象时，我并没有忘记，如我之前所说，从资本主义和现代化萌芽期就开始的各种变革为全球化的到来做了准备。但是，我也不能忽视因经济、金融、传播和移民同时发生变化而导致的各国相互联系在质上和量上的差异。正是上述诸多领域的变化使得全球化时期不同于殖民时代、帝国主义时代和经济文化的国际化时代。

我要指出的第二点是，此定义不仅仅指明了全球化理论中讨论最多的三个因素：经济、金融和传播。全球化进程及其相关意象表征在资本、财富和信息的顺畅流通中逐渐形成，但同时也得益于人们在不同国家和异样文化之间的频繁迁移，包括普通移民、游客、高管、学生以及其他有突出技能的人士等的迁移。他们在频繁的往返旅行中，搭建起出发国和目的国之间联系的桥梁，这在二十世纪上半叶之前绝不可能发生。如一些人类学家（阿帕杜莱、汉内斯、奥尔蒂斯）和社会学家（贝克、吉登斯）那样将人员互动这一点纳入全球化理论中，是在承认人是全球化进程中的支柱力量，若没有人员的参与，经济活动则将被视为匿名的运动。不考虑人员参与的全球化理论，可能与主张市场自由但也认为市场能致命的新自由主义理念吻合，但付出的代价是孤立了经济学研究，切断了经济学与社会学及人类学理论持续已久的对话。社会学和人类学在研究自由与决策的作用时，拒绝忽视人的因素。

顺着这个思路，我预测，将人的作用以及由此产生的全球化之文化维度纳入全球化的讨论中，将使我们关注到这样三个方面（稍后我将更详细阐述）：人间悲情、责任感和重新调整迁移路线的可能。也就是说，讨论全球化不仅仅局限于资本、财富和信息的流动等方面，我还思考移民的背井离乡、流亡者的痛楚、人们所拥有的与公共宣传信息里的承诺之间的矛盾。概言之，那些离开故土的人所经历的悲壮的分离。

此外，我们需要谈及那些促成、发展全球化以及那些忍受全球化甚至被其边缘化的人们，如此才有可能找到全球化进程中的“责任人”。尽管社会主体看起来像是蒸发消失了，真正呈现的是从法律和经济层面反映着全球化的各个有限公司，但社会理论也不能如此草率地不顾及社会主体。社会理论需明确所有的活动责任群体以及变化的承受者，因为所有资本财富的流通以及信息的传递都应有一个目标群体。

我们找到了那些选择加入全球化并采取相应决策而取得一定成果的主体（当然也完全可能存在其他主体），那么全球化就不再是在跨国竞争中以追逐利益最大化为终极目标的一场市场暗战。“市场规则”显得像一个过于理性和目的性太强的表述，当然这是相较于近些年来资本和财富的不断流动、增长或消失呈现的不规则和不固定状态而言。然而，更值得一提的是，社会理论中重新出现了对人和群体的论述，让我们可以从其他角度来解读全球化。

对不同社会的全球性重组貌似为一个不可逆的过程。这个过程让那些试图回到全球化之前时代的愿望、与全球化脱钩的构想变得难以实现。从这个意义上说，那个蚂蚁消解国家之间边界线的隐喻就十分贴切。但是对经济、政治与传播领域的现实主义态度并不意味着我们必须承认全球化的单向性。这一单向性集中体现在，经济研究者与企业家，不管大多数消费者是欣然喜欢还是被迫接受，将我们一股脑推入全球化的过程中。

将全球化视为一个经济、传播和移民各种变化汇集的必然结果，并不妨碍我们认识到它是一个可以同时朝多方向发展的开放进程。这种开放，在对那些于街头巷口踢足球的小孩、生活在他乡的玻利维亚人、位于美墨边境的双头木马以及在爱丁堡熟知意大利文化的墨西哥人等想象体的比较中，得到影射。

让社会主体根据其在跨国文化交融中的个人经历来发声，可以帮助我们从持宿命论观点的经济学家手中夺回话语主导权。我们消费者可以充分发挥行为的主动性来创建新的公民身份。因此，对全球化的批判式分析将不断与各种想象方式联系在一起。二十世纪政治合力的缺乏催生了诸多革命、政治和艺术先锋运动及其他变革性想象体。全球化的（开放）意义问题，让文化和政治议题一起进入了全球化的理论范畴。

我将想象体纳入全球化定义中并非出自唯意志论，而是为了让描述更为准确生动。一方面，包含了想象体的定义能够充分表达凭经验便可察觉到的、强化了世界范围内的相互依赖的进程，如经济、金融、信息和移民领域的交叉融合。同时，以往联络的加强，以及新的交流架构的建立，并没能将世界上所有人都融进一个共存依赖和高度互动的状态中。社会上只有部分领域可以生产、销售和消费全球化的财富和信息。本尼迪克特·安德森曾把国家定义为“想象的共同体”，因为“即便是世上最小的国家的人也永远不可能认识他们国家的大多数同胞，既不会与他们相见也不会听到他们谈论的故事”（Anderson，1997：23），那么就更应该把全球化称为想象的全球化。安德森还在同一篇文章里引用了埃内斯特·勒南的话，“一个国家的本质在于所有人都有很多共同的东西，并且同时也已经忘却了很多事”。勒南分析道，比如法国人为了强调相互间的紧密纽带，就选择忘记十三世纪的圣巴托洛缪之夜大屠杀①。

至于全球化，要是经济与传播领域所取得的那点并不稳固的全球性融合没有搭配上这样一个想象体——所有社会的所有成员都可能认识、看见或听到他者，若忘却他者的存在，那么就永远不可能融入全球化之中——那些主张全球化的人士就没法那么具有说服力。因此我们说，想象体应当是全球化不可缺少的一部分。社会分化是各种融合“必要的”反面，而不平等现象则限制了人们交往的实现。

① 法国天主教暴徒对国内新教徒胡格诺派的恐怖暴行。

第三章

市场与跨文化：介于欧洲与美国之间的拉丁美洲

谁是我们的他者？这个问题在全球化时代又被重新提了出来。而且人们无法用一种单一方式来作答。比如谈及金融，我们看到各级政府和企业在打交道时双方都小心翼翼，而在经济、信息传播和移民等更为持久的往来中，我们与几个社会或是这些社会中某些部门发生联系。由于全球化运动在不同的区域融合中有各自特定的方式，有时是对全球性交往进行防御，有时则是选择性地开展国际交流。在本章里，我将分析全球化背景下，拉丁美洲、欧洲和美国之间的文化关系如何逐渐形成自己特有的模式。

上述地区的历史互动在近二十年里通过美国、加拿大和墨西哥的自由贸易协定，或是南方共同市场相关协定，以及拉丁美洲国家与欧盟之间的合作协议不断进行重构。然而，对于拉美文化正在从传统的与欧洲保持亲密转向与美国加强联系这一变化的研究还比较欠缺。同时，由于全球化本身就包含诸多文化研究对象，我们较少关注在各社会与传播界，以及各民族对自身和他者的表征方面正在发生的深刻文化变革，这就导致上述地区在推动经济合作协定以实现区域融合的过程中遭遇重重困难。

这里我汇集一些从历史学和人类学角度分析文化领域所发生的剧烈变化的研究，并提出几条研究思路对过去之事实、数据和叙事与现状进行关联和区分。这需要我们探索对美洲的征服和殖民、十九世纪拉美国家相继独立后与欧洲国家之间保持的现代关系、二十世纪的各种交流，以及部分拉美国家与欧洲的经济文化联系逐渐被对美国的依赖所取代，所有这些过程留下了什么遗产。1992 年发现美洲五百周年纪念时，欧洲重提地理大发现，欧洲拉丁语国家特别是西班牙试图与北美国家争夺部分拉美市场，并试图充当欧洲与有着四亿八千万消费者的拉美市场的中间调解者，这些事件又产生了什么样的影响？

虽然过去五百年里已有不少研究成果发表，我们还需要更多的书刊来研究这些课题，还应有大量的学术会议、研讨会和国际展览，不断建立新的文化中心并加强已成立的文化中心——如德国、西班牙、法国在拉美国家设立的中心等。我们还应注意到不少欧洲公司在拉美国家收购银行和企业，购买阿根廷和墨西哥出版社，最近又有欧洲公司并购拉美电信企业，以及投资拉美电视和报纸行业，从而在拉美多媒体重组中占据重要的一席之地。

若是我们在上述所列历史上欧洲与拉美紧密联系的清单基础上再加上诸多跨文化交流中的波折之事，那么交往关系的变化问题就会变得更加复杂。由西班牙、葡萄牙、法国、英国和荷兰殖民形成的拉美社会，在二十世纪接受了大量来自欧洲和亚洲国家的移民，而在二十世纪七八十年代军事独裁时期，因政治动荡和经济衰退，不少移民的后代又离开拉美去了欧洲。

当我们关注到在欧洲与拉美中间还有一个美国时，这些欧洲与拉美之间的来往关系就变得更错综复杂。好些在拉美投资的欧洲出版社、电信公司，以及汽车、食品和衣物制造商，同时也盯着美国市场，因为有近三千万以西班牙语为母语的人在美国生活。因此，在二十世纪九十年代，不少拉美政府与欧洲国家签订自由贸易协议，以寻求经济多样化，而不至于过度地把美国作为唯一的依赖。

对于这个复杂关系，一直以来美国的大学所做的研究都比欧洲和拉美多。既有实用研究，比如分析拉美、美国和欧洲市场，以及这几个地区之间的经济合作，也有对拉美社会的后殖民状态的解构和批评分析。纽约州立大学石溪分校的一位古巴裔教授就曾断言："光美国的纽约州和加利福尼亚州拥有的拉美文学教授都比整个拉美地区多，这些教授主要从事科研，每学期课时为六小时，且其薪资大概为中产阶级的标准。如果说国家是一个想象的共同体，那么值得我们思考的是，被另外一个国家的教授研究的国家是什么呢?"（De la Campa，1995：139）

关于拉美、欧洲和美国如何在经济上进行合作又如何竞争的争论实际上也是对于如何叙述融合与冲突的争辩。过去表达移民期望的叙事以及体现当时国际分工背景下各种交流的协议，现在可能会包括更多新的内容，比如政治流亡和全球化移民浪潮、旅游者的想象体、歧视的最新表现、在跨国媒体新战略目标下呈现的本土和区域传统的结构调整，以及拉丁属性和盎格鲁方式的重构等。新形势不仅改变了叙述内容，而且也变换了叙述者。虽然学校、博物馆和书本仍然关注他者，但文化活动主体已被音像和电子传媒取代，各国公共机构的重要地位也被跨国公司代替。

我将选取欧洲人、拉美人与美国人之间相互联系的四个核心方面进行分析，包括移民的社会文化意义、市场和跨文化观念、全球化的身份认同以及文化政策。我无意描绘这些历史进程的路径，虽然我对此题目已有一些研究，但仍有大部分内容尚待深入挖掘。我将分析关于上述进程的不同叙事是如何被构建的，并将它们与挑战叙事的确凿数据进行比较。与其他研究分析不同的是，我不太关注如何破解那些叙事所产生的“迷思”，而是要识别叙述与实践的不一致。一定程度上说，我主要研究叙述如何影响实践，叙述到底是为各种联合与合作提供便利还是设置障碍。

以往的和现在的移民

体现叙述与历史实际不相符的其中一个领域就是人口流动。之前我已指出，二十世纪下半叶的移民和其他旅行极为重要，因那使得后现代思想把这种人口移动视为我们社会当代性的一个关键因素。的确，大规模的移民并非始于二十世纪。根据估算，1846 年至 1930 年间约有 5200 万人从欧洲离开，其中 72% 后来移至美国，21%到了拉丁美洲，还有 1%去了澳大利亚。对那时的移民浪潮贡献最大的是不列颠群岛（1802 万移民）。那一时期到达拉美的欧洲人中，38%为意大利人，28%为西班牙人，还有 11%的葡萄牙人。大部分拉丁社会的欧洲移民选择的目的地是阿根廷，其次为巴西、古巴、安的列斯群岛、乌拉圭和墨西哥。我们设想二十世纪初的欧洲人口为两亿，那么离开的人数则占其总人口的四分之一。至于美洲，1840 年至 1940 年间，移民的到来使阿根廷人口增长了 40%，美国增长了 30%，加拿大和巴西大约均增长了15%（González Martínez，1996）。

如关于移民的文献一贯所指，有必要对这一段时间的移民进行区分，一种是几乎都由经济因素造成的自愿性移民，另一种是那些因为暴力、政治迫害或战争而产生的移民。如克拉拉·E. 利达①所述，“为了面包还是为了和平”而穿越大西洋是截然不同的（Lida，1997：17）。此外，也应对移民群体的影响力区分看待。决定影响力的因素有移民人数总量、移民的经济实力和教育水平，这几个因素决定他们在移民目的国的发展情况。比如，西班牙人、意大利人和犹太人群体在好些美洲社会就因为在上述三个方面都较强而在当地拥有明显势力。虽然在分析西班牙移民的情况时无法在人数和影响力之间建立起严格意义上的正比联系，1914 年阿根廷有 83 万西班牙人（占阿人口的 11%），而同期旅墨的西班牙人有 30 万（占墨人口的 0.2%），但我们肯定忘不了在此之前几个世纪，他们在墨西哥已经建成了新西班牙②。在不同历史时期，移民的动机也不尽相同，基于这些差异，欧洲人与美洲人逐渐调整各自对对方的印象。如作者利达所述，在移民发现美洲、建设美洲也逐渐适应美洲的同时，他们与印第安人，后又与克里奥约人③、后殖民现代主义者的碰撞冲突也相继发生，而对于这些碰撞的研究不能只把冲突和意见相左作为关键，我们还需要思考那些混杂在冲突之中的移民对本土文化的吸收和重构。

① 生于阿根廷、求学于美国、后就职于墨西哥学院的历史学家。专门研究墨西哥移民（包括欧洲移民到墨西哥和墨西哥移民至世界其他地方）的学者。在美国普林斯顿学习期间师从西班牙流亡人士、历史学家比森特·略伦斯（Vicente Llorens）。

② 西班牙殖民美洲时期划分的行政管理区域名称。今墨西哥在当时即归属新西班牙。

③ 指欧洲殖民者与美洲印第安人混血的后裔。

在这章和后面的章节中，我将继续阐释这些历史差异，以便更好理解形式多样的跨文化。我特别好奇的是，这些欧洲人的美洲梦如何渐渐演变成当今移民的美国梦，以及当参照物和交往条件发生改变，跨国文化的想象体正在经历怎样的变化。

现今的移民运动与历史上的移民浪潮不仅有数量差异，更有一些特征上的区别。十九世纪和二十世纪上半叶的移民几乎都是永久性离开，且在离开之后就与留在故土的同胞逐渐断了联系，而当今的人口流动包括长期离开、短暂在外居留、旅游和工作出差等。

当今主要有三大人口流动方式：长期定居型的移民，因工作暂时旅居，以及介于前两种之间的其他多样的旅居方式。最近几十年以来，后两种方式最为频繁（Garson & Throeu, 1999），并且这两种流动都受逗留时间和条件的限制。过去很多国家对待永久性移民的政策都与其人口政策紧密相关，包括阿根廷、澳大利亚、加拿大和美国等国家的移民政策；最近几年，连上述移民国家也开始收紧移民政策，居留许可也设有一定期限，根据申请者的国籍和接受国自身经济需要而对移民申请者进行筛选。移民的居住许可到期后可申请更新，但是那些最具吸引力、受移民人士青睐的国家（常为经合组织成员国）只会批准极少数的一拨人入籍，并且严格限制外来人士在其国家的权利、居住的稳定和对社会的融入。即使移民申请获批，也是因为这一移民的技术劳务特长符合接受国经济发展的需要，但在社会文化层面，移民与接受国之间仍存在不契合之处，并由此产生社区、学校、卫生服务以及信仰习惯等方面的隔离，并可能导致侵犯和排挤。

对待移民的变化趋势，各国也不尽相同，这取决于各国政策的不同，也与移民的综合素质有关。专业人士、技术人员、知识界人士和有专门特长的人的移民许可往往比较容易获批。很少有人会怀疑有钱人或高学历者怎么能到处旅行走动。汉斯·马格努斯·恩岑斯贝格尔指出，那些拥有银行巨额存款之人、走私贩卖武器和毒品之人，以及参与洗钱的银行人员，他们不会经历偏见，并且“凌驾于所有国家之上”（Enzensberger，1992：42）。但当今由全球化竞争而导致的劳动市场的普遍不稳定，更加剧了外来人士处境的不确定性，使其更难以融入新的社会（Garson & Thoreau，1999）。

与此同时，对于现今的移民来说，与其母国的联系比以前更通畅了。在墨西哥的西班牙人，以及任何旅居墨西哥之人，都能在墨西哥首都买到当天的《国家报》[①]，在里约热内卢或者马德里的阿根廷人也能在当地买到阿根廷的报纸。《纽约时报》（*New York Times*）与法国《世界报》每天在几大洲多个大城市发行，而拉丁美洲也让人们不管在酒店还是在家，都能在电视上免费或通过有线收看美国和不少欧洲国家的节目。音频视频联络手段、电子邮件，以及家庭或友人联系群使得过去需几周或几个月才能完成的洲际联系变得更为频繁。下船与下飞机，真人出行与电子航行，岂能同日而语？当今，不同文化间的渗透更多通过媒体的传播而不是频繁的移民流动。

为更好地了解移民问题近来的发展趋势，我们应注意到二十世纪下半叶出现了逆向的移民潮流。在 1960 年至 1965 年间，阿根廷、委内瑞拉、巴西和乌拉圭还接收了 105783 名西班牙移民，之后的二十年里又有超一百万的西班牙人纷纷移至其他欧

① 《国家报》（*El País*）是西班牙的一家大报，创刊于 1976 年，总社位于马德里。

洲国家（González Martínez，1996）。与此同时，拉美却掀起了新一轮的移民浪潮，移民大多因为遭受政治迫害、失业，或因南方共同市场与中美洲国家发展前景暗淡而心生厌倦，他们去往西班牙、意大利、德国以及极少数其他欧洲国家。也就是说，欧洲人“成就美洲”的时代过去了；在新背景下，“南美人”想象能够参与欧洲的经济发展。就连在一些语言和文化风格上与拉美国家迥异的国家，比如瑞典和一些东欧国家，也开始出现智利人区、乌拉圭人区以及其他一些移民族群区，这些区有一部分至今仍然存在。我想举一个具体实例：自十九世纪中期开始，墨西哥外来移民不多，反而开始向美国输出农民工，还有少数一部分劳力输至危地马拉（Lida，1997：35）。

在此，我无意细述这些移民浪潮使欧洲与美洲间关系变得错综复杂的社会心理以及跨文化因素，但有必要特别指出与我们讨论主题相关的一点是，从整个历史进程看，移民不仅是个跨文化的过程，而且也是个市场化的过程。这一点可能看起来非常明显，但与人员流动和信息传播相比，并非总能在各类分析研究中引起足够关注，而其实所谓的人员流动及信息往来，自古以来，从 1492 年发现新大陆到历史上其他所有移民浪潮的发生，一直都与资本、市场交换以及就业问题密不可分。

正因为这个兼具经济与文化共性的特点，移民浪潮转而流向美国。至今仍有许多作家、艺术家，以及普通移民，把拉美与欧洲之间的关系想象成文化认同的一致，而认为拉美与美国的联系的产生以市场吸引为主要因素。难道，为了经济利益，拉丁身份现在就不再重要了吗？还是说欧洲“文明”、法律和文化发展的影响不再那么有价值了？如果我们去读一读那些关于欧洲人当初如何受经济利益驱使而远赴重洋去发现美洲、“成就美洲”，移民为了追逐利益而付出巨大成本以及承受苦痛的故事，我们就很难认同上述阐释。

可以认为，十九世纪和二十世纪发生的相互交流应该已经改变了自征服与殖民时代以来形成的欧洲和美洲的两极对立，但仍然可见固化的刻板印象：欧洲人歧视拉美人，而拉美人对欧洲人既崇拜又怀疑。也就是说，欧洲与拉美关系的转变又产生了关系结构持久的不对称。关于这一点，从对外来人士是提供方便还是加以限制中，可以得到证实。为让大家更形象地认识留存至今，甚至有增无减的阻碍跨文化交流的现象，我在此引用 1853 年的阿根廷宪法中（至今仍在自由贸易协定和区域融合中争论最多）的一个问题：外来人士可以做什么以及禁止做什么？在阿根廷这样一个在 1850 年至 1930 年间接收了约五百五十万移民（其中两百万为西班牙人）的国家，其宪法第二十条规定：“在国家领土范围内，外国人享有与本国居民同等的民事权利：他们可以从事工业、商业或其他职业；可以拥有、购置和转让不动产；可以在河流和沿海地区航行；可有信仰自由；可根据法律立遗嘱和结婚。外国人不必非得入阿根廷国籍，也不用缴纳额外的强迫性款项。外国人在阿根廷连续居住两年后可获阿根廷国籍，有关部门可以根据申请者对阿根廷共和国做出贡献的情况（提供相关凭证）而缩短这一时间规定（两年）。”

上述阿根廷及其他拉美国家对于移民的自由度怎么后来就消失了呢？为何欧洲国家和美国对于拉美移民政策收得如此之紧？人权主义运动对此提出质疑时，得到的回答是当今已不可能如过去那样接收大量移民，因为那时美洲国家都土地广袤、人口稀少，移民的到来可推动工业、教育和现代服务发展。而现在，欧洲与美国已有千百万移民，近年来失业率逐年增长。此外，还有许多部门将犯罪率与社会冲突的激增归咎于外来移民（Dewitte，1999）。

从十九世纪至二十世纪，许多事情都发生了变化，其中对各类交往互动起决定性作用的一个变化就是现在资本、商品和媒体信息在不同国家间的流动比人员的流动还便捷。对他国进行投资比成为它的公民要简单得多。相较于对人来说，对市场而言，全球化更容易被想象。换句话说，我们已从一种启蒙式现代性过渡到了新自由主义式的现代性。

自启蒙运动和法国革命发展起来的现代性的概念，孕育了欧洲、美国和拉美各国的宪法，并规范了后殖民时代欧美两大陆之间的各种联系，试图将社会所有方面都囊括其中。普及教育和现代福利——包括公民权——覆盖面的拓展，是实现现代性的关键措施。此外，在具体实施中应该不区分中心国家与边缘地区，不分精英阶层和平民百姓，至少在设定目标上应一视同仁。我们非常清楚在人文话语与政策实施之间曾经存在而且目前仍然存在的差距。当今比过去更为严重的是，许多欧洲国家对拉美移民和游客有更多区别性对待。而拉美在处理与欧洲的关系时，过去和现在都难以做到一碗水端平：为了更快推进我们拉美的现代化，往往是优先发展与德国而不是葡萄牙的关系，也总是把与英国、法国的合作放置于与西班牙的合作之前。

不过，现今的现代化计划的突出特点是，不论在公开说明还是在具体方案中都不主张包罗万象。做出选择的标准是费用低、能俘获消费者，而不关心公民身份的问题。市场竞争与歧视凌驾于政治文化权利的普遍性之上。因此，虽然现在大家更多谈论拉美国家和欧洲国家的融合，并且也签订了比历史上所有时期都更为具体的合作协议，但对其他国家的开放与民主化的文化交流体系的建构，仍然比史上其他时段都要更以市场为主导。

与文化认同有关的多种叙事之冲突

近些年来亚洲后殖民思想在美国的重要影响力，使得美国大学一批研究拉美的学者开始关注拉美的后殖民特质并用其来阐释拉美现状。这些拉美研究学者以与印度或者非洲国家相似的政治架构为视角，对二十世纪末的各类冲突进行重新定义。这一理论视角的嫁接让学者可以就美洲成为西班牙或葡萄牙殖民地之时、独立之后，以及十九世纪上半叶等时期进行一些生动有趣的新解读（Mignolo，1995）。这些新的阐释常能以比拉美历史学家的经典研究更为高精尖的方式，分析后殖民问题，以及二十世纪六七十年代那场试图将反拉美依赖运动视作反殖民主义或反帝国主义的意识形态的辩论。稍有遗憾的是，现今这些后殖民主义研究者与三十多年前的拉美思想家之间几乎没有搭建起任何对话。

然而，问题并不止于此，用后殖民理论阐释当前拉美、欧洲与美国之间的互动关系带来了更为严重的问题。如果把殖民主义理解为从属国家的领土被另一政治军事力量占领，那么整个拉美社会，除去波多黎各，自两千多年前就已经摆脱了殖民状态。自那时开始，拉美社会经济文化状态便可以被理解为现代性以及在现代世界各类不平等中我们所处臣属处境（posición subalterna）的部分表象。对于全球化这个现代化最新发展阶段的理解，需要借助相关数据以使得理解更为精准。而许多后殖民主义者则无视那些表明我们拉美与非洲和亚洲有所不同的经验数据，将拉美阐释为“一个介于殖民与后现代化之间的话语区”（De la Campa，1996：712）。

但持后殖民主义态度的批评者对于“殖民遗产”的强调是非常有道理的，也就是说，殖民时期形成的一些叙事仍然出现在当今政府工作人员、记者和作家描述现实的各类话语中。因此，有必要审视跨文化叙事中的这种惯性思维，以及这一惯性具体在哪些方面可以（又在哪些方面无法）解释清楚拉美、欧洲和美国之间互动关系在全球化背景下的调整重组。

的确，现今有些叙事常常以一种近乎旅行文学的角度来看待南北关系，旅行文学中曾这样建构欧洲与美洲的关系：一个“无知”且高傲的白人为丰富对大自然的探索来到新大陆收集一些奇特的物种样本，将收集之物进行整理，然后为陌生的物种命名。如美国历史学家丹尼尔·布尔斯廷所说，卡尔·林内乌斯的探险就好像是一个“到处给所见之物贴标签的看家人”的旅行。当然，完成这一对事物进行合理分类的活动的社会大背景是，对领土的军事占领、对人员的宗教政治控制、奴隶制的实行以及对财富的掠夺。

这种客观，有时也具美学价值（如亚历山大·冯·洪堡）的叙述视角，在英国人到来后，就清晰地附带上了资本主义政治经济目的性。大自然不再被看作一个给人启迪、引人沉思的空间，而是如原材料供应商一样的开发之源，其原始状态则被认为源于当地人缺乏开拓精神，以此“为欧洲人对自然的干预活动正名”。而美洲社会被批判为冷漠、生性懒惰、无能力走出落后状态的族群。“资本主义的扩张、榨取及最大化原则成为理所应当，而那些非积累型的只为求生的生活方式则只存于黑暗与神秘之中”（Pratt，1997：265）。

让人极为惊讶的是，上述这一历史上的二元结构在二十世纪再次出现，重现于欧洲与美国人看待拉美人的眼光中，而且一直延续至二十世纪末。这一对立关系如同不相容的文化认同之间的矛盾那样难以化解。因此，如果不清楚划定文化概念与文化（身份）认同概念之间的界限，就不可能消除这些成见。社会科学研究应当在很大程度上区别于政治辩论，后者把身份认同视为文化的核心，或将它们视为同义词。从这个角度说，文化是本土身份的体现，因此，文化被认为是与全球化发展相悖的。因此如我之前所述，有人提出需要在选择全球化还是极力维护本土身份之间做出抉择。

有学者从经济学或政治学角度论证说上述这个选择的提出不科学（Beck，1998；Giddens，1999）。接下来，我将立足于当今文化研究和人类学相关研究，展开分析这为何不科学。为此，有必要先区分当下社会话语中哪些是关于文化的，哪些与身份认同相关。

在此，我重拾之前讨论过的文化的内涵和外延。至二十世纪下半叶，文化成了社会科学领域不可或缺的一个研究对象。学者对它的确切定义是，社会生活中所有有意义之物的产生、流通和消费构成的整体，并且已经确立了具体的研究范畴、分析程序以及将数据系统化的规则。这一切使人们可以在多种学科内进行一系列以经验为依据的研究。事实上，不存在一个单一的研究文化进程及其如何融入社会的范式，各个社会科学的不同研究的风格和侧重点都会有所差异。其中一个主要的差异在于文化进程中有多少元素为可测量和可证实的，一个事实或意图又有多少成分具有一词多义性，从而可以同时从不同角度去阐释。但我们不能对一件艺术品或者一次交流过程下任何定论，即便是审美之事无定论，美的理解也多种多样，但总跳不出一定的社会文化背景里可认知的逻辑。虽说许多文化活动表现出异常多的意义与创新，以及一定的人间之美（按康德的说法），让人无法用统计和图表来进行计算（如对人口学或者经济学参考活动那样），我们所称的文化中有一部分可以解释为行为，包括文化生产者、媒介及消费者的行为，而这些行为方式又总能表现一定的规律性。

上述分析不适用于文化认同问题。关于文化认同有许多相互矛盾的叙事，但是将其准确界定为研究对象的可能很少。近来的人类学和历史学研究认可社会文化认同过程对于构建民族、国家及其他想象共同体的重要性（Anderson，1997；Lomnitz，1995）。这些归类方式有利于增强社会群体的凝聚力并体现出其政治力量。我们要认真看待那些关于文化认同的叙事，因为有许多人将其奉为行为准则，甚至愿意为其而死。但就我们对身份认同的了解来说，身份认同一旦离开它们产生的历史构建背景和它们瓦解或消亡所经历的实际过程，便会失去其延续性。用来界定一个身份认同的诸多元素中，有一些可以通过规范的研究和训练来习得，比如语言，但还有很多构成身份认同的元素（比如肤色、喜好和习惯）介于生物伦理定义和主观意念之间，因而难以对其做出界定。

关于身份认同的研究并没能展现出一个可以被认定为一个民族或国家之本质的整体特征，而是提出一系列甄别方法，以甄选不同时期由霸权群体以连贯、戏剧性且雄辩有力的方式叙述的各种元素。关于一些重大事件的数据，比如促成一国诞生及其疆土范围划定的战争，都是从特定立场出发进行筛选和组合并以叙事的方式阐明的。因此，这些叙事多半是可信的，但也不完全是对真实的“呈现”和“反映”（Appadurai，1996；Rosaldo，1997）。社会学研究曾尝试对文化认同进行测量，比如，研究是否墨西哥北部或中部的文化特征更为明显，他们把身份认同想象成可以运用到不同居民身上的一种模式，却几乎从来没有关注选择研究对象的随意性。

我想提议一种方式来让我们更清楚地认识到，所谓拉美身份其实是从不同的叙事中想象出来的，这些不同叙事一方面相互矛盾，另一方面，又因与经验数据不符而难以站住脚。在拉美内部产生的关于身份认同观点的不一致是比较容易观察到的，但因为在与其他社会的交往互动中，文化身份问题多次被定义和再定义，所以我们还需要考虑其他人是如何看待我们的，以及我们又如何接受这一模式并以同样方式来看待我们自己。

我将从影响最大的拉美身份的自我定义和异同定义中选取三个与欧洲-拉美关系有关的叙事：摩尼教式的二元论、不同文化的碰撞，以及对远方的着迷。然后我再分析一直影响着美国与拉美之间交往的三个叙事：盎格鲁与拉丁文化认同的不可通约性、拉美人的美国化和美国的拉美化、在美国老大哥监护下的友好睦邻关系。

1. 摩尼教式的二元论

征服的暴力运动树立了简化版的二元对立关系：文明与野蛮。随着文明与野蛮故事的传播扩散，这种对立关系也慢慢被植入人们的观念中。站在欧洲的立场上看，征服者象征着大发现、救世福音的到来，或者说，启示文明的现代化。在美洲土著的眼里，美洲人代表的是一种群体团结力量、一个智慧的整体和一种与自然的和谐关系，而欧洲人的到来破坏了这一和谐。欧洲主义赞扬殖民者的壮举并抨击印第安人的野蛮，而印第安或者种族主义者只把西班牙人和葡萄牙人视为破坏者。

当然，征服过程以及整个殖民时期双边力量的不均衡不代表这种对立关系就是一个扭曲的逻辑关系。即便是在解释当今各种不平等现象（比如印第安运动）时，我们也需要记住它们与殖民时期不平等关系的渊源。但如所有的解释行为一样，这一解释也需限定其运用的范围。一些群体对另一些群体的统治并非始于欧洲人到达美洲之时，此外，如弗朗索瓦·拉普兰廷所述，不是所有的西班牙人都是绅士，而印第安人中也不仅仅有高贵的阿兹特克人。从十五世纪开始，每个世纪都有与摩尼教式二元对立关系相矛盾的现象出现，这一对立关系的持续出人意料。我们当如何评价那些为了让印第安人受到更多尊重而奋起抗争的西班牙人（德拉斯·卡萨斯①、德萨阿贡②），如何评价那些率领当地人民起义反抗西班牙统治的西班牙人后裔（如玻利瓦尔、圣马丁）？（Leplantine，1994）我们又该怎样评析那些西班牙共和国流亡人士为美洲的出版、艺术、工业和商业等行业做出的贡献，以及众多欧洲非政府组织为消除美洲的不公正、解决人权问题日日奔波付出的努力？

---

① 指巴托洛梅·德拉斯·卡萨斯，16 世纪西班牙多明我会教士。著有《西印度毁灭述略》（*Brevísima relación de la destrucción de las Indias*），该书揭露西班牙殖民者对美洲印第安人的残虐行为。

② 指贝尔纳迪诺·德萨阿贡，西班牙方济各会修士及传教士，在新大陆传教期间，他习得当地阿兹特克人使用的纳瓦特尔语，因其对阿兹特克文化详尽的图文记载而被誉为“史上第一个人类学家”。德萨阿贡最广为人知的作品为《新西班牙事物通史》（*Historia general de las cosas de la Nueva España*），用西班牙语和纳瓦特尔语双语写成。

当文明与野蛮的对立在每个国家以不同方式再现时，如阿根廷发生的首府与内陆城市之间的矛盾，巴西现代城市与半干旱地区间的不平等，秘鲁海岸线与山区之间的差异等，把一切都归咎于欧洲与美洲的两极对立就显得过于牵强。摩尼教式的二元对立并没有因为美洲国家的独立而完全消失，它不时反复出现，最近一次重现是因为政党、工会及其他现代机构失去公信力，它以本我与他者最极端的对立方式——印第安人对全球化的抗拒——出现。

印第安人反对全球化的现象日益突出的部分原因在于在一些国家和地区，如墨西哥南部、亚马逊地区和秘鲁山区，印第安人仍然遭受凌辱压榨，他们的土地、森林和其他宝贵资源正遭受跨国资本的残暴操控。就算全球化这个叙事在很多地区都获得支持和赢得认可，它若想要成为美洲现象的一部分，就必须厘清与另外两个事实的关系，这两个事实如印第安人遭受压迫之事那样容易得到证实，它们是长达五个世纪的多元文化的糅合，以及拉美现代性结构之复杂。我们将这些挑战整理成以下需要解决的一系列问题。当文化认同的主要形式（种族、国家和阶层）在跨民族、跨国和跨阶层的整体中进行重组时，将美洲问题视为文化认同之间的二元对立关系是否还有意义？在拉丁美洲这样一个其原始文化已经大部分与外来文化混杂，人数为四千万的印第安族群占不到拉美总人口的10%，其中三千万主要聚集于玻利维亚、危地马拉、墨西哥和秘鲁四国的洲里，印第安人的身份认同扮演着什么样的角色？

不论是历史上将古老的民族与想象的国家对立起来的两极哲学，还是那些一方面将本质的、非历史的文化认同区别于无处不在的现代化和全球化的文化认同形式，另一方面将单纯的人民群众与专制统治对立起来的形而上学思考，都并不能帮助我们回答上述问题。更不要提那些只知操纵、控制和破坏的霸权群体，以及只身奋力抵抗的被压迫者。最富成效的叙事是那些最能反映全球化背景下多种因素复杂性的叙事，那些将想象体视为文化的一部分、将交易视为权力与生存手段的叙事。即便有某些冲突性事件看起来只是简单的对立，全球化可能加剧并诱发新的不平等现象，但没有任何一个群体会一直处于一种情境中，仿佛社会生活就是一场无止境的战争。

2. 不同文化的碰撞

对欧洲侵犯美洲的定义在经过一个漫长的掩盖（即使用委婉语“发现”“宣传福音”和“文明化行动”来指代暴力）过程后，开始出现一些部分承认暴力行为甚至稍含和解语气的说法。1992 年纪念发现美洲大陆五百周年时，那些定义已经完全脱下其神秘外衣而戴上一顶客套的帽子：“两个世界的相逢。”许多历史学家对此进行了批评，理由是即便在欧洲学术界，至今也仍然习惯使用“征服”一词。批评者认为，根本不是两个社会在大西洋相遇、共赴一场气氛友好的博览会那样简单的一次遇见，而是一段与武力斗争和文化强压有关的历史。

解构性的批判仍有必要，因为掩盖暴力和控制的文化意象仍继续存在于各国际展会上、教科书中以及伊比利亚美洲政府间会议谈话里。在这些场合中，人们热衷于讨论“共同”事宜，从而使冲突在人们的记忆与想象中逐渐淡去。与其他“世界性会议”一样，1992 年在塞维利亚[①]举办的世界博览会上聚集了充满异国情调的产品和各类工业品，整个布陈呈现出一派促进

① 西班牙南部城市，安达卢西亚自治区首府。

相互理解和共赢交流的景象。组织方用这种蕴含和解倾向的方式将西班牙在拉丁美洲的经济扩张合理化（近年来通过对电信公司、航空公司和银行的收购，扩张势头进一步得到强化），并再次突出了塞维利亚这个在殖民进程中发挥关键作用的城市的重要性，即作为推进欧洲现代化的先进之城。整个纪念活动的主题为“新时代，新发现”，这一主题则将对征服运动的暗示与当代技术进步、对新世纪的展望紧密联系到了一起。好些拉美国家纷纷迎合这一意图，确保其展馆内的布陈均与历史定式思维无任何关联。秘鲁陈列了非常少的印加文化产品，尽力向观众展示一个具有国际竞争力的现代秘鲁（Harvey，1996）。

特别值得一提的是智利。智利在展会上展出一座取自南极、重 68 吨的冰山，其搬运过程花费了近一个月时间。展馆的设计者在设计中加了一些艺术作品与多种展示智利现代生产力的出口商品和服务，他们解释说这一思路是为了反驳欧洲那些将智利人看作“电视新闻或报纸上坏消息和肮脏画面的携带者”的成见，希望通过这一设计呈现与近代历史记载不一样的智利。此外，设计者还试图不表现任何热带元素，以避开北方国家对拉美的习惯性想象——拉美的热情奔放是非理性的，而将智利展示为一个取得了经济成就的“冷静的国家”。但是，内莉·理查德[①]将这一极具当代性的宣传设计阐释为具有《百年孤独》“前现代主义遗风”之作，巨型冰块形象让人想起拉美魔幻现实主义最具代表性小说《百年孤独》中主人公何塞·阿尔卡蒂奥·布恩迪亚发现冰块的那个场景。以此，智利可代表一个“超越社会时间和空间”、没有任何社会革命历史印记的国度

① 在法国出生并多年在法受教育的智利著名评论家、文化理论家。

(Richard，1998：163—177)。如展会目录介绍词所形容，冰块这个“纯洁、白色、天然而史无前例”的物体象征一个“卫生的、纯净的、漂洋过海而至的国家，就好像智利是个刚刚诞生的国家。巨型冰块是个极为成功的代表符号，一个寓意透明和清洁的建筑符号，标志着曾经受过伤害的部分已大大改变”(Moulian，en Richard，1998：163)①。(在此有必要指出的是，如果说智利在塞维利亚世界博览会上的设计有意改善其国际形象，已经出版的《智利展馆》一书则详细记录了活动前前后后记者、艺术家及学者关于展会意义的各种讨论之细节。)

这种市场运作与宣传炒作本身并不完善且收效有限。而智利政府对西班牙的话语——关于西班牙殖民统治的固化思维——的彻底颠覆发生在塞维利亚世界博览会结束的六年后。1998 年，西班牙法官巴尔塔萨·加尔松让皮诺切特在伦敦被捕②，智利政府［爱德华多·弗雷为总统］极力游说，坚称事情的关键在于智利司法受到别国侵犯，而这个侵犯之国西班牙“自己都没能裁定清楚其国内佛朗哥时期的许多罪案”。最后，各国与国际人权组织，以及除智利之外多个国家政府，最终还是赞成在全球化背景下司法应当超越国家界限，从而将这逮捕认定为对独裁者皮诺切特暴力行为进行审判的必要程序。

摩尼教式的叙事在北方与南方、欧洲与美洲之间建立起二元对立关系，或者让对立隐形地存于国际展会、商业合作协议，以及政府宣传手段之内。其中每个故事都值得我们对其进行批

① 此处表示 Richard 引用 Moulian，下文出现类似情况不再另注。

② 奥古斯托·皮诺切特是智利具有争议的政治人物，1973 年发动政变成功后任智利总统（1974—1990 年在位）。1998 年，加尔松指控皮诺切特涉嫌在执政期间杀害西班牙人和西班牙后裔。

判性分析，此外，上述两种情况未涉及的其他事宜也可以成为研究的对象。拉丁美洲与欧洲之间的复杂关系不是一种简单的摆动，不是摩尼教式二元对立与因文化认同和商贸活动而产生的交往之间的钟摆式游戏。我们还需要考虑两者之间是如何相互吸引同时又产生猜疑的。

3. 对远方的着迷

欧洲人已在拉美找到了那些在西方被理性主义抑制的部分，如无罪恶感的享乐、与自然的和谐关系（这在欧洲已被高度发展的城市化损害）、既笼罩着历史又哺育着生灵的茂盛自然等，一切都如高更[①]逃至塔希提岛、塞内加尔和巴西后的艺术想象，又似阿尔托[②]到达墨西哥后的感触那般。所到之处可见棕榈树、木瓜、金字塔、木薯淀粉制成的甜汤、鹦鹉，还有熙熙攘攘的人群，说不定什么时候我们还可以踏进拉坎多那雨林[③]亲自给萨帕塔解放军回复几封邮件。这类“伊甸园式的叙事”，按照迪士尼的说法可以取名为“在亚马逊丛林间”；若是从生态主义角度可称为“保护生物多样性”；或者干脆来一个人类学的角度，叫“那些吸引列维-斯特劳斯[④]和其他学者的印第安人的裸露”。以上种种浪漫化的表达都大大简化了“这一地区绵延不断的森林、荆棘之地、沼泽与大草原所营造的复杂形象”，并“使得生活在该区域的多个不同族群面对濒临灭绝的危险，或背上不忠的看

---

① 指法国后印象派画家保罗·高更。

② 指法国诗人、演员和戏剧理论家安托南·阿尔托。阿尔托曾在 1935 年至 1937 年间旅居墨西哥，其间他曾与原住民塔拉乌马拉人（分布在墨西哥北部奇瓦瓦州山区及峡谷区）一起生活。阿尔托多年后的著作《佩奥特之舞》（*The Peyote Dance*）以超自然手法记述塔拉乌马拉人的生活习俗。

③ 位于墨西哥南部奇亚帕州的雨林。

④ 法国著名作家、社会人类学家、哲学家、结构主义人类学创始人。

守人之名”（Slater，1997）。

如所有的伊甸园式故事一样，总会有这样的时刻到来：直接的认识导致灾难的降临——伊甸园实际是绿色地狱和悲惨的热带之地。拉美社会比欧洲社会更自由，更容易触犯法律，还是说欧洲社会更加讲究仪式和等级以至死板、不知变通？当我们回顾欧洲人意图在美洲建立的那些不太可能在欧洲实现的乌托邦（浪漫主义、马克思主义、社会主义以及区域文化自治等）时，很难只选取一个维度来进行诠释。我们应当如何区分是拉美因闹革命而陷入持续的窘境，还是拉美因习惯性不守时而一切事情都晚半拍？为避免事态落入困境，像菲茨杰拉德空想①那样没有前途，我们能做些什么？我们还应思考该如何厘清欧洲人对拉美的复杂态度：一边垂涎于墨西哥和委内瑞拉石油以及南方共同市场广大消费者群体，一边批判哥伦比亚的战乱；一边热捧里约热内卢的狂欢节，一边抨击拉美军事政变及北美势力对拉美的干预等问题。

而我们拉美人自己早已习惯将与欧洲之联系视为改善我们种族以及为拉美广袤无垠的大地添丁加口的必要途径［如萨缅托所说，拉美最糟糕的问题就是面积太大］。我们至今仍然把“欧洲文明”看作理性思考的源头和包容不同思想碰撞的宽容之地。“欧洲”这个词总是让人联想起诸多的大学与完善的民主、经济的发展以及能够惠及大众的教育、技术更新等，这一切都

① 电影《路上行舟》（*Fitzcarraldo*）根据真实故事改编，所讲述故事发生在20世纪初的南美秘鲁。痴迷歌剧的白人菲茨杰拉德被当地人称为空想家“菲茨卡拉多”。菲茨卡拉多经常做出一些令人无法理解的举动，尤其他在巴西的亚马逊大剧院欣赏到世界著名男高音卡鲁索的演出之后，居然萌生出要在秘鲁小镇上也修建一座宏大剧院的疯狂念头。为了获得足够的资金，菲茨卡拉多还接受了当地橡胶大亨向他提出的到神秘恐怖的乌圭里亚林区进行收割的任务。

是时代进步与发展，换个说法，实现现代化所需要的条件。但我们发现欧洲人只对我们的作家和艺术家的创作感兴趣，而几乎从不关注拉美思想相关研究。博尔赫斯、比奥伊·卡萨雷斯、加西亚·马尔克斯、卡洛斯·富恩特斯、胡利奥·科塔萨尔、卡彭铁尔、聂鲁达及其他数十位拉美作家的作品都先后被译为法文和意大利文，但有多少拉美社会科学界学者的成果被译介到欧洲去呢?

欧洲与拉美对彼此着迷，遥相致意。拉丁美洲如此之遥远，许多欧洲有识之士都曾把它想象为乌托邦的一部分，比如托马斯·莫尔①、坎帕内拉②，以及实证主义者。孔德③的思想启发了许多拉美宪政体制的形成，而这在法国并未能实现；孔德还对阿根廷拉普拉塔市及巴西美景市等城市产生了影响，它们均以笛卡尔坐标系的方式建成；拉美出现了许多宗教团体和暴富现象，创造了多种致富手段以及进行革命（总而言之，成就美洲）的方式，所有这些都无法在欧洲实现。到达美洲的西班牙、意大利、俄罗斯、德国和荷兰移民开拓了欧洲人对新大陆的关注视野，但在这些移民向欧洲人讲述在美洲可以实现许多欧洲不可能做到的事的同时，也向欧洲传递了一个美洲遥远而无序的信息。即便美洲热情地接受欧洲人，比如墨西哥就接收了西班牙内战后流亡美洲的许多共和人士，但如评论家克拉拉·利达所说，这些欧洲人还是感觉自己在墨西哥像“与世隔绝的旁观者”（Lida，1997：117）。

人类学家拉普兰廷敏锐地捕捉到大西洋两岸互相想象的不

---

① 英格兰政治家、作家、社会哲学家与空想社会主义者。

② 意大利哲学家、神学家。

③ 实证主义创始人、法国哲学家、社会学始祖。

对等，并对其进行书写，以期引起欧洲和美洲对此问题的关注，他这样写道："美洲是文艺复兴的一个伟大梦想。人们希望在美洲实现那些在欧洲思考许久却未能做成功之事。"（Laplantine，1994：81）同时，欧洲人对美洲的这些现象感到奇怪：对自然维护的各项投入高于对社会运行的管理；过度的非理性化，居然把城市建到沙漠里和雨林中（如巴西利亚以及仍有留存至今的史前城市的墨西哥、危地马拉和秘鲁）。面对如此的自然与文化的混杂，欧洲人感到茫然失措。我记得建造巴西利亚时一位巴西总统说过这样一句话（我已不记得这位总统的名字，他的话我是在一个英国学者所著的研究拉美旅行的书中读到的，作者把这句话引为卷首题词）："巴西是个属于明天的国家，但明天是个节假日。"

拉普兰廷回想起了安托南·阿尔托在迭戈·里维拉的"唯物主义"壁画艺术面前的失望之情，以及史蒂芬·茨威格在巴西的自杀事件。拉普兰廷认为"欧洲的文坛巨擘"弗兰兹·卡夫卡的作品《美洲》仍然没有过时，卡夫卡在书中将美洲社会形容为"一个巨大的幻觉存在，实际存在的是多个没有任何出路的迷宫，是不知自己因何被指控的人"（Leplantine，1994：86）。最近一次欧洲与美洲差距进一步扩大是战后欧洲经济恢复发展并完成工业现代化，甚至与拉美联系紧密的欧洲地中海国家——意大利、西班牙和法国——也相继完成工业现代化时。与此形成鲜明对比的是，拉美被困于滞涨状态，此外，拉美独裁势力回归以及社会经济动荡不安，这一切都使得拉美无法成为人们所青睐的能够找到好工作或者值得投资的地方。从二十世纪八十年代开始逐渐推进欧洲一体化起，就连西班牙也更愿意加入旧欧洲大陆"经济奇迹"中去，而非深化其与美洲持续了五个世纪的关系。

凯瑟琳·大卫曾任德国卡塞尔市文献展①的策展人，她对拉美艺术前沿极为了解。1999 年 3 月，她跟我说有些观点她并不赞同，但走到哪里都能听到有人这么说："对于欧洲人来说，拉美跟非洲没有什么两样，是一个只能放任其自生发展、一切随命的地方。"她说我们常在北方国家②听到的这种声音，或者说对拉美的信心不足，会因为西班牙、意大利、德国和法国在拉美经济战略领域的投资增长而有所改变。虽然关于拉丁美洲的政治、社会和文化信息在很长时间里不被欧洲报纸报道，但西班牙报纸，尤其是经济栏目还是会刊登一些消息和文章，比如当拉美股市下滑或某些有欧洲投资的拉美国家（即欧洲收购拉美银行、航空公司和通信系统）出现不稳定时，它们刊登一些消息和文章表示担忧。

同时，拉美人对欧洲的态度也在仰慕与抵触之间摆动。有些人景仰欧洲的现代理性，另外一些人嫉恨欧洲的高傲蛮横与种族主义。当基于个人责任的民主模式无法应对美洲群居传统和等级观念时，许多拉美政府犹豫许久是复制欧洲现今的模式还是继续他们粗野的处事惯例。有人追随欧洲启蒙之自由主义，同时也有人崇拜纳粹主义和法西斯主义。对待欧洲的这种模棱两可其实也受拉美魔幻现实主义影响。我们对拉美魔幻现实主义之"非理性"感到自喜，并发现因这个魔幻现实主义，我们也可以是欧洲人以及后来的美国人所关注的对象。建立在误解基础上的幻想，使得在经济与社会交流中产生的错误想象一直

---

① 自 1955 年以来每 5 年举行一次的国际现代艺术展（名为 documenta），卡瑟尔也因此被称为"documenta 之城"。

② 即发达国家。

持续至今。拉普兰廷对这种错误想象曾进行讽刺性批判：印第安人以为向科尔特斯[①]上供人肉便能取悦欧洲殖民者，而那个时候的西班牙人也不了解按照当地习俗献给阿兹特克神灵作为祭品的死者并不算受害者，因为他们并没有读过雅克·苏斯戴尔[②]，而克里斯蒂安·迪韦尔热[③]的书那时候也还没有在门槛出版社[④]出版。

当今拉丁美洲、欧洲和美国那些参与自由贸易协定谈判的人士总会提及我们的金字塔和拉美经典诗人与艺术家来美化其经济政治目的，却从来没有去读一读社会科学聚焦交流与文化研究的论著，如赫苏斯·马丁-巴韦罗、雷纳托·奥尔蒂斯、比阿特丽斯·萨洛以及罗赫尔·巴特拉的作品。我接下来会分析解释，他们的文化政策只停留于拉美某一时段，也就是，精英文化普及化或大众文化精致化的阶段，那个阶段如今只剩下片段。政客和企业家对高等教育、科学研究与技术发展漠不关心，其实就是因为他们不懂得文化与拉美人的现代全球化意识是紧密关联的。

总之，欧洲与美洲之间的相互吸引和怀疑都是建立在误解基础上的。最早，哥伦布误把海地认作日本，把古巴叫成中国，而阿兹特克人则以为埃尔南·科尔特斯就是其民族图腾羽蛇的化身。甚至二十世纪近几十年来收购拉美电信公司、出版社、航空公司和银行的欧洲投资人，都还在吃惊怎么拉美的劳工关系及相关政策那么不可预测，又常常夹杂着一点现代秩序和过

---

① 埃尔南·科尔特斯，殖民时代活跃在中南美洲的西班牙殖民者。

② 法国人类学家，专门研究史前文明。

③ 法国人类学家、历史学家，专门研究中美洲文明。

④ 法国出版社 Éditions du Seuil。

度的随意不严谨，这成了他们生意场上的一大障碍。关于全球化的分析，最值得推荐的一本书是乌尔利希·贝克的书。书中，作者用了一则拉美隐喻来警示人们，打破市场、福利国家以及现代性创建起来的民主之间的联合关系会把欧洲人带向何处。[①]贝克阐述说，全球化背景下国家之间边界的急剧消失，迫使我们意识到“跨国空间”里的社会正义是有可能的，我们必须密切关注在其他国家和社会所发生的一切。但奇特之处在于贝克对于拉美最具活力的国家的论断。贝克说，如果我们不解决社会正义的问题，今天的巴西就会是明天的欧洲。如果新自由主义者继续赢得大选，社会政体将陷入险境，城市将变成摄像头监控下的危险之地，一些城市有汽车作为工具而另一些只能靠自行车来通行：贝克将这种现象称为“欧洲的巴西化”（Beck，1998：219—220）。

孕育人们身份认同的社会和文化历史，是一个由各种混乱不堪构成的迷宫。迷宫的每一面都选取了一些在它看来可能会被别人理解为文化认同的表象，然后根据它的分类对这些表象进行组合并按此组合方式行事。我们需要继续分析这些与文化认同相关的叙事和比喻，它们是每个群体、每个国家凝聚力形成的重要内因，而且也影响着与外界的沟通和联系。但全球化的世界不是一个轮番上演剧目的剧场（尽管有时也会发挥协同作用），而是由权力与传播的跨国体系、文化产业以及经济和司法合作协议共同构建成的一个空间。当然，这些协议虽不稳定，但在某些意义上还是可以被我们了解，可以进行政治干预的。

① 见书的最后一章。

在分析文化在工业和全球层面的重构之前，有必要先了解一下另外一个涉及三方关系的叙事：关于美国人与拉美人如何看待、阐释对方的叙事。

4. 盎格鲁与拉丁文化认同的不可通约性

正如传说里描述拉美人与欧洲人自殖民时期以来一直互不相容，拉美人与美国人的不和也成了许多古老故事的核心主题。这些久为流传的故事可追溯到美国军队入侵墨西哥及其他拉美国家的时期。传说一些英国白人后裔，秉持勤劳、简朴、服务大众与诚实的品格，遵照清教之德与新教之义占领、征服了美国南部。这些白人面对的是西班牙人与印第安人混血而生的墨西哥人，他们认为这类混血之人喜好悠闲、生性懒惰且易冲动暴力行事。如阿纳尔多·德莱昂①解释的那样，对于“被一群桀骜不驯、野蛮又放荡不羁之徒控制”的担心使得“为国家主权而战势在必行”（De León，1983：13）。接踵而至的是，美国白人坚信白人比拉美混血优越，如我们所知，这一种族优越感为他们入侵墨西哥和将墨西哥人的投降定为文明进化之举提供了理由，此外，也成了他们歧视近三千万旅居美国的墨西哥人的“合法依据”。

但上述两种生活方式之间的对峙同时也丰富了且仍然丰富着我们的文学、电影和电视叙事，这些叙事赞扬美国秩序并配上与之相异的暴力强盗团伙、痴情的拉美男人和性感挑逗的女人［参见1940年的电影《墨西哥烈女》（*Mexican Spitfire*）］。保罗·索鲁在其著作《老巴塔哥尼亚列车》（*Old Patagonia*

---

① 研究美国历史与拉美历史的美国学者，专攻奇卡诺历史。

Express）中写道，“拉雷多[①]需要它的姐妹城市[②]保持险恶才能让拉雷多的教堂里坐满虔诚者。以前的拉雷多有机场和许多教堂；而新拉雷多有的是妓院与各种篮筐作坊。两个国家看起来都在展示其自身竞争力”（Theroux，1979：40—41）。就连那些不赞同美国秩序的异见作家，也按照二元对立的框架构建其对边境跨越的想象与描述。威廉·巴勒斯及其他一些作家把墨西哥描绘成瘾君子的天堂，在这里他们不会像在美国那样受到任何惩罚。杰克·凯鲁亚克则把穿越边境到墨西哥的体验写成“就像你跟老师撒谎说身体有恙而成功逃课一样”爽，然后“等看到酒吧的旋转门一开，你再跟吧台要一瓶啤酒，转身时你看到几个小伙儿玩着台球，农民在一边做着卷饼，有人戴着墨西哥大檐帽，在腰间别着武器，而不远处一帮生意人正唱着歌”，你会感受到“农民对生活的热情，以及他们超越时空的、不为文化文明等重大问题忧虑的快乐”（Kerouac，1960：21—22）。

学者诺尔玛·克拉恩对上述作品进行了收集整理，她指出，这些作者对远方墨西哥远距离的想象，以及好莱坞电影和北美电视剧中所流露的对拉美的各种成见，都在拉美小说、电视剧和电影里得到了印证，比如对史前神灵的“复现”，以及从祭祀的角度来思考现代冲突。生活被阐释为严肃场合里的魔幻元素，这些元素时而表现为斗牛比赛，时而被演绎成警察穿梭于各市场里逮捕罪犯。D. H. 劳伦斯所写的《羽蛇》与卡洛斯·富恩特斯的《换肤》（*Cambio de piel*）呼应。奇卡诺文学与造型艺

① 位于美墨边境的美国城市，隶属于得克萨斯州。

② 指位于美墨边境的墨西哥城市新拉雷多，隶属于塔马乌利帕斯州。即拉雷多和新拉雷多分属美国与墨西哥。

术搭建起劳拉·埃斯基韦尔和弗里达·卡罗的对话。随着上述作家的作品陆续被译为英文，大型拉美艺术展览在美国博物馆展出，拉美文学和艺术在文学、艺术史和文化研究等课程中占有一席之地，这一轮美国与拉美之间因互为挑战而形成的对立文化关系终于告一段落。但是这种美好极为短暂，它在行者重新穿越边境，走出博物馆，放下手中的魔幻现实主义小说而回到家中的时候便结束了。如尤金·加伯的短篇小说《一支旧舞》（“An Old Dance”）中的妻子所说，“明天还是回到我们那美好的美国老家吧”。

在拉美方面，人们认为文化认同的差异源于人们持有两种不同观念，一种为带欧洲血缘的拉美精神，另一种则为美国实用派的唯物主义。在评论界看来，何塞·恩里克·罗多和鲁文·达里奥对美国的崇拜，在他们看到美国“讲究功利实用的粗暴行径”并对之进行批评后，便戛然而止了。根据费尔南多·内阿迪和吉尔贝托·戈麦斯·奥坎波在文学研究中所分析，上述这种保留态度一直延续到了许多近代文学作品中，没有太多改变。虽然近年来越来越多拉美人到美国进行各种学术、艺术和旅游性质的交流，但仍然有许多拉美作家、思想家继续谈论“美国佬”的精神贫瘠与实用倾向等旧梗。比起为经济利益过度开发拉美资源，这种“NEOARIELISMO[①]”的观点更担忧精神贫瘠的美国会抢走拉美的“知识与精神财富”（Reati & Gómez Ocampo，1998：589）。

在鲁道夫·拉瓦纳尔的小说《过客》（*El pasajero*）中，主

① 指对于莎士比亚作品《暴风雨》中人物卡利班（Caliban，代表野蛮）与阿丽尔（Ariel，代表文明）的研究。

人公讲述了一场在名为新凯恩的城市举办的作家“国际交流活动”。主人公参加了这场活动，他把交流活动描绘成“就像一座虚伪的地狱，要把全世界富有创造力的知识精英都囚禁在里面，共同向创新能力孱弱的美国人输送营养”，活动又似“一个大型实验室，在这个实验室里，来自超级大国美国的检测员拿着仪器测验我们每个成员所代表的国家和地区的智力指数（在速度、举止和行为方式方面的表现）”（Reati & Gómez Ocampo，1998：88，162）。何塞·多诺索的小说《大象即将死去的地方》（*Dónde van a morir los elefantes*）讲述了一个这样的国度，“那里的人富到人类无法想象的程度，还得在国门旁特意建造一个前厅来存放他们吃不完用不完的剩余物品”。小说主人公古斯塔沃·苏雷塔是一位受聘于圣乔大学的智利教授，他想出这样一个报复方法：“是不是可以写一部我们占领他们领地的小说，文中穿插使用一些英语词汇来点缀，用漫画来对美国人的世界进行强烈的讽刺，人物刻画就还保留原先的旧模式，不加什么新点子？”（Reati & Gómez Ocampo，1998）。

内阿迪和戈麦斯·奥坎波研究分析了其他三本小说——何塞·阿古斯丁的《荒漠城市》（*Ciudades desiertas*）、马尔科·图里奥·阿吉莱拉的《被宠爱的女人们》（*Mujeres amadas*）、埃米利奥·索萨·洛佩兹的《暂时的上帝》（*El dios momentáneo*），对书中表现的美国与拉美文化的对立冲突进行了解读。美国大学生活的虚假与拉美世界的自然生命活力，美国的冷漠与拉美的热情，种种“缺陷的暗淡与凄凉”（Sosa López）最终还是使得五位主人公回到了拉美故土。这与加伯的短篇小说有些相似，只是所指方向相反。加伯描述“通向其他民族文化的虚掩之门不久后又重新关上了”。没有融合的可能。除去我们在一些小说——特别是拉瓦纳尔的小说中读到的诙谐讽刺，作者笔下那种对于距离的固化思维仍在继续，他这样写道："我们拉美人总是受害者，受害于我们的怀疑不安，或受害于这个世界的残酷现实。"（Reati & Gómez Ocampo，1998：168）。

5. 拉美人的美国化和美国的拉美化

美国与拉美生活方式的不兼容性似乎在关于两个文化交流融合的叙事中有所改变。在承认这两个地方人们意识形态差异极大的同时，我们在拉美看到越来越多的文化开始"美国化"，而美国一些区域，尤其是美国南部，明显表现出"拉美化"特征。卡洛斯·蒙西瓦伊斯①就曾经在其文中评论，对于维护每个文化自身特性的忧虑已经为时过晚，因为拉美自几十年前起就一直在进行美国化，但这一美国化大多数时候是无实际效果、趋于表面化的（Monsiváis，1993）。1997 年 9 月在蒂华纳的一次学术讲座上，蒙西瓦伊斯发言表示，现今在拉美发生的这一现象与其说是美国化，不如说是奇卡诺化：人们以各种形式夸张地炫耀其对"美国生活方式"的接受与模仿，并陷入一种俗气的狂热之中。

许多分析评论指出，拉美人的美国化因拉美对美国技术和经济的依赖而加剧，但拉美最重要和主流的语言还是西班牙语和葡萄牙语，尽管人们生活中夹杂了很多英文词汇；此外，人们仍然对天主教虔诚，喜欢拉美饮食，依旧习惯拉美传统的大家庭组织方式，保留了诸如此类与美国文化截然不同的习性。同时，我们还要注意到众多的拉美人涌入美国对美国一些州（比如加利福尼亚、亚利桑那和得克萨斯）的政治司法文化、消

---

① 墨西哥文化批评家。

费习惯以及教育、艺术和传播政策的影响。然而，美国社会对拉美移民的歧视、遣返政策的存在以及社会层面对拉美移民日益加重的排斥，都在削弱拉美裔在美国的存在感。旅居美国的七百万墨西哥人中，有近二百四十万为非法移民，且在短期内这些人应该也没有办法获得合法身份。虽然在美国的其他拉美群体没有墨西哥人的总量大，非法人数没有墨西哥人那么多，在那些努力争取在美国留下来的一百万海地人、一百五十万哥伦比亚人以及其他加勒比及拉美移民中，不少人也常受到敌视与排挤。尽管中美洲和南锥体国家的民主情况改善、政治暴力有所减弱，使一些流亡人士能够重新回到母国，但拉美许多国家的经济形势恶化和居高不下的失业率，仍使得移民去美国的人数持续增长。

伴随《北美自由贸易协定》的实施，最近五年来各种限制拉美人进入美国的壁垒更多了。1996 年在加州通过的 187 号法令规定，非法移民无权享有教育和卫生等一些基本公共服务。该法规定医生与教师在从业过程中如发现有人为无证件的非法移民，必须通告移民管理部门。该法还提出了“合理嫌疑”的概念，这一概念几乎让所有移民都可以成为怀疑对象，因为嫌疑裁定依据的两个指征是肤色和语言。187 号法令成立的主要依据是，非法移民成了美国经济的一大负担。而美国移民改革委员会的几项研究报告表明移民为美国做出的贡献（年均约一百亿美元）比其享受的福利多。187 号法令后来被叫停了，但是日常生活和媒体报道中的各种排外话语已证实，带偏见和歧视色彩的叙事仍凌驾于客观数据之上。

另外一个实质性变化是，过去将美国与其南边国家隔开的铁丝线现在已被一种象征圆满结束之物代替。海湾战争期间用作飞机起落跑道的钢板被改造成只比柏林墙矮一米的钢板墙，将美墨隔开。倘若边境墙的哪个分段可能防备力不够，那就再配加一道水泥围墙或者边境巡逻车队和直升机的监控来加固。这样一个边防措施使拉美人与美国人或许有朝一日能如欧盟成员国那样成为一体的幻想全部破灭了。

从墨西哥方面看，美国沙文主义的加剧与歧视的升级同时也激发了墨西哥民族主义情绪。在与美国的实际交往过程中，墨西哥试图保护国内生产力与人权，但同时，墨西哥又拿不准什么样的行为措施能有效解决这一复杂的边境问题。

对于墨西哥而言，在全球化背景下制定“自我防卫”战略极其复杂艰难，一个代表性实例就是蒂华纳问题。从二十世纪二十年代美国还实施禁酒令时期起，蒂华纳就是一个以旅游和娱乐为主业的城市。游戏室、夜总会等一些美国禁止的商业活动在此盛行，也因此蒂华纳背负了“不可见的传说（leyenda negra）”这样与恶习、嫖娼及贩毒关联的绰号。此外，那些未能成功翻越边境到美国去的非法移民滞留蒂华纳，形成了生活条件特别糟糕的群居点，这也加深了蒂华纳的负面形象。近三十年来，许多工厂进驻蒂华纳，特别是来料加工业的兴起，大大促进了蒂华纳的发展。其中最主要的生产线是家电与视听产品制造，值得一提的是全世界近70%的电视机都产于蒂华纳。随着商业现代化和城市化发展，蒂华纳逐渐与美国的圣迭戈联合，形成一个“跨边境大都市”（Herzog，1990）。但是，对每年往来于这两座城市的六百五十万人进行监控的一千六百个美国巡逻车队，却不相信那些所谓的现代化商业活动能够完全与贩毒及其他给美国人留下负面印象的行为脱清干系。

保守的蒂华纳市政府在知晓已有大量的电影和报纸讲述蒂

华纳丑闻，甚至听说还有人想以此为原型拍摄一部电视剧后，于 1997 年 8 月在墨西哥工业专利局将其城市之名进行了注册，以防止有人在“广告和商业活动、产品宣传推广、广告册、商品说明书、印刷品、样品、电影、小说、视频以及纪录片”中使用蒂华纳的名字。在这一政策出台后，可以想象那些如莎士比亚（把一些罪行肇事地点设在丹麦）和贝尔托·布莱希特等将国外之地构想为其作品中丑恶故事的发生地点的作家所经历的混乱。试图控制一个距离好莱坞仅两个小时车程的边境城市之文化符号的使用，在这个全球化时代变得更为古怪离奇，因为全球化背景下诸多文化产品的生产和传播都不只在一国领土范围内完成，而是常常依靠媒体虚拟的空间网络。由此看来，蒂华纳城注册专利之事显得荒唐的原因在于，它没有遵循文化交往互动的特点，而是将文化间性设定成了文化认同的对立面。

《北美自由贸易协定》对于解决美国与拉美之间的文化冲突有什么帮助吗？墨西哥与美国有些经济学家及政治家坚信，任何多民族融合所必需的不同文化之间的调和，最终会如英格尔哈特、巴萨内斯及内维特所述，因为“对民主的共同追求”以及经济发展方式相同或互补而自然实现。上述几位作者在书中认同美国和加拿大的新教传统与墨西哥及拉美其他国家的天主教传统之间存在冲突、不合拍之处，因为一方推崇辛勤劳作的社会道德，而另一方主张“闲逸、宏大场面、慷慨、不平等与男权”。同时，他们也相信，当我们意识到跨国融合过程本身就有利于社会开放以及人们对新概念事物的接受从而推动社会变革时，我们会发现，或许上述这些因历史造成的差异就显得并不那么重要。北美国家融合的实现依靠它们的共同利益：发展开放市场，建设民主政治，减少国家机构干预以促进全球化。然而，正如我们所知，这三个实现融合所需要的共同点，其实就能激发《北美自由贸易协定》三个成员国之间的争端。几位作者虽然对于贸易自由持乐观态度，却一致承认“自由贸易将导致政治对立，因为贸易本身在选择关注旧问题还是新现象时，就促成了一定的对立关系”。近年来边境冲突与移民问题恶化表明了文化难题实属不可解决，如美国境内与拉美区域内的多民族融合、新移民与老移民的共处，以及对各国少数族裔及其区域权利的充分认可等问题。关于意识形态差异巨大的各种叙事至今仍然存在，并且影响着边境问题的解决，为此我们应把其纳为全球化的一个专门类别来进行仔细分析。

不光因为自由贸易协定，拉美的“美国化”和美国的拉丁化趋势加剧。如我们将在关于文化产业的章节中所分析的那样，拉美音乐正在成为美国多元文化的一部分以及美国文化经济的一个重要来源。同时，在迈阿密制成的西班牙语的碟片、光盘和电视节目重构了拉美符号，并对拉美文化在美国的推广进行了重新定位。文化产品制作企业向其他区域销售产品，促进了几个洲的艺术家、销售商与公众之间的交流互动。自由贸易协定所需要和允许的一定的各自独立性、由南至北的大量移民，以及文化产品和信息的转让，正在日常习惯和商业流通等方面改变着这些区域之间的联系与距离（Yúdice，1999a）。

6. 在美国老大哥监护下的友好睦邻关系

以睦邻友好为原则的官方话语常常会掩饰文化冲突。睦邻不仅限于外交礼节，因礼节事宜本身就与文化阐释相关，比如要先了解对方的文化习惯才能正确地接待对方。拉美应对美国的方式应当区别于应对欧洲的方式（如“两个世界的相遇”）。这些年来最让我震惊的一个故事出现在约翰·肯尼迪的儿子对美国国务卿马德琳·奥尔布赖特的采访中。这位美国的外交政策总管如此概述美国与加拿大关系的特点：“美国人十分幸运能够有这样优越的地理位置：位于两大洋之间，且与我们相邻的两个国家都对我们非常友好。当您放眼全世界时，您会发现我们这一情况是多么独特。我旅行的时候，常会想象如果美国受到过拿破仑或希特勒的入侵，今天会是什么样子；总统先生也常谈及这个问题。入侵的历史在世界民众间形成了许多不同的世界观。美国人没有被侵略过，也没有被外来力量占领过。这么说是因为我不是美国原住民：对于美国人来说，未曾遭遇过入侵让他们感到自己刀枪不入，这对其他国家来说并不常见。”(Kennedy，1998)

这一论证有几处问题。其中之一便是对于美国人因未被侵犯而自感强大的解释。这段话有一个相关假设，即加拿大或墨西哥可能有实力去侵略美国，但它们没有那么做，因为它们是“友邻”。这种讲故事的方式对于加拿大人和墨西哥人来说略显荒诞，因为他们都明白侵犯美国是不太可能成功的冒险，所以，他们也从来没有这样的想法。但人们可能会问：为何美国人喜欢用这种方式来讲述历史呢？我能想到的一个解释是，把他们强大的原因归于未受到过侵略，其实就是在为美国打造一个不会侵犯他人的国家形象。采访中的另一个细节也可证实我这一解释。在访谈中，奥尔布赖特这样总结她对二十世纪历史的哲学思考以及美国在二十世纪历史中的角色：“我们所有人都要面对一个重大问题：随着我们向二十一世纪迈进，美国该如何恰当地使用它强大的权力？美国强大权力的使用与否已经决定了二十世纪的好与坏。第一次世界大战期间，美国在欧洲局面一片混乱时卷入战争。然后，在‘一战’与‘二战’之间那一时期，我们都对欧洲政治保持了置身事外的立场，可是第二次世界大战期间，又发生了同样的事情，我们再次被卷入战争。”

现在再来看这一论证，逻辑就更加清晰：美国对其他地区的干预成就了二十世纪的美好，那么美国的行为就不应该被称为侵略，而是造福其他民族的忘我奉献。可是那些受到美国干预的国家并不这么认为，所以美国也不是总能保持“强大”信念和良好的自我感觉。讲到这里，大家应该会想到越南。奥尔布赖特在访谈中有一个瞬间记起了美国的那段经历，但马上她又话锋一转，将注意力转到波斯尼亚事件上：“经历过越战的人这么说：‘越南的事儿其实不是个对我们来说多要紧的事。要是掺和进去，我们将陷入泥潭，我们会被困在那儿的。那是个内战，我们不想与这个内战有任何瓜葛。’以我的职业经历来看，波斯尼亚可以说就像当年美国没有介入欧洲混乱局势时的情况一样，如果美国早一些采取行动对付希特勒，第二次世界大战可能都不会发生。所以我的观点是，如果我们再早些采取措施面对波斯尼亚的暴力罪恶行为，我们可以占据更多优势，以决定那一切是否与我们无关。”实际是，1999 年在南斯拉夫发生的轰炸事件表明美国依然习惯对其他文化强加保护，但这一方式并无实效。

总之，从这个角度说，世界上意义的存在以及这个意义到底是好是坏，都是由美国看待问题的角度和评判结果来决定的。即便是判断是否与美国一争高低，这是否真的“与我们密切相关”，也得有美国人的介入。看来在这些关于文化认同的单边主张中有否定多中心路线的倾向，而多极主义又常与全球化相关联。我们或许可以这样总结：那些自我肯定的叙事很难理解复杂的跨文化交流及其多样的世界观。反过来，那些吹嘘霸权主义权力的故事也将无法理解人类交流中的差别和不平等现象。因此我们可以想象，社会科学研究和政治工作的目标不仅是文化认同问题，更多要关注多样性、冲突以及跨文化合作的可能性与不可能性。

艺术家艾伦·塞库拉在 inSITE97 艺术展上提出用一些其他意象来表示美国与其南部拉美国家的这种文化冲突。他展出的照片拍摄对象有在墨西哥北部的韩国工厂（来料加工厂）劳作的墨西哥工人、海军陆战队队员、对墨西哥北部地区进行调查的美国参议员、住在新环球影城旁边草舍里的渔夫。新环球影城建在蒂华纳南部海滩柏坡特拉，电影公司选择这里来拍摄电影是为跟来料加工一样，利用墨西哥的便宜劳动力，因为墨西哥的工资水平比美国低 90%。《泰坦尼克号》等电影就是在这里拍摄的。塞库拉把照片里展示的“介入”解读为自 1840 年以来“白种人开发之旅”的延续，在这一延续之旅中，他们来到下加利福尼亚州，“一个档次较低的空间、不成熟的自由理想之地，那里的龙虾可以随便肆意地吃，那里的汽车开起来毫无章法”。“而现在，好莱坞也要南逃，跨越边界的三道铁栅栏，以此来完成它对现代性历史进程独特且成本昂贵的表述：现代性进程正濒临深渊。群众演员漂浮在假尸体之间，颤抖着，并根据指令做出各种挣扎和喘不过气的动作，装成溺水的样子……墨西哥北部边界的工业区就是前景暗淡的泰勒之家的原型。”

参展的智利从南部运了一个大冰山到北边并让它继续漂浮，

以其现代生产力的范例来进一步对上述隐喻进行论证。美国把“泰坦尼克号”运到其领地以南让其沉没，而智利设计“重新漂浮”，预示着“一个未知的来料加工的古老先驱，存储并调遣廉价劳动力，用于配合名为‘种族隔离’的机船的水上行动。这个机器在整个生产线的两端，对于民主表现出越来越多的漠视，但是对于文化，则有不同的反应，犹如浑浊之水上面漂着的一层油”[①]（Sekula，1998：103）。

拉丁文化空间与跨国领域

前面分析的六种叙事方式及其与经验数据的些许不合表明，关于他者及自身文化认同的构想能够减弱社会发展进程的影响，甚至操纵它。同时，在文化认同的概念中也出现了影响制定具有可行性的文化交流政策的种种障碍。全球化和区域融合都要求人们对于其他文化有更好的了解，竭力寻求不同文化的和谐共处，并且关注本土文化如何在与其他文化的竞争和交流中求得发展。

全球化背景下移民、商业及媒体层面联系的加强对于流传于欧洲、美国与拉美之间的想象体有什么样的影响？答案是，影响非常少。其中一个变化是话语与行动的关系。众所周知，关于他者的惊悚的虚幻故事已有悠久的历史。从《圣经》到维

① 关于塞库拉作品的阐述源于该作品在陈展时的说明。详见链接 http://www.latinart.com/aiview.cfm?id=101，2019 年 1 月访问网页。

柯[①]思想，从 H. G. 威尔斯的《星际战争》到奥森·威尔斯的广播恶作剧，恐惧更多存在于虚构中，而非发生在现实里。的确，在很多残忍的战争与殖民征服过程中，人们真真切切地恐惧过，但大多数时候人们在异己文化面前表现出的惊慌失措，因故事编造者和动物寓言集编者与持异见者（食人动物故事讲述者）之间存在无法跨越的距离而有所克制。

相反，第一世界国家对于第三世界的大量经济投资，大都市之人在边缘地区定居或边缘地区之人到中心城市常住，给了想象体巨大的发挥空间。自由贸易协定让人们时时刻刻都能看清楚那些使世界分离的固化思维所导致的实际后果。当有人把时间当作金钱而分秒必争地工作时，有人仍然被理解为如此懒惰之人——希望午睡时间能够延长至一整天。文艺复兴时期的风景画家和巴洛克画师所遵循的简单二元对立又正式地重新出现在旅游及商业广告、灾难大片以及政治话语和电子游戏中，而且丝毫没有变更其由来已久的不对等性。

当我们回顾所有关于这些想象体的历史分析（如罗赫尔·巴特拉和米格尔·罗哈斯·米克斯等的相关分析）时，我们会发现另外一个改变了二十世纪下半叶故事及形象的方面在于，对于第三世界空间的重建性描述更为详细，而第三世界空间的主导者应是都市精英阶层。热拉尔·德维利耶的连载小说细致地描写了皮诺切特政权的恐怖；电子游戏和侦探电视剧能够如新闻报道那般精准表现哥伦比亚游击队和墨西哥贩毒集团的生活习惯。现今那些对异国事情的叙述可以做到让 CNN 的老观众

① 启蒙运动时期的意大利思想家，主要著作有《君士坦丁法学》和《新科学》，后者尤为著名，曾被朱光潜译为中文并出版。

以及《纽约时报》、法国《世界报》的读者都信服。由此，那些所谓奇怪[①]的日常，现在可以超越想象、接近真实，从而成为欧洲人和美国人以及那些居住在封闭街区[②]、出入高级商场消费的拉美精英日常生活的一部分。与此同时，拉美社会的中间和平民阶层能够近距离接触第一世界的音乐作品，迅速知晓发达国家的歌手、演员和政客的八卦新闻，并且在非洲潮流 rasta 风格[③]中发现一些可以代表他们本土青年文化的元素。与异己文化的密切接触，没有改变"有着许多外来移民的马格里布与挂着地中海俱乐部[④]招牌的马格里布"之间的两极性，而只是适应了这一两极分化并使之表现得更为清晰准确（Rojas Mix，1992：257）。

在这样一个不同区域产生的事物快速传播且传播范围几乎囊括所有地区的背景下，我们需要再次思考：我们所说的拉美自己的文化生产到底指什么？对所谓的拉美文化认同的含糊其词显然无法解答上述问题。我们需要的是突出拉美不同文化形成条件的特点，以确定哪些事情我们可以通过合作完成。我不想重复那些质疑以形而上学方式定义拉美人的理论批评（Brunner，1998；Martín-Barbero，1998）。同时，我也觉得没有必要再提那些扭曲性论证的失败之处：它们不分析每个国家内的不同区域，只是试图通过把中美洲地区、加勒比地区、安第斯地区、拉普拉塔河流域以及巴西等多个不同（且难以琢磨）的文化进行整合从而形成一个统一的文化认同形象，这注定是行不

---

① 即以前因不理解异己文化，把那些与自己文化不同之处理解为奇怪现象。

② 在墨西哥等拉美国家，因社会治安问题，有钱人士会把整个街区封住，雇保安看守，并只允许居住在街区内别墅里的人通行。

③ 以脏辫为代表。

④ 精致全包式度假村。

通的。

我曾论述过（García Canclini，1999）拉美各国历史大致相似，这为我们讨论一个多个文化认同共存的拉丁美洲文化空间奠定了基础。我们不需要简述这些多样文化认同，也没必要生硬地从其中抽出些共同点来。印第安特色、美洲黑人特征、欧洲特点、拉丁特性、热带文化特点等有时交汇，有时又相差甚远。我们最好承认上述文化特征中的每一个都能形成许多分支。如我以前所述，印第安文化包括多个原始文化，但这些原始文化不断缩减，现在只占据拉美总人口的10%，且仍然处于一个继续与其他文化相互杂糅的过程中。“美洲黑人文化”与“热带地区文化”的定义并不够准确，却可成为许多音乐和文学创作的绝佳原材料。如鲁文·布拉德斯①歌中所唱，萨尔萨②舞在全球的风靡度和它强劲的糅合性（将拉美元素融入美国文化，或者说萨尔萨算是拉美文化与美国文化的黏合剂），让人们将其构想为“玻利瓦尔梦想的统一民族”的代表性音乐手段。达尼尔·马托在关于布拉德斯美国音乐会的研究中指出，其成功得益于艺术家适当地宣传了其音乐中的拉丁元素。歌手把拉丁风格作为一个联合拉美的叙事，而且出于艺术表达和政治上的需要，没有掩盖这一艺术表现形式的已有特点，也没特意回避拉丁风格多种形式之间的差别（Mato，1998a）。正如欧洲与美国自身就是一个复杂的多元文化构成体一样，拉丁美洲也呈现出

---

① 巴拿马歌手。

② 萨尔萨（Salsa）在西班牙语中原指一种酱料，即拉美人喜爱的带有辛辣味的番茄酱。后因一名古巴作曲家在吃完辣味食物后产生灵感写了一首名为《加一点辣酱》（“Echale Salsita”）的歌，“萨尔萨”的名字开始在拉美乐坛被广泛使用，而火辣劲爆的拉美乐舞中的一支也就直接被贴上了“萨尔萨”这一标名。

非常明显的异质性，因此我们不能忽视拉美内部的诸多复杂差别，而简单人为地将其视为本质无差别的一个整体。

我们可以酝酿一个拉美共同体空间，但这个空间不能预先按照民族进行区分，也不能脱离其自五百年前就开始与欧洲人共享的历史，这段历史铸成了拉美与欧洲延续至今的联系，更不能甩掉那段拉美与美国之间相互对峙又并进发展的历史。为了理解贸易协定、拉美各国的融合以及拉美国家与欧洲及美国合作的现在与未来，我们应当思考如何把拉美共同体空间同时构建成一个欧洲-美洲空间和一个美洲内部空间。

当然，构建这个共同体空间需注意，这一三角关系（拉美—欧洲—美国）是否会影响拉美内部原本的关系。萨缪尔·亨廷顿认为欧洲人与美国人之间的争端终将分裂拉美。他预测，通过《北美自由贸易协定》，美国会吞并墨西哥，而南锥体国家将被欧洲控制。亨廷顿的解读恰恰忽视了拉美政治的异质性、历史的延续性，以及墨西哥与哥伦比亚、委内瑞拉和智利近年来的商业联合，也忽视了南锥体国家各自与美国的多种交流联系。1999 年在里约热内卢举行的欧洲与拉美国家首脑峰会指出，欧洲国家不按地理政治划分，而是以经济可信度为参考依据在拉美推行自由贸易协定。因此，欧洲首先考虑墨西哥和南锥体国家，然后再在其他拉美国家逐步筛选合作伙伴。

关于在一个欧洲-美洲空间还是一个美洲内部空间中重构拉美空间，在经济、媒体、精英文化和政治文化等不同层面，其阐述方式也应该有所不同。美国是现今经济发展和音像传播的主要参照国。如我将在下一章的分析中所提，拉美的出版业发展严重依赖欧洲，这反映了欧洲部分国家与拉丁世界语言相通的事实，同时也说明了欧洲仍然保持着对拉美知识和政治精英阶层的重要影响。比阿特丽斯·萨洛不久前的表述可以为其他拉美人，特别是南锥体国家的拉美人，共享借鉴，她说：

> 对我而言，欧洲意味着当今西班牙的翻译作品、意大利的奥利瓦[①]、英国工党、世纪末的柏林重建、国籍的冲突、新文化形态的出现、巴黎或伦敦的第三世界移民、35小时工作制的法国法律。欧洲既是皮娜·鲍什又是吕克·戈达尔，一会儿是吕克·戈达尔，一会儿又是基亚罗斯塔米，这些人我们都是通过欧洲杂志和电影节才认识的。除了基亚罗斯塔米，还有奥塔·埃索里亚尼这样一位欧洲边上的格鲁吉亚流亡人士，还有来自欧洲另一端、衰落的欧洲世界尽头[②]的萨拉马戈。尽管可以说是悖论，但欧洲确是我们与亚洲联系的桥梁。因此相对来说，只有当我们脑子想着拉丁美洲时，我们才摆脱了欧洲，获得了自治。(Sarlo，1998：1)

同时，之前我们所讨论的拉美与美国的关系里出现的各种固化思维，也在不断修正变化。技术经济领域的交流加强和移民增加，正在对拉美与美国之间的社会经济关系及相关叙事进行重新定义。CBS（哥伦比亚广播公司）和CNN用西班牙语播报世界资讯，并报道那些在拉美各国报纸和电视上不多见的拉美国家新闻，这大大促进了拉美国家文化政治空间的联系及构建。此外，如我之前已提及、往后也会再次强调的，美国各大

① 阿基莱·伯尼托·奥利瓦，意大利著名策展人。

② 此处指葡萄牙。

学对拉美所发生之事的研究与解读意义非凡。近年来好些经济杂志特别指出，美国与拉美各国在工业、商业和金融领域联系的加强催生了许多相互理解的新手段，并使得某些拉美国家经济成为“美国市场的重要部分”——“墨西哥向美国出口的制造业产品比日本还多，同时墨西哥卖到美国的纺织品比中国还多”，因此可以说美墨“其中一国的生产链上有任何一个环节出现问题，都会导致另外一国的生产中断”（Case，1999：48）。谈及越来越多的拉美人出现在美国，《拉美贸易》[①] 干脆将其1999 年 8 月刊的封面题为《墨西哥入侵美国》。也有人持相反观点，认为大部分的经济、技术和文化交往是在关系不对等、拉美处于从属地位的条件下进行的，这只会强化帝国主义控制。以上两种极端态度都将现今拉美与美国关系中真实存在的不平等简化了。

在上述所提之区域交往中，如何理解拉丁美洲以及美国自身的原生文化的形成问题再次以新形式出现。大量文化背景不同的移民来到美国后形成的多元文化，以及跨文化过程（拉美以前与欧洲，最近与美国）中的诸多借鉴现象表明，对原生文化的理解定义是个难以解决的问题。同时，非常明显的是，以往的文化认同话语以及各国实施的多元文化政策，已经无法应对当今技术和经济的大规模交流所带来的种种变化，因为那时的各国文化政策有更多的自主决定权。什么样的异己文化可能对我们感兴趣或者说能够接受我们，值得与哪些国家加强往来，是我们除考虑自身历史发展，在新的地缘政治与地缘文化冲突、自由贸易协定签署和经济一体化背景下应当重新审视的问题。

---

① 美国期刊，刊名为 *Latin Trade*。

我们有必要在此分析国家政策以及国家之间的政策在过去如何处理拉美的多元文化，以及如今又怎样应对与欧洲和美国的跨国联系，并以此分析为据来解释从文化冲突到社会文化空间构建的过渡。在下一章里，我将讨论上述区域实施的一些多元文化政策以及区域或全球公民政策，然后再阐述在现今学术、艺术及文化产业领域，欧洲人、美国人和拉美人在文化和传播权力分配中的角色是如何被重新调整的。

第四章

我们不知应如何称呼他者

社会叙述着它的变迁，也叙述着社会各群体之间、本国居民与移民之间的冲突，而叙述的方式为通过想象构建传说与偏见。社会还通过与公民身份相关的文化政策来进行叙述。为了讲述清楚谁属于一个国家，或者谁有权成为公民，需要想象出那些语言、生活方式和思维不同，但有求同可能之人所具有的共同特征。所有的文化政策都是由那些让我们将彼此视为同类的想象体所构成的。同时，文化政策也应包含我们无法对别的群体进行想象的部分，从而尝试调和各种差异。比如，应当如何与那些无法正确地使用我们语言之人共处，又如何与那些允许女人不戴头巾（又或允许她们戴）之人、那些不接受主流宗教或科学理性所推崇的价值观之人，以及那些排斥等级观念或试图将其融进民主的扁平化组织中之人和平共处。

可以说，如前人文章所述，种族中心主义和对异类的歧视自人类诞生以来便存在，且没有无辜的群体。古希腊人就把外来者称为野蛮者，即“口齿不清、结巴之人”。纳瓦特尔人①则

① 墨西哥中部使用阿兹特克方言——纳瓦特尔语的族群。

把与其相邻者称为结巴（Popolocas）和说话如鹿吼般的人（Mazahuas）。对霍屯督人①、阿伊努人和拉姆查达人②来说，其部落的名字意为“人类”。是不是出于类似的原因，墨西哥人戏谑地称西班牙人为“西班牙佬”（gachupines），阿根廷人叫意大利人“外国佬”（gringos），而其他拉美人则习惯用“gringos”来指美国人？那么西班牙人叫拉美人“美洲佬”（sudacas）是在回敬我们，或者说我们拉美人又一次被歧视、受人误解吗？

在此，无须找很多例证便可理解就连那些多个世纪以来持续使用的词在不同时期的含义也不尽相同。“野蛮”一词在两千五百年前的战争年代、五百年前的征服事业中、殖民与帝国主义之战中或电子金融和卫星传输影像的年代，其指代意义均有不同。关于游牧主义的后现代泛化也与历史上多种诱导人们移民去寻找乐土的承诺相悖。此处的乐土指历史上西班牙人和葡萄牙人所说的新大陆，或者指美国的生活方式。

西方各国想尽各种办法应对多元文化问题。法国和其他一些欧洲国家通过共和的世俗理念来协调各种差异。美国将不同民族群体分隔在不同的居民区，甚至不同的城市。拉美国家在十九世纪采用了欧洲模式，但同时也对这一模式做了一些变动和调整。我们将在本书中分析阿根廷、巴西和墨西哥三种不同的“国家融合”模式。不同国家的统一政策在几十年间表现出一定稳定性的同时，都经历过不公正、不平等及反对抗议。除了这些不足之处，拉美现今还面临着多民族之间更为强烈和频繁的互动，以及处理多元文化的多种不同方式之间的冲突。拉

① 非洲西南部的土著居民。

② 一个印第安族群。

美人大规模移民到欧洲和美国，那里也有无数亚洲和非洲移民。美国人通过企业架构、政治和学术影响，以及大众传播的意识形态模型等，向拉美和部分欧洲国家推广其多元文化概念。就连日本人和韩国人都在组织来料加工企业的劳工关系和宣传其电子游戏的过程中，向美国、欧洲和拉美传播其多元文化模式。

这一全球化的文化间性并没有完全取代各国用来“处理”其诸多差异的传统模式，却使传统模式处于与其他模式的互动之中，并使得对抗无法避免，当然，产生的后果也不尽相同。当全球化运动中出现世俗化与智力相对主义之时，我们对差异的理解和接受力将得到提升。但如果全球化仅仅沦为“不同生活方式的近距离共生模式”且无合适的章法理念作为支撑，则会引发宗教激进主义和排斥现象，加剧种族主义并增加种族或国家性的“清洗”风险。同时，全球化的后果也因各国经济发展阶段以及发展形式的不同而有所不同。在经济持续发展和拥有高就业率的国家与那些多年经济不稳定、通货膨胀严重和失业率居高不下的国家里，全球化的秩序重组也以不同方式影响着其社会对待他者的态度。我们需要分析这些文化、政治和经济抉择，影响着欧洲、拉美与美国相互关系中那些主要的多元文化及跨文化模式的抉择，是如何发挥作用的?

无法翻译的多文化性

如同历史上起源于欧洲的现代性曾趋向于用“公民”的抽象定义来等同所有人一样，现今有这样一趋势：把全球化想象为一个将使我们统一化并最终将我们变为同类的进程。但这只能消除文化差异与应对文化差异的政策所带来的挑战。为积极应对这些困难，我提议采用逆向办法：我将列举在某些国家使用过的解决差异问题的重要方式，并探讨这些方式在其他文化中并无对应之词或对应意思完全不同的现象有何深层意义。

第一个问题是，为什么英语中不存在“mestizo”① 这样的词？第二，为什么法国人把英语中的“affirmative action”② 翻译成“discrimination positive”③？第三，为何拉美国家在表示文化认同时不太习惯用连字符（比如拉美人不说“意大利-拉美人”或“非洲-拉美人”）？在回答了上述问题之后，我们将探讨那些有着类似的不可译的文化差异的社会，是否会在共享社会关系和建立普遍认可的公民身份方面达成一致。

1. 法语、西班牙语和葡萄牙语中的“métis”“mestizo”和“mestiço”被广泛使用，英语中却没有一个与之对等的词。法语词或西班牙语词成了研究其他社会的人类学家和历史学家在著述中指代他者时不可或缺的用语。而在牛津词典中，“mestizo”“mestiço”是“half-caste”的西班牙语和葡萄牙语同义词，有些情况下也被理解为英语中的“misceganation”“half-breed”“mixed-blood”，但它们几乎都带有贬义。还有人类学家和语言学家（Laplantine & Nouss，1997）用“creolization”来指代不同文化间的混血现象，但“creolization”这一词的本义是指一种基础语言在奴隶贩卖的社会背景下与其他语言的接触中发生变化而形成的新语言和文化。“creolization”常被用来指法语在美洲、加勒比地区（海地、瓜德罗普和马提尼克岛）以及印度洋

① 西班牙语词，主要指白人与美洲土著结合所生的后代。

② 指平权行动。

③ 意为“积极的歧视”。

(留尼汪群岛和毛里求斯）与当地语言的混合，或葡萄牙语在非洲（几内亚、佛得角)、加勒比地区（库拉索）以及亚洲（印度、斯里兰卡）与当地语言的混合。由于混合语在口语和书面形式中、文化人与普通人的使用中、中心与边缘地区的使用中以及多样化的连续体中表现出许多规则不一致的地方，乌尔夫·汉内斯建议将这一词的使用延伸至跨国范畴，称它为以“权力、威望和物质资源不平等”为特点的“文化融合过程”(Hannerz，1997)。

我发现从“mestizo”这个可以正面指代混血，且当今在拉丁语言中频繁使用之词在英语中的缺失，可以窥见英语文化对待混血现象的真实方式。我们需要区分美国人所称“大熔炉”一词的隐喻和加拿大推崇的“多元文化之国”理念。前者是为创建一个只由欧洲后裔构成的新的文化认同而进行的净化及蒸馏过程，而后者认为“文化常常是种族的一个委婉表达”，而“不同族群在同一社会内进行融合”(Chanady，1997)。

在美国，不同文化认同趋向于本质化（esencializarse)，多元文化之间的异质性被阐释为不同族群的隔离分散而居，社区归属已成为不同族群之人的个人权利最主要的保障。人们按照少数族裔（非裔美国人、奇卡诺人或波多黎各人）的身份进行思考和行事，同时有权利认定他们在语言上的不同，并以此作为他们在求职和获得社会服务过程中的加分项，或在大学和政府机构中占有一席之地的保障。这一被称为“平权行动”的举措纠正和弥补了许多导致不平等顽症的制度性歧视。但这一行动的实施所采取的方式是，优先考虑那些因出生、血缘关系和历史而形成的少数群体，而非因选举产生的少数群体或因混血而形成的少数群体。

如彼得·麦克拉伦所述，我们应当对保守的多元文化主义、自由派的多元文化主义和左翼自由派的多元文化主义加以区分。保守的多元文化主义认为，不同族群的分散而居应服从美国白人新教徒（WASP）的领导，以 WASP 的教规为准来规定人们应该读什么以及学习什么，从而做到文化正确。自由派的多元文化主义主张不同种族的天然平等和认知对等，而左翼自由派将财富不均及社会机会的不平等视为对平等原则的违背。但只有少数的学者（麦克拉伦是其中之一）认为有必要同时“将多种知识传统合法化”，并倡导团结一致的合力应高于每个群体对各自权益的追求。因此，迈克尔·沃尔泽等思想家表示非常担忧，因为“当今美国生活的尖锐矛盾不是多元文化主义与某种主导权或特殊性的对立，也不是多元文化主义与一个强劲且独立的美国文化认同的对立”，而是“多个群体与多个个体的对立……而且所有声音都如此之强，声调又如此之多样，结果只能是同音重复，无法形成一段和谐的音乐，而以前多元主义被视为交响乐，每个群体各发其声（但又有谁能写出这般曲子呢?）”（Walzer，1995：109，105）。

近年来，一些从事奇卡诺研究、拉美研究以及女性主义研究的学者已呼吁推行彼得·麦克拉伦提出的“批判的多元文化主义”，即将多元视为相互联系的各种异同，而非分离的多种文化认同。“边界文化”，即在两国边境城市形成的文化以及国籍不同的移民子女聚集的校园里形成的文化，将会证明以关联方式来看待民族问题具有实用性。由此将产生一种新的混血（mestizaje）意识，它将不是“简单的基于文化‘拼制’的身份认同的学说，也非古怪的主观臆造，而是一种批判性的文化对话，以及为超越西方二元论中的各种矛盾而进行的解释”。对于主流文化的批判（却没有从具体每个群体的角度进行批判）将会成为“多元文化的一种抵抗力”(McLaren，1994：67)。

对多元文化主义反对最为强烈的学者如南希·弗雷泽等之所以提出质疑，是因为多元文化主义已经将政治冲突简化成了重新调整民族、国家和性别差异的斗争，而忘记了经济不公平、剥削及随之而来的必要的收入再分配问题。由此，文化研究者便开始在研究中强调各种差异性，并强调应制定相应政策，以重估那些没有受到尊重的文化身份以及那些被轻视的文化产品。一个新的具有解放意义的方案的形成，应当把和认同相关的文化政策与再分配的社会政策结合起来，把文化与经济结合起来(Fraser，1997)。需要补充的一点是，美国多元文化主义的向外输出在欧洲和拉丁美洲引起了回响：欧洲与拉美的社会主义者对于资本主义的批评有所减少，有利于对再分配诉求的降温处理。

2. 美国人用“平权行动”（affirmative action）来指代那些旨在消除针对少数族裔的结构性不平等和歧视的运动，而法国人却把这一词翻译成“积极的歧视”（discrimination positive)。为何要在一个以消除歧视为目标的行为中加上歧视这一概念呢？是什么原因使笛卡尔理性主义的继承人（法国人）得出这样一个悖论：歧视（一个包含负面意义之词）可以被认定为积极的？使用“‘积极的歧视’这一句法结构，是一种含蓄的批评，因为两个互相矛盾之词的搭配产生了一个纯粹简单的意思叠加或者一个矛盾（即使不称之为荒谬）的语义效果”（De Rudder & Poiret 1999：397)。

根据法国的法律，个人是指与非宗教的国家政府相关联的，并不分宗教、种族和性别的所有公民。在宗教、种族和性别方面的差别可以表现在个人的私人生活中，但并不会为其带来额外的好处。法国法律采取措施消除对于某一群体的歧视和不平等现象，也不为过去已发生的不公正进行补偿。

至少在福利国家时代情况就是这样，在不同群体之间，资产阶级与劳动人民之间，男人与女人之间，在不同区域出生的人之间建立一种历史性的承诺，将所有人视为法国公民并为所有人提供基本的物质与社会保障。但欧洲政治经济一体化导致的边界开放以及大量欧洲、非洲和拉美移民的到来，使人们对于国家、区域和世界的想象模糊且没有把握。成为欧盟公民会是人们已有国民身份的一个补充吗？如果是的话，那么这种补充是以历史的文化社群为基础，还是以欧洲人之间达成排挤非欧洲人的新共识为基础？那么，它普惠大众的愿景又能走多远呢？如艾蒂安·巴利巴尔所说，公民身份所需的新条件无法由纯规范性的法律手段确定，也不能从既有的公民身份相关概念中推导出（Balibar，1998：43）。

除上述历史性变革，美国和加拿大相关社会辩论在法国及其他欧洲国家的推广，正使人们开始反思平权原则本身的缺陷，以及各执政部门在保障人民真正平等地享有福利和服务，以及避免种族主义等方面能力的不足。非洲和拉美移民的不断涌入加剧了欧洲社会关系的种族化（etnización）。虽然各项法律规定禁止歧视，但无论是居住区还是学校区域的分离现象都愈发明显，日常生活中隐蔽地进行或干脆不带掩饰的俨然与所谓的平等与融合之初衷不符的行为更为频繁。这一情况中最令人不安的表现是，法国、意大利和德国各种排外运动和党派不断增长。

好些欧洲学者和社会运动发言人指出，那些主张差异和强调不同身份的政策弊大于利。当社会“变成了为个人利益争斗之地而非一个追求共同利益的空间”，就会对实现民主平等的可能性构成威胁（Todorov，1995：96）。我们认为，保罗·利科对北美多元文化主义深刻的哲学批判在某种程度上说是非常在理的，他提倡把对文化认同的强调转为制定一项“认可”的政策。他说：“文化认同概念只包含对其自身的想法，而认可概念则直接涵盖了他者，并由此可得到一个自身与他者之间的辩证关系。对身份认同的诉求总会在一定程度涉及对于他者的暴力，然而寻求认可的过程暗含了自我与他者之间的相互性（reciprocidad）。”（Ricoeur，1995：96）

然而，新出现的社会冲突使得部分学者意识到“美国多元文化主义的经验在于，其融合是在适合文化多样性发展的政治空间氛围中完成的”（Mongin，1995：86）。同样，《精神》杂志[①]的组委成员和其他一些研究移民问题的专家评论道，对于每个民族或族群的认可不是歧视，而是一个知识界和政府政策变革的起点，一个认可差别与分歧的跨国公民身份的起点。这样一来，共和体制法规难以解决的诸如移民和外来人口的问题，就被认作实现民主进步，以及有效应对那些抵制全球化的新法西斯主义运动的手段（Balibar，1998；Wieviorka，1998）。在此，我无法描述其理论争论的精彩之处以及欧洲多国尝试实施的多元文化政策的繁多种类（Beck，1998；Habermas，1999；Rex，1998），我想特别突出的是，上述问题近来日趋复杂化以及其他地区思想的引入，正在推动人们重新思考自由主义传统、少数族裔权利以及多元文化治理等话题。

---

① 法国具有影响力的社科杂志 *Esprit*，1932 年由法国哲学家、人格主义代表人物伊曼纽尔·穆尼埃（Emmanuel Mounier）创办。

3. 拉丁美洲的文化与异质性之间的关系是以另一种方式呈现的。一方面，与美国和加拿大一样，拉丁美洲国家有着被殖民的历史，并都因曾接收过大量外来移民而形成各民族群体共处的局面。我们还可以在美国人的“大熔炉”（melting pot）概念、阿根廷及其他西语美洲国家使用的“种族熔炉”（crisol de razas）隐喻以及巴西人的“种族坩埚”（cadinho de raças）比喻中发现些许相同之处。但这些隐喻所对应的话语性想象体和付诸实施的方式是有区别的。

何塞·马蒂呼吁的“我们的混血美洲”和何塞·巴斯孔塞洛斯提出的“宇宙种族”概念试图寻求印第安后代的融合，以此来区别于“金发的（白人的）美洲”（即美国）。即便是多明戈·福斯蒂诺·萨缅托和其他的阿根廷与乌拉圭自由派人士给予欧洲后裔特别优待，这些国家还是有众多的社会机制以及多样的文化政治策略保证社会异质问题通过混血得以解决。在美国，黑人先是作为奴隶而存在，后又经历社区、学校及其他公共空间的分隔，而历史上留存下来的印第安人则被边缘化；在拉美国家，对黑人和印第安人的灭绝和排挤，则自十九世纪以来就一直与混血政策以及对其公民身份的认可（非平等认可）同时存在，甚至在墨西哥还产生了印第安主义（indigenismo），赞扬印第安人文化。阿玛利·查纳迪在对美洲的比较分析中指出，所有地方都有种族主义，但应对种族主义的方案应该有所不同。虽然在美国，人们通常把混血和杂糅视为丑闻，但在拉美和加勒比国家，社会广大民众与各个阶层都把混血看作推动现代化和文化创意发展的积极动力，尽管还存在一些歧视性政策以及日常生活中也有歧视的表现。

拉美文化中那些称得上经典的东西应历史性地更多归于欧

洲和我们的本土文化，而非美国，但在二十世纪，它结合了欧洲不同国家的影响，并以一种异样的方式将欧洲影响与当地存在结合，形成了民族传统。奥克塔维奥·帕斯和胡利奥·科塔萨尔等作家，阿妮塔·马尔法蒂、安东尼奥·贝尔尼及其他造型艺术家在其作品中援引一些连他们自己都不太熟悉的欧洲和美国艺术家，但同时也提及一些边缘国家的创作者。如博尔赫斯所说，“我们可以做到……不迷信……且近乎无礼地把外来与本地元素结合到一起”。另外一些重要美学艺术家，从何塞·玛丽亚·阿格达斯到巴西现代主义派及墨西哥的壁画家，构建了关于我们拉美社会的叙事，此类叙事在重提欧洲现代性的同时，确立我们本土文化的重要地位并竭力为它正名。

尽管世界主义常出现于精英文化中，我们也能在大众音乐和造型艺术中看到根据本土实际需要对大都市文化元素的批判性接受及其与本土文化的糅合。人们已经关注到移民和其他大众群体极具可塑性：手工艺人对其产品进行包装改造以吸引城里的消费者，农民将其技艺和经验带到了工厂，印第安运动则巧妙地将其传统诉求纳入人权和生态的跨国话语之中。（De Grandis，1995；García Canclini，1990；Gruzinski，1999）

此外，拉丁美洲现代社会不是按照族群归属的模式而形成的，因为不少拉美国家中大量的外来移民都迅速地融入了新的社会之中。这种融合的范式符合共和政体这一世俗理念，但同时它也反映了一种对（上述法国模式在其他欧洲国家和拉美历史进程中呈现的）变化调整做出即时反应的开放态度。

与美国如此不同的历史使拉美多元文化之间的冲突不以平权行动为主要解决方法。拉美国家在民族融合过程中出现的各种不平等现象也曾催生具民族主义和种族主义特质的宗教激进主义，宣扬排他性的自我认定（即绝对认可单一文化传承，妄想其文化为纯一文化）以抵制混血。美国以自我评价为重要基础来维护少数族裔权利的分离论，与拉美的印第安主义和民族主义运动两者之间存在相似之处。拉美这些运动以二元对立方式阐释历史，将所有美好归于自身，并将所有欠缺咎于他者。然而，这种思维方式没有成为我们政治历史上的主流，在这个全球化的时代更成不了主流，因为全球化让民族和国家的认同混合、不对称的相互依赖关系以及不平等现象更为明显且无法避免，在此过程中每个群体都必须努力维护其自身权利。无论如何，近来的历史研究、文化研究以及人类学研究都不主张把拉丁美洲作为一个各方面都同质的整体来进行讨论。接下来我们将以阿根廷、墨西哥和巴西为例，分析三种阐述差异和建构国家的模式。

我们可以用比阿特丽斯·萨洛对阿根廷人的这一论述来分析整个拉美："我们不用连字符来指代身份，而美国用连字符表示身份认同：意大利-美国人（italo-americano）、波兰-美国人（polaco-americano）、非洲-美国人（afro-americano）。"（Sarlo，1999：19）但我想尽力证明，拉美这一情况的发生是由于每个国家都有各自不同的原因。

在阿根廷，人们不习惯以复合的、带连字符的方式来看待身份认同，因为在这样一个经济、政治和军事体系构成一个整体的国家里，印第安人几乎已被灭绝，而数百万的西班牙人、意大利人、俄罗斯人、犹太人、叙利亚人和黎巴嫩人通过接受大众教育实现民族意义上的"重塑"。用欧洲移民来替代原住民，通过有效的去差异措施进行同质化，形成一个"白种人国家"（Quijada，1998b）。萨洛认为在这一过程中发挥重要作用的是公立学校："学校坚持统一的理想目标，并常以一种带有偏见的权威性方式来实践。在这里不存在合成国民性的概念：如果一个阿根廷人祖籍是意大利，人们也不会把他称为意大利-阿根廷人（italo-argentino）。如此一来，文化的多样性完全消失了。此外，真实情况是，对于成千上万的第二代移民来说，他们的族裔身份并没有影响其作为公民在社会政治领域的发展。他们的父辈曾被认作外来者而无法参与政治，但是他们（第二代移民）已被认可为地道的阿根廷人。公立学校，以其强制性的统一功能和权威性，成为外来移民后代迅速变成地道阿根廷人的社会舞台的一部分。"（Sarlo，1999：19）

丽塔·劳拉·塞加多从人类学视角认同萨洛对于强制措施的批评，但塞加多的评价不如萨洛那样积极。塞加多提出"种族恐惧"的概念，认为"对于多样性的惧怕的确是阿根廷的一个怪癖，而文化的监管和控制则渗透到了制度性的官方机制中（从所有人都上白人学校到禁止凯楚阿语以及当时还在为人们使用的瓜拉尼语）；同时，还存在一些非正式的监督策略，比如嘲笑人们讲话带口音，这使意大利和加利西亚移民的祖祖辈辈胆战心惊，讲话不得不小心谨慎以免出错"（Mateu，Spiguel，1997）。

塞加多评论说，阿根廷"是在少数族裔作为伟大主角的基础上建立的"（Segato，1998：17）。她认为，已形成一个同质化国家的现实有助于控制霸权群体（我觉得应当再加上"某些时期"才更妥当），以及形成"一个对公民更为尊重的社会氛围，当然这只是与其他拉美国家相比较而言"。但同时，一个政治与文化专制制度的产生，也成为说话口音、手势表情、穿着打扮以及思维方式同质化的助推之力："全社会都受过训练以能进行互相监督，在学校、军事服务部门和医院等不同场所，人们互相监督从而对他者进行控制，不让他（她）与众不同。”（Mateu，Spiguel，1997：41—44）

墨西哥的情况却相反：印第安人服从于国家的、由土生白人主导的西方现代化方案，但同时也允许混血现象发生，因此印第安的社会关系和文化产品得以幸存，从而获得些许流传下去的概率。如我之前所述，墨西哥的欧洲移民不如其他拉美国家多，这有利于西班牙人与土著更为持久的融合。这一融合，虽然也没能消除蕴积至今的许多矛盾，但是从主流群体角度来看是更为有效的融合。近年来不断对国家秩序提出质疑的印第安运动就是一个鲜明的例证，说明了存在于混血现象中难以解决的社会、政治和文化问题。

墨西哥革命后的多元文化政策使得它不同于拉美地区其他国家，甚至也不同于那些拥有众多印第安人口的拉美国家，如玻利维亚、秘鲁、危地马拉；同时，墨西哥印第安人的地位能够与美国的印第安人和黑人的社会地位有所差别。如克劳迪奥·龙尼茨所述：“虽然‘美国黑人’和‘墨西哥印第安人’都在他们所处国家以相对于国家主流公民而言的他者身份存在，但墨西哥的印第安人被认为是国家民族的主体，这一主体可通过接受教育和种族混血的方式发生转变、融入主流。”通过龙尼茨对墨西哥和美国的人类学研究的地位所做的比较，可以看到墨美两国在这方面的差异，具体而言，可通过美国人类学奠基人弗朗兹·博厄斯与其弟子曼努埃尔·加米奥——墨西哥人类学奠基人——的不同定义来窥见其差异。博厄斯抨击美国的种族主义，并提倡相对主义以维护种族多样性和善待外来移民，而加米奥则用了类似的论证以“将混血群体冠为墨西哥民族的主角”，并“证明国民种族的重新定义合理”。(Lomnitz，1999：88) 以下问题最近一些年被再次重提，或遭激进的批判：缺乏多元文化的学校环境、对法律法规进行的改革，以及有待解决的区域性冲突等(Arizpe，1996；Bartolomé，1997；Barta，1987，Bonfil，1990)。除了各种争论和内部结构调整外，还需要从文化角度考虑在自由贸易和与美国开展广泛经济合作的背景下的国家概念(Lomnitz，1999；Valenzuela，1999；Zermeño，1996)，对此我将在后续章节中展开讨论。

与阿根廷和墨西哥不同，巴西社会对于杂糅的发生表现得更为从容。在承认不平等现象众多和阶层地域分化的同时，人类学研究者特别强调了作为国家组成部分的广大移民群体有着多种阐释[①]。巴西的政治与文化界领袖时不时会谈及巴西的非洲或印第安人祖先，而且将民族归属看成一种自愿行为，因此混血是可以发生的。正如吸引并召集各种族和阶层民众前往的狂欢节所示，非洲文化以“扩散和包裹性的”方式渗入巴西社会(De Matta，1980)。社会各层面无处不在的神怪附身说，就源于加勒比-非洲文化传统，并在与欧洲招魂术的融合中得到加强。许多民族元素，通过一些娱乐、仪式活动和相关文化政策，逐渐被其他族群吸收接纳并成为其他族群文化的一部分。保留自身特质的同时，这里的文化认同不如其他国家那么单一。要理解作为“巴西社会普遍且重要的体验”的神灵的重要性，可以将其视为一个“任由他者附身”的隐喻，虽然人们已经承认其为他者。(Segato，1998：15—16)

在美国，文化认同是个自主的概念，这就使得一个人同时

① 即对于糅合的阐释与表现。

处理好几重从属关系成为难事；而在巴西，一个主体可以有好几重从属关系，那么就可以在不同身份间进行切换甚至将它们糅合。因此，处于文化接触中的每一种文化，仍然是其自身群体的一个大背景；同时它得以“渗入”其他群体，“具有召集性潜力（potencial de convocatoria）或可将影响力扩展至更大的范围”。“由此，文化的参照功能得以保留，但作为国家一部分的民族，其领土的象征含义则很大程度上将会消失。不容置疑的是，不同社会阶层的人们联系加深，人们趋于认为彼此为同类甚至可能和睦相处。”（Segato，1998：14）

跨文化的区域

当全球化推动欧洲人、美国人和拉美人之间的相互联系时，这些不同群体对待差异的不同方式产生的矛盾也显露了出来。关于一些权利的认可，国际上做法不一，这使得那些在一个地方接受教育又到另一区域工作的移民常处于“精神分裂”的状态。当谈及权利与责任时，该如何称呼他者并与其达成一些让双方对事物的理解能够一致或相近且表达清晰明确的交往协议？概言之，关键在于建立一个这样的跨国公共空间：在这一空间里，不同的文化概念在政治上有一个共同的参照。

这是个社会文化政治问题，我们也可以说，是个主观性的问题。一个能在自己身上厘清不同身份并在不同身份之间转换的例子就是茨维坦·托多罗夫。他出生于保加利亚并在那里接受了基础教育，经历了意识形态和政治恐怖，后移民至法国并获得法籍，在法国完成学业。诚如他所言，他在法国认识了民主。后又在近三十年里，每年花几个月的时间以访问教授的身份到美国的大学访问。他把那些偏居一角的校园称为“世俗的修道院”。在这些“世俗的修道院”里，“人们比在其他修道院知晓和谈论更多的是经院哲学或私人争论”，而非城市里的生活琐碎（Todorov，1996：202）。经历过一定程度的文化脱离，后又转为文化适应，最终融入跨文化过程的人永远都不会成为“无根之人”（L'Homme dépaysé，其书之名），这样的人已然不再是完完全全的保加利亚人，也非纯正的法国人或美国人，而是集合了这几个民族特质的一个整体。也因此，这样的人不会相信“体制的游牧主义有何益处”（Todorov，1996：25）。他断定，多元文化经历的益处在于学会更好地分辨现实与理想、文化与自然以及相对与绝对。他认为，这种分辨，既与“万事皆行”的相对主义不同，也完全与黑白分明的二元对立不相关。区分称呼他者的不同方式而不将它们混淆，同时不因求同而将他者置于对立面，由此，他能够在保加利亚遇到同胞，在法国碰见同国籍人士，在美国拥有共同研究的同事。

在读到这种分辨方法之后，我惊讶万分居然有人可以如此有条理地分清在哪里找其同胞，又到什么地方去寻同国籍人士以及事业上的伙伴。法国的其他一些知识分子则认为移民现象产生的社会割裂问题并不可能如此轻松地得到解决，并且在经济全球化、社会生活全面放松管制以及外来人口权利保障出现倒退的大背景下，矛盾反而会被激化。艾蒂安·巴利巴尔所述的更为广泛的公民权利（如“公共场合的言论权”），经我们证实，在欧洲的“社区游说”政策框架下有消失的倾向。欧洲的这一政策规定了一个合法的欧洲空间，而非欧洲人的声音则被排斥在外。有些思想家对移民状况以及跨国社会运动进行政治分析，重新思考其个人经历（Maalouf，1999），并提出了针对边境冲突的新颖方案。同时，研究跨文化移民的人类学家将科研人员及知识分子的移民经历与其他社会群体的移民经历做了区分，他们获得工作的机会不同，受到的认可不同，因此融入社会的方式、结果也不同。

这样一来可以看到对于移民状况进行泛化的第一道难题。有一些问题是可以进行比较的，比如对新社会的陌生感、为在新社会获得权利需付出的巨大代价，以及文化、司法、政治和劳工等方面的归属形式之间存在的分裂等。但人们处理每个具体问题的方式以及厘清问题之间关联的方式则各不相同。或许当前最根本的差别在于短暂的解域是容易的，如跨国企业的员工，又如出境旅游的游客，在这种情况下，离家在外的感觉是愉悦的且是自己选择的，可以作为全球化的支撑理念。然而，只有底层劳作者的处境最能说明作为一位外来者到底意味着什么。还有一类状态——其工作被正式认可为产生价值的工作——也能清楚阐释外来移民的意义。

另外，将源于同一国的移民各自的差异进行归类也不是容易之事，哪怕这些移民都流入了同一国家甚至都到了这一国家的同一城市。学者古斯塔沃·林斯·里韦罗曾评论道，“所有在旧金山的巴西移民可作为一个抽象体”。依照既适用于移民至欧洲、美国的拉美群体，也适用于其他地区移民群体的分类原则，古斯塔沃·林斯·里韦罗归纳出以下三种类型：1）根据其短期的经济目标而决定在美国只做暂时逗留的一类人；2）在美国有业务的一帮人；3）跨国移民，他们无论在移入国还是移出国都能安排妥当自己的生活，有资产，也有社交圈。人们将一国与另一国联系起来的叙事和他们所做的选择保持连贯一致。对于那些只想在美国工作赚点钱的人来说，美国“只适合赚钱”，美国人“活得并不开心”，而巴西“则是世界上最好的国度”。但对于那些把美国视为“充满各种机会的地方”的人来说，巴西以及其他拉美国家如墨西哥、阿根廷或哥伦比亚等糟烂透顶，这些国家浪费大好资源，毫无出路（Ribeiro，1998b：3—4）。

对于美国评价的差异与移民来源国关系不大，更大程度上与移民在美国的工作稳定性以及法律状况①相关。如在加州的四百万墨西哥移民一样，生活在旧金山的一万五千名巴西移民当中，工作状况相似的人对于美国的看法也基本一致。普遍情况是很多在旧金山的巴西人和在加州的墨西哥人，都认为其职业状况为“就业不充分”（subempleo），这或许是由于他们的工作性质（从事家政、当服务员和司机等），或许是因为他们没有拿到能保证其在美国合法工作的工作许可而处于工作不稳状态。还有一部分原因是他们感觉自己尚未成为美国人；或者因为美国不像拉美国家那样有身份证一说，所以他们感觉自己不是美国人；当然还因为即便他们拿到了绿卡、社保号以及驾驶证这三个用于身份认定的证件，也还是会遭受到歧视。

很自然，这种不安定的状况就使得移民与其在新社会中的同胞还有在母国的同胞保持紧密且频繁的联系。很难融入接受国的他们搭建起了团结同心的社会网络，并设立了一些聚会和娱乐的场所，如公园、餐馆、酒吧和俱乐部等。人们更加频繁地参与宗教活动，热衷于体育赛事以及其他一些极富仪式感的活动，在这些活动中，他们能够说着自己的语言并感觉自己受到保护，也能借此对那个失去的遥远故乡进行重新想象。墨西

① 即是否为合法移民等。

哥、巴西、古巴和阿根廷餐厅，以及这些国家的民族舞蹈学校让移民能够重拾旧趣且有机会进行社交之外，也催生了一些工作机会，使一些家庭收获希望。

同时，人们也关注其母国情况。关心移出国仍在发生的问题历来是许多离开故土之人的一种心理需求。当今遥远国度之间信息的快速传播使得各国之间联系更为流畅和紧密。当然，地理上的毗邻更是为信息传递以及一个家庭或一个村子里已移民之成员和那些留在当地的成员之间的互助提供了便利。一个明显的事实是，每年由墨西哥人从美国给其在墨西哥瓦哈卡州、米却肯州、瓜纳华托、哈利斯科、格雷罗以及萨卡特卡斯的家人汇去的七十亿美金，不仅利于墨西哥地区经济发展，也附带向墨西哥传递了信息以及不同的风格与品味，从而对人们的言语、饮食习惯和娱乐休闲方式产生影响。

达拉斯是美国重要的航空枢纽中心，同时它也是一个人员、信息、汇款和货物的集散地。一边与美国的芝加哥、加利福尼亚、休斯敦和佛罗里达保持运来输往的联系，一边向墨西哥的奥坎波（与墨西哥哈利斯科州和萨卡特卡斯州毗邻的城市）运输货物，然后再由奥坎波转运到墨西哥其他地方。这样的往来几乎每天都发生，来自十至二十个不同地方的卡车运输邮件、货物以及其他人们所需物品。洛朗·法雷叙述说有人住在达拉斯，却跑到奥坎波去用那里的人工服务，如裁剪衣服和修补物件等，这样的服务其实达拉斯也提供，而且两个地方并没有太多的价格差。应当把这种流动称为“移民场地”（Simon，1999）、“流通领地”（Tarrius，1993），还是“跨国社区”（Rouse，1991）有待讨论，但能够确定的是有大量人口移民（移出）的诸多村镇和城市一定是开明之地，那里的人视野开阔，而非仅盯着国内一片天地，有时候，其视野甚至能跨越种族范围。这些网络不仅让瓦哈卡州的米斯特卡人①能够与加州的人相联结，还能让米却肯州的穷苦之人和雷德伍德城②产生联系。在信息传播、工作以及共同应对他者（美国人）时所需要的力量联合常常能将两三个族群都变成“墨西哥人”，甚至产生了巴西人-墨西哥人、古巴人-波多黎各人、阿根廷人-乌拉圭人这样的一些社区。在这种情况下，连字符很重要，因为它能表达超出传统惯性的身份认同的、新型而尚不稳定的融合关系。

美国一些“民族特色店”店主都喜欢在给他们的小店命名时使用来源国的名称，比如“巴西咖啡店”或者“米却肯州餐厅”，但也有使用混合名称的，如旧金山的“戈亚斯人的玉米饼铺”糅合了巴西戈亚斯和墨西哥元素。店里的开胃小菜有巴西黑豆饭和烤肉串，也有蘸着鳄梨酱吃的玉米片和辣肉馅玉米卷，饮品则包括巴西鸡尾酒和墨西哥龙舌兰酒（Ribeiro，1998a：4）。巴西和墨西哥政府很难让上述产品在两国市场自由交易，也很难在全球市场中就这些产品进行合作以及在债务谈判中联手对抗美国，但旅居美国的移民在其日常生活中轻松地制造出了多样的杂糅方式。

当然我也没有忘记旅美拉美群体之间的竞争关系，它阻碍了拉美族裔之间、拉美族裔与奇卡诺群体进行更广泛的合作，甚至这些拉美人与非裔几乎没有往来。在处于臣属地位、受到压迫的社会群体之间也存在分隔。同时，主流群体的分隔以及平权行动的政策都使得群体之间的分离多于联合。但偶尔的食

① 位于墨西哥南部瓦哈卡州的土著。

② 米却肯州为墨西哥南部的一个州；雷德伍德城是美国加州一个城市。

物共享、群体狂欢，或者超越了单一族裔范围的文化和经济善举，推进了跨国多族群社区的形成。彼得·麦克拉伦就这一问题曾提出这样的观点：批判的多元文化主义不仅见证了少数族裔的苦难，同时也看到了“神灵显现、痛楚中止，以及为争取解放、摆脱痛苦而团结斗争时人们得以稍作享受的时刻”（McLaren，1994：67）。

然而，需要说明的是，市场经济比政治纷争更能从这类跨文化活动中得利，尤其是电视台、广播公司以及各类节目和碟片的制作商，它们可以通过拉美文化产品收获更多的消费者。与此同时，各族群之间的差异也在劳务市场中趋向隐退，而只表露其国别身份，比如萨波特克人或者佐齐尔人一旦到了国外，他们的身份就都变成了墨西哥人。在消费领域，之前还区分巴西人与墨西哥人，或将他们两者区别于哥伦比亚人或古巴人，但在媒体的灯光照耀下，他们都成了拉丁人。正如劳工联盟最后也从属于对整体移民进行剥削的体制一样，那些拉丁消费者社群也被纳入索尼、宝丽金和 MTV 等公司的商业策略中。正如因劳动力商品化，作为劳力的墨西哥人完全可以被海地人或者萨尔瓦多人取代一样，歌手拉斐尔、何塞·路易斯·罗德里格斯（绰号“美洲狮”）和克里斯蒂娜·萨拉莱吉都有着平常移民没有的成就与名气，但将来也可能随着“拉丁”偶像商业化潮流发展而被取代。因此在采访移民领袖时需要向其提出的一个问题是：应当如何在利用好拉美族裔之间的联姻与融合的同时，保证不淡化古巴人、多米尼加人、墨西哥人、委内瑞拉人及其他有着不可磨灭的文化政治意义之族裔的差异性？

形式多样的公民身份

在前文中，我曾思考是否有可能将欧洲、美国和拉美的多元及跨文化模式进行协调，使它们兼容。另一个值得思考的问题是，在这几个区域之间的中期和长期关系中如何解决如下三种体制的分歧：欧洲追求普世权利的共和体制、美国的多元文化隔离主义以及在拉美国家推行的民族国家体制下受到质疑的多元文化融合。在此三种模式之外还要加上第四种形式：多元文化性从属于媒体话语，从属于文化产业的垄断组织，而这些组织自然会让由“收视率”确立的大多数来决定多样性文化的出现或消失。最后这种①融入消费者因素的政策贯穿了公民身份的其他三种传统模式并对它们提出挑战。

但若不根据全球化提出的各种挑战进行适当调整，以上四种多元文化的复杂组织形式就无法展现其效力。在拉美国家内部，由民族国家体制而形成的同质化遏制不了对种族和区域融合的新要求。而欧洲共和国家中的抽象公民身份也未能照顾到大量新生多元群体对于共同享用社会发展成果的急切需求。美国种族分离而居的模式虽然在许多学界左派人士的批判下有所好转，但也没能让欧洲人和拉美人信服可以通过平权行动来收获一个效果良好的多族共存。通过媒体联结起来的泛拉丁族的社群主义，则貌似只在周末有些成效，工作日都成效不佳。

在当今思想中，我觉察到可以用两种思路来分析处理多元

① 即作者上文提及的第四种形式。

文化的不同方式。第一，需要克服我们所称的“差异是可选性概念”这一想法。我想以斯图亚特·霍尔[①]那样尖锐明了的方式来解释这一问题。我曾于 1996 年 10 月在斯特灵大学听过一场斯图亚特·霍尔的报告，报告中，他对我一篇关于杂糅的文章进行了评论。他提到杂糅的一大好处在于“能够避免人们以二元对立方式看待差异”。同时他也解释说，我们应当重新思考如何对待差异，它“就是差异（différence），而不是激进的他者性”。他说：

> 若差异作为一个激进他者存在，它将使得不同的体制形成对抗；而我们正讨论的差异是一个能够长久地在他者文化中流动的差异性。人们说不清楚英国人的界限在哪儿，它的殖民地又从哪儿开始，也讲不清楚西班牙人与拉美人的界限在哪儿，更道不明拉美人与印第安人的界限。这几个群体中没有一个只在界定范围内活动。实际情况是一种德里达式的所有界定术语的消除，而我们通常所指的边界，实际上是指那些跨越了边界的事物。也就是说，所谓的界限，并不能阻挡住人们，而是成了人们常常非法跨越的地带。

第二，应当记住那些没有被混血和杂糅框住的东西。换句话说，所有的移民，即便是那些被全球化粉碎了其本土“和谐”乐园之人，都是一个这样的主体：有条件并且必定能从不同地方多

① 当代文化研究之父，英国社会学教授、文化理论家、媒体理论家、文化研究批评家、思想家。

角度发声。安东尼奥·科尔内霍·波拉尔评论道，如阿各达斯[①]笔下的人物那样，他们不用单一话语来概述其生活体验，而是使用克丘亚语和西班牙语，凭借两套方法（口语与书面语）进行交流。不论是外省人还是利马人，其主体的自我认定，一方面在于不忘却人生征途上的任何一站，另一方面不允许自己从多个地方发声的自由权利被剥夺（Cornejo Polar，1996：842—843）。但是，仅通过消除差异，人们就真的能够呼唤他者，并实施克服不平等现象的政策吗？

将全球化及杂糅策略与跨文化的多种体验联系起来让我们更清楚地认识到，即便金融、商品和一些媒体渠道的世界性市场已形成，并且英语也发展为“普遍通用的语言”，差异仍然存在且不同文化之间的互译是有限的。当然也不是没有可能进行互译。全球化超出绝对同质化和本土性抵制的简单叙事，为我们提供了解其他文化碎片（永远难以了解其全部）的可能，并使得我们在与他者（当然不是所有的他者）的交往讨论中重新构思我们对自身的想象。如此一来，对立关系就不存在于全球与本土之间，因为全球性从属于一种单一文化定式，而本土性则为简单的差异。差异并不表现为不同文化的分隔，而是表现为一种对话，与那些和我们形成冲突对立的或我们寻求联盟的他者之间的对话。

这里回顾的一些民族志素材展示了劳动力市场和消费市场的相互靠近与交汇。虽然全球化时代的广义竞争激化了各种敌对关系，但移民与其他不同群体移民之间的团结、移民与其母国同胞的团结以及对于其他文化魅力的发现（能够让一个阿根

① 评论界认为他的作品使得印第安人形象进入秘鲁文学。

廷人跳起萨尔萨，让一个墨西哥人喜欢上秘鲁菜或巴西菜）都表明了不同文化共存的可能性。同时还说明了人们能够创造并分享物质和文化资源。这个过程并没有淡化各种差异，而是让差异相互结合成为一体。

然而，虽然诸多这类的日常经历在世界多个纬度上不断重演并改变了民族与国家地理版图，在公民身份领域却没能得到什么表述。尽管欧盟与美洲自由贸易协定关于这一问题的考虑出发点和处理方式不尽相同，但在移民浪潮和艺术媒体联盟中形成的跨国团体，以及各种跨国资助行为和合作交流项目的开展，一直推进着欧洲的公共公民身份和一体文化空间的建设。而那个欧洲公民身份和大致实现了一体化的文化空间的框架，只涵盖了少数一部分非欧洲人，上百万“他者”仍遭受歧视或被驱逐。成千上万非洲人冒着溺亡的危险试图来到意大利或跨越直布罗陀海峡，每年有两万人以合法或非法方式越过西班牙南部边境，而其中有一半的跨越者被逮捕。这些事实表明，欧洲与地中海南部或大西洋另一端的相互依赖难以切断。根据相关的外国人管理条例，可以说如果欧洲以个体身份申请加入欧盟，很可能会遭到拒绝，原因是，参照规定，它不够民主。

此外，由于美国资本对电影制作、展览及唱片业的控制持续加强，欧洲还面临着音像业联合的政策问题。不过至少这些问题已被列入讨论范围，并且通过欧洲的各种论坛，大家在努力思考应对措施。另外，许多关注经济可行性和文化消费习惯的研究正在进行，为政策的制定提供建议，而在拉丁美洲，大部分公共部门都缺乏这样的研究支持。

参加各种会议的拉美领导人似乎还没意识到对于千千万万的人来说，身份认同现在已经成为一种国际共同制造。我们有众多的跨国经济合作协定，却没有从机制上营造一个让社会各个主体都参与的公共空间。人们想要实现的美洲一体化，孕育于各大企业和政府游说团体达成的协定之中，却没有包含公民参与这一项，这使得移民不能享有相关权利，或使得移民拥有极少权利，少到可以随时方便任何强权政府将移民纳入少数派。至于媒体渠道，则纯粹变成了俘获消费者的生意，而人与人之间、社会与社会之间的交流只能存在于一些由临时联系构成的“手工制作的”网络之中。这些临时联系常被边缘化，或者因为缺乏影响力（或没有被明文规定）而被忽视。如此多体现文化间关系之事没有被纳入一体化讨论议程，这让人不得不认为，光扩大讨论内容的范围也没什么意义，是时候该好好重塑一下政治了。

当身份认同之合法化支撑，即公民身份，没有进行适当改革来囊括目前社会关系的跨国层面时，我们就不知道该如何称呼他者。这涉及两个方面。一方面，没有办法按照一个人的真实身份去称呼他，尤其是在这样一种情况中：如果一个人拥有三重身份，却无法同时以这三重身份行事或者根据需要选择一种更适合的身份，那我们到底应该称其为马萨特兰①人、墨西哥人，还是墨西哥裔美国人？一个民主的政治文化和文化政策不仅承认差异，还要创造条件让人们能在模糊状态中体验差异。

另一方面，知道如何称呼他者意味着能够理解和接受他人的不同及其不同之处的多样性。这里就存在一个决定性因素：我们应如何将不同层次且无排他性的多种身份纳入一个美洲内部或跨国的公民身份概念范围内？如果可以达到这个基本条件，

① 墨西哥城市名。

那么人们所经历的情感分裂（比如一个人的同胞在一个地方，其国籍属于另一个地方，而工作的同事又在第三个地方）就能不那么伤痛。具有压制性或解放性特征的全球化发挥作用的一个关键点在于它是否允许我们以灵活、可调制、有时重叠的多重身份认同进行想象；同时，它是否能够创造条件便于我们将不同的身份认同，或更确切地说，将他者的文化想象成合法且可合作的对象，而不仅仅是竞争对手或威胁主体。

但从根本上讲，承认我们常常并不清楚该如何称呼他者，是一种非常民主的做法。这才是我们倾听他者如何自我称谓的起点。

第二部分　插曲

亚历杭德罗·维多夫罗摄

等待夜幕降临时跨越美墨边境的移民。

亚历杭德罗·维多夫罗摄

边境处的栅栏实为一些钢板，那些钢板曾在海湾战争中用作飞机在沙漠中起飞降落的跑道。

柳幸典，《美洲》，美国加州圣迭戈当代艺术博物馆

有机玻璃盒里装满彩色沙子，组成三十六面不同国家国旗的图案。盒子由一些管子串联起来，管内放置了蚂蚁，这些蚂蚁在爬动过程中将盒中的国旗图案慢慢拆散，然后不同的国旗就自然混合起来。

亚历杭德罗·维多夫罗摄

从墨西哥蒂华纳到美国圣迭戈?

亚历杭德罗·维多夫罗摄

还是从圣迭戈到蒂华纳?

南极的冰山一角（*El Pabellón de Chile*，*Hurances y maravillas en una Exposición Universal*，Santiago，La Máquina del Arte，edición de Guillermo Tejeda，1992.）

路易·普瓦罗摄

将冰挪至塞维利亚，在 1992 年世界博览会的智利馆展出。

亚历杭德罗·巴鲁埃尔摄

远离热带，呈现一个冰的国度。抑或是对何塞·阿尔卡蒂奥·布恩迪亚在《百年孤独》中所发现的冰的追忆？这是一个“纯洁、白色、天然而史无前例”的东西，由于穿越海洋而更为纯净。它代表刚诞生的智利。

《泰坦尼克号》拍摄地，柏坡特拉，inSITE 97 艺术展，艾伦·塞库拉摄

《泰坦尼克号》由环球影城在蒂华纳南部海滩柏坡特拉拍摄，利用了墨西哥工资比美国便宜 90%的劳动力价格优势。塞库拉将这一选址之举理解为那些自 1840 年开始的“白种人开发之旅”的延续，在这一延续之旅中，他们来到下加利福尼亚州，“一个档次较低的空间、不成熟的自由理想之地，那里的龙虾可以随便肆意地吃，那里的汽车开起来毫无章法”。“而现在，好莱坞也要南逃，跨越边界的三道铁栅栏，以此来完成它对现代性历史进程独特且成本昂贵的表述：现代性进程正濒临深渊。”

“群众演员漂浮在假尸体之间，颤抖着，并根据指令做出各种挣扎和喘不过气的动作，装成溺水的样子……墨西哥北部边界的工业区就是前景黯淡的泰勒之家的原型。”塞库拉说，泰坦尼克“就是一个未知的来料加工的古老先驱，存储并调遣廉价劳动力，用于配合名为‘种族隔离’的机船的水上行动。这个机器在整个生产线的两端，对于民主表现出越来越多的漠视，但是对于文化，则有不同的反应，犹如浑浊之水上面漂着的一层油”。

第五章

一位拉美人类学家、一位欧洲社会学学者与一位美国文化研究人员的不同见解

曾有段时间，人类学研究者热衷于调查乡村聚落或城市街区，社会学家不断剖析社会结构及变迁，文学和艺术评论家密切关注的主题是民族文化，而在一些大型国际研讨会上，所有人都在谈论着全球化问题。现今，学者们也开始研究其他课题，如边境问题、洲际移民、跨国公司、具有国际传播力的艺术作品的制作和观众接受度、科研大会以及学者依靠邮件联系而实现的跨越空间交流等。现今，如要厘清一个理论与其相关社会背景之间关系，则不能光谈国家、阶级或作为理论酝酿地的大学，也要将生活日常纳入讨论范围。从日常生活的角度出发关注和思考跨地区研究主题，就要求我们理解应该如何将自己置于不受地域限制的信息洪流中，通过网络和旅行知晓国外世界，理解全球思维模式正在趋同以及民族差异正在被重新界定，并了解专业之士在国际大会和多语发行的杂志上如何对这些进程进行讨论。

1

一位拉美人类学家在收到一个将在2000年12月于柏林举行的关于欧洲、北美、南美三者文化关系的国际会议邀请时，他首先想到的是以上述主题开启新世纪的研究是否还有意义。关于欧洲对美洲实施的征服和殖民、美国的帝国主义和拉美人在反抗中表现的坚忍不拔，不是早已有众多研究论述过了吗？西班牙人、法国人和意大利人给美洲带去了自然科学家、建筑师、铁路、香水、妓女、浪漫主义、作家、旅行者、商人，以及常因着迷于美洲大陆的魔力而著书写作的政治家。关于上述往事，还有什么新鲜之处能挖出来吗？可见，大会的议程陷入了老生常谈的问题，还拿那些到过外洲[①]的旅行者的经历说事儿。当重新探究鲁文·达里奥和胡利奥·科塔萨尔在巴黎逗留、罗歇·凯卢瓦到访阿根廷，以及克洛德·列维-斯特劳斯游历巴西之时，有人还能提出什么新颖的观点吗？

会议为什么要在柏林举办呢？这个会议地点的选择——既不在巴黎也不在马德里，而在柏林——倒是个新鲜事：柏林不仅想要成为欧洲的中心，还试图变成联结欧洲与美国以及一些拉美国家的重要纽带。对此，这位拉美人类学家并不感到意外，因为德意志银行早就在欧盟经济政策中拥有决对话语权。另外，在最近的一次行程中，他也见识了位于德国波茨坦广场的商业和娱乐中心的巨大文化实力，它使得曾辉煌一时的巴黎蒙帕纳

① 指离开本来所在洲（如欧洲）到外（欧洲之外的洲）旅行。

斯、拉丁区和伦敦拥有的文化魅力都黯然失色。同时，他也目睹了柏林如何因其众多博物馆、剧院、爵士和摇滚音乐会营造的文化氛围，而汇聚了所有西方国家和一些亚洲国家的企业家、艺术家、作家、摇滚乐手。

不过，尽管早在二十世纪六十至八十年代，德国柏林就拥有全世界第二个拉丁美洲主题图书馆（第一个图书馆在奥斯汀[①]），但说到拉美研究的传统，德国还是比不上美国。其他欧洲国家，如法国、英国、西班牙，也比不上美国，更别提意大利了，尽管历史上有众多欧洲人，如法国人、英国人、西班牙人、意大利人，移民拉美，拉美也有大批人流亡、旅居欧洲。由此看来，柏林组织方在专家邀请名单里列出了不少美国专家，的确是明智之举。不过问题是，这些受邀的美国学者真的会去德国吗？

在这位人类学家看来，这个会议的新颖之处在于人们用英语、德语甚至俄语或波兰语等多门语言来讨论拉美人的身份认同。这种想法在他收到另外一个会议——2000 年在华沙举办的第三届拉美研究欧洲学者大会——的邀请时也产生过。现今全球化世界的构成使得人们不能重拾后殖民主义时期或依附论时期的固化思维方式——认为只能由拉美之外的世界对拉美进行思考。或许，这些分布于世界各地的国际会议，由旅居美国的阿根廷人、巴西人，以及设于墨西哥、危地马拉和秘鲁等地的美国大学所做的交叉研究（有时还促成了跨国研究团队的组建），当然还有通过网络往来的报告和信件，都要求我们不仅要从空间上，更要从交往的层面，关注跨大西洋和美洲内部各国

① 美国得克萨斯州的首府。

关系。如此一来，不论是我们过去对于美洲、拉丁性、霸权和反抗等概念的理解还是我们提出问题的方式，都正在被重新定义。

这位人类学家对从事比较文学研究的妻子说，这一重新定义并不等同于阿斯图里亚斯[①]在巴黎重新发现危地马拉，科塔萨尔[②]于巴黎重新认识阿根廷，或者卡夫雷拉·因方特[③]在伦敦研究古巴。因为现在的拉美研究已然不同于关于《跳房子》和《三只忧伤的老虎》的无数分析。加利福尼亚、纽约或柏林校园里的社会学学者和人类学研究人员也会怀念其故土，而他们在撰写关于阿根廷民族企业或亚马逊生态灾难的论文时，这份眷恋就会对他们客观地筛选数据和分析阐释产生影响。这个问题不仅涉及是否因为保持了距离，他们才能更好地分析其母国，并反思自己的阿根廷人、巴西人又或危地马拉人身份。他发现妻子一直在回复邮件，以为她心不在焉，但妻子说："可是你不觉得人们过去对距离的定义已经变了吗？"

2

那位在巴黎获得博士学位的西班牙社会学学者收到柏林大会的邀请函时，却发现大会的举办日期碰巧和他要去圣保罗讲学的时间重了。当数百名拉美学者（包括他读博时认识的几名巴西朋友）都将赶赴欧洲参会，他还会按原计划去南美吗？了

---

① 危地马拉作家。

② 阿根廷作家，下文中的《跳房子》（*Rayuela*）即他的作品。

③ 古巴作家，下文中的《三只忧伤的老虎》（*Tres tristes tigres*）即他的作品。

解巴西，进而成为欧洲的巴西研究专家，或许还能继续发展，成为研究巴西和阿根廷的欧洲专家，最后得以在西班牙找到一份工作，这一直是他心驰神往的。这些年来，研究欧洲问题的学者可获得的职位越来越少。但随着欧盟同美洲国家的贸易往来日渐密切，研究美洲国家文化、经济、社会的学者，工作机会却越来越多。前些年，在柏林墙倒下后，似乎还能留在欧洲大陆致力于东欧研究。受到商贸利益（想与东欧做生意）的驱动，欧洲人的关注点发生转移，人们将对外界的幻想寄于东欧，而对拉美的痴迷有所减少。这位学者就曾参与过联合国教科文组织和法国政府的研究项目。这两个项目都旨在指导罗马尼亚在资本主义体制内如何制定具有社会民主性质的文化政策。可是，接踵而至的南斯拉夫战争、经济危机、后共产主义时期的社会分裂，使得西欧与东欧的合作前景不容乐观。因此，尽管拉美局势也不是特别稳定，但对西欧而言，它又重新变得具有一定的吸引力。

关于圣保罗，去过那里的朋友总跟他说圣保罗大学学术水平高、城市的文化氛围浓厚。另外，他计划到圣保罗的时间正值著名的圣保罗艺术双年展举行之际。其实，这个几乎没有公园和广场、人口众多的特大城市本没有什么意思，但巴西的超现实主义叙事、海滩、音乐、狂欢节，以及其非洲祭礼、瓜纳巴拉海湾、里约热内卢和欧鲁普雷图[①]，却深深吸引着他。圣保罗的高度现代化呈混乱状，其历史积淀也不如墨西哥的城市，但这里极具感染力的血统混杂、明显的社会反差和激烈的磨合（这些在欧洲都已经被中和抵消而不复存在了）让他觉得颇有趣

① 该城市位于巴西米纳斯吉拉斯州，是巴西首座被列入世界遗产的城市。

味。他在天主教色彩浓厚并曾经历佛朗哥独裁的社会里长大，在法国学习接受理性主义的经历只是稍微弱化了西班牙社会对他的影响，像他这样的人会非常想了解巴西艺人卡埃塔诺·贝洛索①唱的那句“赤道以南没有罪恶”的真正寓意。

另外，这次大会的大部分议题都是文化研究。这其中原因到底是这股研究浪潮的高峰开始出现在一些欧洲的研究中心，还是纯粹为了吸引美国学者？西班牙从来都不太关注文化研究，文化研究就像其他思潮之风一样，停滞于比利牛斯山而吹不到西班牙来。文化研究在西班牙是否会如一些马德里同行思考全球化问题那样时兴起来，还是尽管竭力成为沟通欧洲和拉美的媒介，西班牙仍然不为其以北的欧洲国家的知识创新所影响而发生改变？

3

一位美国文化研究学者过去多年致力于解构美国从十九世纪开始为辩解其与拉美的历年积疑而建构的叙事。她发现这种叙事反复使用的一种修辞就是无限夸大美国和拉美生活方式的差异。而她现在却认为文化研究和后现代人类学在质疑知识的产生和交流方式之时，就已反驳了美国人殖民者叙事的狂妄及其在外来者面前表现出来的居高临下的架子。她总对她那些学习西班牙语的学生说，我们现在已进入后殖民主义时期，因为臣属者（los subalternos）已不再由他者代言而是自己发声。

---

① 巴西作曲家、歌手、吉他手以及政治运动者。

但有两个问题让她对这些进步产生怀疑。一方面，虽然文化研究逐渐尝试将文学作品从美学的神秘主义中解放出来，进而将其视为普通的社会话语进行批判性解读，但出版市场仍然将那些符合大众喜好的叙事奉为拉美的代表，而一些大学研究中心也承认那些巫术小说具有文化价值，新墨西哥和新印加绘画作为历史见证让人印象深刻。所以，难道不正是时候该去倾听那些曾支持文化研究的社会学化和解构之风的人士的声音吗？他们不为市场所动，再一次醉心于美学探索的独特与厚重，并相信美学探索不单具有见证价值，更重要的是它还能够打破其自身的确信，并将我们呈现给他者。她听到那位拉美人类学家曾在一个学术会议上谈道，美国接过欧洲手中的接力棒开始主导文化之后发生的变化之一就是，在二十世纪的开端，我们连同先锋派一起研究如何将艺术和生活联结起来，到了世纪之末，我们却又思考该如何把艺术与市场区分开。这一对立，在这位美国文化研究学者看来稍有摩尼教式色彩，但的确能启发她思考。

当看到经济全球化的趋势加固了壁垒或设定了新的障碍时，她产生了第二个疑问。美国和拉美之间交流的间断性确实因自由贸易协定、高科技的交流和移民而有了较大改善，但是美国政府和社会也对拉美竖起了新的壁垒（其中，人们抗议声最大的是加利福尼亚州出台的第 187 条法规），使得南北①研究者的差异和距离感依旧存在。就如她读到的一封写给拉美研究协会期刊的信中所说，美国人几乎从来不“在西班牙语、葡萄牙语或法语出版的关于拉美研究的期刊或书上发表他们对拉美的调

① 即美国与其他拉美国家。

查结果，比如有关海地或法语使用者的调查。他们一贯的做法是，把调查所得的数据和信息直接带回美国，而不分享给调研材料的所在国”。与此同时，“由于翻译成本高、对美国专业期刊不了解或无法读到杂志内容”，拉美的研究人员也很少在美国发表研究成果（Dietz & Mato，1997：31）。

4

拉美人类学家和美国文化研究学者两人都曾参加过 1998 年 2 月的马德里国际现代艺术节，但他们并没有碰上面，因为参加艺术节的人比参加美国拉丁美洲研究协会会议和拉丁美洲人类学家联合会会议的人更多，也更杂。1997 年艺术节的主题是拉丁美洲，而 1998 年是葡萄牙。他们两人都想见识一下西班牙是怎样通过作品陈列来实现其目标的——成为联结落后的拉美和繁荣的欧洲间的纽带，同时，也想看看西班牙是如何跃跃欲试想要挑战美国作为拉美与世界联系之中间人地位的。他们发现在这次艺术节上，来自纽约、巴黎、布宜诺斯艾利斯、德国、意大利、墨西哥的一些顶级美术馆的展厅紧挨着西班牙和葡萄牙各地区美术馆的展厅。他们还在法国美术馆展厅里看到了安迪·沃霍尔和基思·哈林的画作，在墨西哥蒙特雷美术馆看见了阿根廷画家吉列尔莫·奎特卡的作品，在另外一个法国美术馆展厅内欣赏到了墨西哥艺术家加布里埃尔·奥罗斯科的画作。而著名艺术家胡安·达维拉那幅跻身最值钱作品之列的画作则陈列在澳大利亚展厅，象征着这位智利画家已经定居澳洲。画作的四周由前哥伦布时期的回纹图案装饰，中心部分则既让人想起漫画场景，又让人回忆起十九世纪南锥体国家的农民形象。

拉美人类学家和美国文化研究人员在杂志上读到了一位西班牙社会学学者关于这次展会的文章。文章的观点是，同二十世纪九十年代其他欧洲国家举办的艺术节和拉美国家的众多艺术双年展一样，马德里国际现代艺术节向那些离开其原生社会旅居在外的艺术家传递了全球化和市场中心多元化的信息：他们的作品可以被多国的美术馆收藏展出。因此，从这些艺术家的作品中可以看出超越作者本身民族印记的东西。文章指出，马德里国际现代艺术节和其他展览，如圣保罗双年艺术展、威尼斯双年艺术展、卡塞尔文献展的成功举办，表明除了纽约，其他城市也可以成为具有向外辐射功能的艺术中心，虽然全球艺术经济与艺术管理的主要活动区仍为纽约。

然而，艺术的去中心化和区域发展常常无法促进本土与全球之间平衡的实现。值此次艺术节举办之际，《国家报》分别采访了十位西班牙艺术家，询问他们认为哪一件画作是二十世纪最重要或影响力最大的艺术品。除了一位选择了马塞尔·杜尚的《大玻璃》，其他人提到的都是西班牙本国艺术家，如毕加索、米罗、塔皮埃斯的作品。此次艺术节几乎邀请了来自全球各地的艺术家，并推进了不受地域限制的艺术品数字化展示，但说到作品的收藏，还是受制于习惯性买入就近地区作品的思维局限。

人类学家想到，正好可以基于经济全球化与文化民族主义的矛盾结合，提出一些经济学家未曾提出的问题。但他担心文化研究这一最能够阐释文化、民族、全球化之间的霸权关系的思潮，并不屑于从市场的角度解读艺术、文学和媒体。在劳伦斯·格罗斯伯格、卡里·纳尔逊、帕梅拉·特赖希勒所著的

《文化研究》一书的四十篇文章里，没有一篇专门讲文化产业。书中谈到了传播、消费、商品化，但是全书八百页几乎找不到任何数据和图表，只是出现了有待从经验主义角度论证的话语分析。正如人类学家读到过的尼古拉斯·加纳姆在与劳伦斯·格罗斯伯格的论战中所说，文化研究对于经济维度的忽视源于它在消费、接受度和阐释方面倾注了太多精力，而缺乏对文化产品之生产和流通的关注（Garnham，1997；Grossberg，1997b：37）。

5

那位文化研究学者在美国一所研究条件极佳的大学教授拉丁美洲文化，她为了准备一个讲座，到学校图书馆丰富的文献资源中寻找关于拉美研究的一些最新发表成果。她在网上看到副司令马科斯在前一周发表的声明，便运用霍米·巴巴最新提出的阐释，对副司令的发言进行评论并将其评论与法农关于去殖民化的论述关联起来，纳入她的讲座里。该大学一位在读的秘鲁研究生通过邮件把老师的讲座内容简述给了他流亡利马的父亲（阿根廷裔）。父亲在回复的邮件里写道，他不知霍米·巴巴是谁，而且他很诧异的是，这位专门研究拉美的美国文化研究学者在援引霍米·巴巴来谈论法农并新颖地尝试用法农来分析拉美时，居然没有提及二十世纪六十年代法农思想被译为西班牙语之后在布宜诺斯艾利斯、圣保罗和墨西哥城等地掀起的关于法农的社会争论。父亲强调说，人们当时激烈（甚至有些过度）争论法农关于非洲的阐释是否适用于拉美。他还记得自从萨特引用了法农的观点之后，南锥体国家的人们也逐渐开始研究法农，当然研究法农也是为了反向思考萨特代表的文化。父亲本来还想让儿子给他转发些霍米·巴巴的文章，好了解一下这个作者，但是反常的暴雨（据说是由厄尔尼诺现象引起的）造成利马断电，便没来得及发邮件。供电恢复后，这位父亲却没时间再发“e-mail”，或叫“emilia”（他听说波多黎各人不叫“e-mail”而叫“emilia”），他得去国立圣马尔科斯大学讲课。出门的时候他还在想，眼下无法用厄尔尼诺现象解释的问题都被归因于全球化，对此，法农会怎么看呢？

6

那位西班牙社会学学者仍在犹豫到底是把巴西还是把某些西语美洲国家作为研究方向。后者与西班牙语言相通，且文化背景方面也有许多共同之处。此外，一位马德里的同行曾对他说，巴西人不太和其他拉美人联系。“巴西人眼中只有他们自己那片地儿。他们甚至把巴西想象成独立的一个大陆。”

他觉得与其把巴西和西语美洲进行关联，不如说巴西文化是西班牙语文化的他者。这一他者表现出来的极大差异性吸引着他，比如，这种他者的差异让他想到能从人类学和混血现象中找到一些社会学思想中难解之题的答案。拉美社会某些领域推动超越肤色的多元文化身份认同的形成，这一做法的可行性已得到证实。这种促进文化认同形成的模式难道不该成为未来社会民主的一部分吗？

然而，严格意义上讲，如果一个西班牙人真要寻找与其文化完全异样的他者或对五花八门的种族划分感兴趣，他应该把视线转向美国。多年之后回想起来，这位西班牙社会学学者依然为“西裔”（Hispanic）这个词的使用感到吃惊。恰巧一位在加州大学伯克利分校做过访问学者的巴西教授跟他讲过自身的经历：他去注册时，大学不同意他把自己的族裔身份写成“白人”（White），因为美国人认定的“白人”是指“欧洲后裔”。于是，大学人类学系的秘书就建议他选择定义自己为“西裔”，因为在美国，这一概念可指代“西裔黑人、墨西哥人（包括任何肤色的墨西哥籍墨西哥人、美籍墨西哥人、奇卡诺人——墨西哥移民后代）和拉美人（任何肤色的有拉美血统的中美洲人、南美洲人、古巴人和波多黎各人）”。而巴西教授跟秘书说他不太认同自己是西裔，因为巴西并无被西班牙殖民的历史，秘书又解释说，将自己定义为西裔将对他十分有利，这样一来他就可以成为少数族裔的一员①了（Oliven，1997：235）。

这一切让他觉得很茫然，尤其还发生在人类学系就更加不可思议，但同时这事情倒是和他听过的其他故事在逻辑上挺相符的。他想起了一名有着社会学教育背景的巴西驻旧金山领事的故事。这位领事的孩子在旧金山上学，第一次同校长的见面会上，学校便和家长们解释说这所学校只允许更改族裔身份三次。这样规定旨在控制那些为了争取平权行动中的种族配额而钻空子的行为。比如，一名在刚入学时登记为西裔的学生，可能第二年就因为学校里该族裔学生过多而不能继续在这个学校上学。但如果其父辈或祖父辈有其他族裔血统，如犹太裔，那么这位学生就能以犹太裔的身份重新注册一次，接下来的学年

① 在美国，少数族裔可以享受一些社会便利。

里可以反复更换身份。

由此，那位社会学学者想，这么看来，就不只是拉美“产生”魔幻现实主义了。

7

最终，美国文化研究学者与拉美人类学家两人在两个场合碰面了：一次是在美国的一所校园里，另一次则在拉美的一个首都城市。他们的两次交谈都被录了下来，但因为没有在磁带上标注录制地点，很难从录音辨别出哪一个谈话是在美国校园里，哪一个是在拉美城市。目前只能通过录音内容，稍做分辨。在那个应该是发生在校园里的谈话中，人类学家显得极为高兴，因他在大学的报刊阅览室里待了一上午，得以复印了数十篇文章，这些在英语和西班牙语期刊上发表的最新文章在他们国家是找不到的。而从另外一个磁带的录音里，大概可以听出文化研究学者有点失落。她原本想着她将出席的国际会议能如组织方邀请她时所讲的那样，在一个古老小城里进行，可能是卡塔赫纳、帕茨夸罗、图库曼①，但结果还是在一个熙熙攘攘的首都城市举办。那个城市她已去过六次，那里的城市风貌笨拙地模仿美国中产阶级城区，到处是购物中心。

两人之间的对话进行得很艰难，因为拉美人类学家把这位美国文化学者看作美国学术文化的总代表，而文化学者就不得不向他解释同在美国，加利福尼亚州和美国东部地区的研究工

① 分别为哥伦比亚城市、墨西哥小城和阿根廷城市。

作有很多区别，甚至同一个词，如“西裔”，在洛杉矶、迈阿密、纽约和芝加哥的含义都各不相同。与此同时，这位美国学者尽管已读过很多关于拉丁美洲的文化研究书目，还是极为惊讶地发现：关于多元文化及其与权力之间关系的跨学科探索，拉美国家的研究方式与美国的研究方式差异竟如此之大。同时，拉美各国，如墨西哥和秘鲁、加勒比地区和拉普拉塔河地区，研究方式也不尽相同。墨西哥和秘鲁两国的跨文化研究主要关注土著文化的现状，加勒比地区的研究重点则是美洲黑人文化，而在拉普拉塔河地区，欧洲文化的主导地位造成白人文化同质化的假象。但是为什么拉丁美洲的文化研究如此细致地关注地域差异、印第安文化差异和政治差异，却很少关注性别问题呢？

他们最终承认并不存在性别问题。她不是因为是女性才做文化研究，而他也不是因为是男性才关注人类学。研究这些问题的既有男性也有女性，有住在美国或西班牙的古巴人，旅居墨西哥和巴西的阿根廷人，移民阿根廷和澳大利亚的乌拉圭人，定居智利的德国人，以及每过五年就换一个城市或国家的美国人，我们所有人的身上都住着一个双头特洛伊木马。我们在哈瓦那、布宜诺斯艾利斯和圣迭戈都留下了些东西，其中包括定居那里的老朋友，他们对于双头马的概念也并不陌生。我们时不时也会想要去装扮成特洛伊人，在金字塔旁、在异国校园里，在一些臣属文化、杂糅文化活动以及各类国际艺术节上拍照留影。但更多的时候，我们如小蚂蚁一般穿梭于各种大大小小的国内外学术会议中，而开完会后又忙着处理一堆工作邮件。

人类学家表达了他的担忧：就拉美研究而言，整个拉美地区的研究人员也没有美国一个国家的研究人员多。而文化研究学者则思忖着缘何美国研究没有引起阿根廷、智利和秘鲁的大学研究机构的兴趣。半个世纪前哈佛大学就有研究恰帕斯[①]的项目，可为何在整个拉美地区，直到近几年才开始（先）有墨西哥学者和（随后）巴西学者研究美国这个有着几百万拉美移民的国家呢？现在人们都在谈论美国化，但是对众多拉美知识分子来说，“美国”，如比阿特丽斯·萨洛所评，“就像是一个秘密模式一样不为人知”。这句话不仅仅出现在比阿特丽斯·萨洛经验式和理论概念性的文章中，更多情况下还应用到了比喻和叙事中。如若西班牙人和拉美人只研究自己的社会，也仅对国内艺术兴趣盎然，那么美国大学、博物馆、艺术馆的拉美研究的发展壮大趋势又能有多少学术增长点呢？文化研究学者总说一想到这些，就有些惴惴不安。

其实，这种情况不仅仅发生在知识出版界。她记得在 1998 年 3 月初于奥斯汀举办的全国西班牙语传媒管理层会议上，听闻 1997 年美国的西班牙语出版物的广告收益为四亿九千两百万美元，而仅这一项就大于所有墨西哥纸质媒体的收益总和。与会人员一致认为拉美人对在美国发行的 1214 种西班牙语报刊（其中有 24 种日报，246 种周报）几乎不了解，对美国提供的西班牙语的 93 种电视节目、591 种电台节目和 340 种网络服务也所知甚少。

值得反思的是，如此多的出版物和讲座报告是否都以理解社会及其与他者的相互关系为最终目的？而文化研究、人类学的相关文本和艺术展是为阐释社会生活，还是仅仅为了维持各组织机构的运转？

当他们走在校园里准备去开车或是走在首都之城的街道上

① 墨西哥的一个州。

要去乘地铁时，两人觉得应该写一本小说。故事中半隐藏着一个非主角型的人物，不经意间出现在街角，信手拈来他身边拉美人和美国人惯用的词语，轻松自如地说些什么，他说话的语气仿佛他生活在别处，但这种不停评说又成了他身系此地的方式；或者他表达时用与周边人一样的方式，但这种雷同正是他与周围保持距离的方式。文化研究学者“她”认为一位奇卡诺女作家对此类写作应是驾轻就熟，而人类学家“他”则想到了一位西班牙作家，或许是因为那些天他正好在阅读哈维尔·马利亚斯①的书。

8

很难说清到底是人类学家还是文化研究学者，但由于人类学家在文化研究方面涉猎颇丰，而这位美国文化研究学者也对人类学了解甚多，这个分辨也就无关紧要了，总之，他们其中一人发问道：主体在被结构主义解构后，还留下了什么？既然后结构主义和后现代主义将他者解释为由一个或许并不存在的“我”想象出来的，那么谁又是他者呢？难道没有必要重建某种负责任的主体？难道不需要超越对他者碎片化的想象，去重新思考凭经验便可辨别的他者存在方式，而非只依靠想象话语进行辨别？

他们中的一位突然想到，若要使已通过想象构建的他者变得更为具体，就应该讨论那些遭受痛楚和享受愉悦的他者，讨

① 西班牙作家。

论那些我以及我们所关心的他者。他（她）认为研究全球化这部史诗的恰当方式是从跨文化剧作的角度质疑它，从多国消费群体交汇的角度质问它。这些民众交汇之时既有统一认知，也有分歧，是离我们最近的他者。是否可以借助何塞·伊格纳西奥·卡夫鲁哈斯[①]和保罗·奥斯特的作品来纠正福山和世界银行的论述呢?

西班牙社会学学者也怀有相同的疑问，他想起自从在巴黎待过后，他一直喜欢的一位法国哲学家说过的一句话。通过这句话，他可以把所有人类学家、社会学学者、文化研究学者看作主体，并看到这些主体可以从一个大致连贯的角度对自己以及设定为他者的自我进行思考。他记得这句话出现在加斯东·巴什拉文章的结尾处："我是我迷失想象的尽头。"（Bachelard，1970：97）

社会学学者想，这句话对于"我"其实没说太多，但对于当前的一些问题，这句话还是挺让人宽慰的。

① 委内瑞拉剧作家、制片人。

第三部分　跨文化政策

第六章

途经纽约，从巴黎到迈阿密

在本书第一部分我们已经分析了人们如何对不同社会及其相互关联进行叙述；分析了这些叙述如何出自旅行者与著书者的想象，以书籍和日记的形式得以发表，并接受各国政府机构的管理。我们将这些跨文化关系置于全球化的背景中来思考，就需要首先解释清楚当今的文化产业如何对这些联结进行想象，电视和电子资讯怎样对其进行叙述，以及企业游说活动如何对它们进行处理。

人们常说文化的产业化是造成文化同质化的主因。的确，在某些传统艺术和文学领域出现了新的产业形式，复制与传播技术推动了大众传播的发展，以及在（由少数管理网络控制的）市场框架下文化行业的重组，将导致全世界公众的喜好与品味趋于一致。但在这一章中我将展现，就连那些为参与全球化准备得最充分的行业——艺术、文学及其他出版物，或电影、电视和音乐等——对于全球化的想象也不尽相同。在上述每个行业中，我们都能窥探到各主体（艺术家与博物馆和美术馆、作家与出版社、音乐师与碟片制作人）看待全球化的方式与其身处全球化之中所进行的想象之间存在的差别。

整体而言，各大公司趋向于思考如何实现文化的全球化，甚至想打造一个全球性的文化。而许多艺术家则凭借文化间的差异以及他们在语言游戏中创作出来的差异仍在继续进行探索与实验。现今已不能断然区分这两类主体①，因为越来越多的作家同时兼任出版人，电影导演和音乐师也自己开制作公司，另外艺术家们，无论是个人还是团体，其演出战略也多种多样。我选取并汇集了部分艺术传媒界的重组事例在本章进行分析，并非想做到百科全书式的穷尽所有，而是以期表明全球化中的文化生产方式之种类繁多。这一描述引出了三个问题，问题反映的是与文化政策相矛盾的审美冲突与三种处理方式：创造力与大众传媒、语言实验与国际风格的形成、公共空间与公民身份的重构。

根据本书的双重目的——描述全球化进程中文化层面发生的变化，以及探索其他的文化处理方式，我在展开论述时将把一个关键分歧点作为一个重要主线。这个分歧点在于，从事并主张使用前全球化和前工业化模式进行文化生产，具有国家性质与社群性质的主体为一方，而另一方则是控制着文化产业的各大企业。若不分析这些由国家掌管的涉及传统文化的公共文化场域与由跨国企业主导的传播过程的工业化（表现为企业和跨国形式）之间的差距和分歧，则无法对前面几章所提及的问题——拉美的社会文化空间及其与欧洲、美国的关系正在发生怎样的变化——进行解答。下面我将这些矛盾共分为如下几类：

1. 文化政策从框架层面影响众人的行为与视野，而近年来

---

① 指公司与艺术家。

引导着关于文化政策之讨论的各类叙事具有民族特征。这些叙事的主要话题为各民族传统遗产保护，以及前全球化的生产、流通和消费方式。在这些与物质遗产、教育、民俗以及“经典”艺术（如戏剧、雕塑、文学和音乐等）相关的文化活动中，各国政府担任关键主体的角色。

2. 与此同时，大部分出版、音像和信息技术的产品与信息没能够成为各国文化财富的组成部分，或只有其中的部分得到认可。许多文本、歌曲和节目的制作使用工业化格式，再通过跨国公司进行生产复制，最后的产品流通也是依靠那些在国际范围经营书籍、音乐和软件程序之人士所掌控的渠道，而且这些文化产品的多媒体融合都是在电影、电视、碟片和光盘、计算机程序和因特网平台上的完成的。众所周知，这种私营性质的运作，主要由美国、欧洲和日本的企业完成，且这些企业的经营独立于各自的国家政府，甚至企业分公司也不受所在地国家的制约。虽然好莱坞是在美国，Televisa 为墨西哥的重要电视公司，而贝塔斯曼集团属于德国，但在这几个地方所进行的音像制作和编辑工作是跨越国界、高度国际化的，而它们在全球的影响力则更是与那些国家公共部门的文化策略没什么关联。

3. 极具跨国性和寡头垄断性的大型文化和信息产业正在改变、重塑几乎覆盖全世界的公共空间、社会传播、信息以及日常消遣。这种世界范围的相互联系有利于之前无来往的文化之间的相互了解，并使更多社会领域能以更为多样化的方式接触现代文化产品与信息。但这一文化间性与这种现代性在全球的分布仍然不均。大量民众参与全球化文化的程度极为有限，因为他们只能接触到那些免费的广播和电视中所放送的信息与娱乐节目。只有社会的上层和中层阶级，以及小部分的民间机构能够拥有有线电视和进入其他一些信息流通的渠道。电脑、传真、碟形天线等能够展示数字网络的最新信息和变化的工具，仅为企业界、学界和政治界的社会精英所使用。

4. 在市场产生之前的时代，市场对于文化活动的组织在国际化和跨国化的规则范围内进行，这种状态持续到了二十世纪七十年代（详见本书第二章）。而这之后的情况就不同了，争论的核心不再是在一国范围内对于文化活动应该采取国家规划还是私有化，而是应当制定覆盖一国的还是全球范围的文化政策。与这一区别变化有重叠之处的是公共政策与企业政策之间的差别。公共政策只限于国家政府在其领地上进行的活动，而由大型企业制定的相关政策则是面向全球的。

虽然以上四种进程在欧洲、美国和拉美的一个共同特点是强化了这三个区域之间的对抗和竞争，但它们在各地（欧洲、美国和拉美）表现方式不一。另外，在不同的文化领域，其构成方式也不相同。为此我将视觉艺术、出版和音像这三个不同的文化领域进行区分。可是这三个文化领域在多媒体融合过程中又相互联系，它们的策略也随之发生混合，它们与信息技术的结合也使得我们无法以传统方式对它们做一个绝对性的划分。但无论如何，在各个区域采取不同的方式进行全球重组的背景下，我们对上述领域区分对待比较合乎时宜。

视觉艺术：从先锋派到Jet 艺术[①]

当思考在欧洲、美国与拉美新型的民族性与全球性关系背景下，视觉艺术的角色发生了什么样的变化时，首先要阐释的是雕塑的角色改变。它已不如其在十八十九世纪那么重要，也不再像二十世纪上半叶那样扮演代表民族想象的角色。然而，也不能简单地概述说近五十年来雕塑的重要性完全被大众传媒所取代。实际所发生的情况极富趣味。接下来我将仔细分析两个进程：在全球化逻辑下重新调整市场和民族想象，以及担任主导角色的主体由都市先锋变为全球化的机构和企业家。

好些现代艺术潮流的名称往往都带有一个民族姓氏，如法国巴洛克艺术、墨西哥壁画艺术和美国波普艺术。人们想象存在一个通过雅克-路易・大卫和迪普莱西进行表达的民族共同体，认为他们二人的作品从意象上代表了后革命时代法兰西的公民身份。如要解读迭戈・里维拉、西凯罗斯和奥罗斯科的画作，则必须要理解他们三位与1910 年后艺术界所倡导的墨西哥历史之新阐释之间的有机联系。而贾斯培・琼斯、克拉斯・奥尔登堡以及罗伯特・劳森伯格的作品虽对跨国消费想象体（知名饮品和电影演员等）有所表现，但主要展示的还是美国文化元素。如此这般组织艺术生产的方式还被人们用来对背离社会文化常规的先锋派运动进行归类：人们谈论的是意大利的未来

---

① 此处为作者的一个文字游戏，采用“Jet-lag”（倒时差）中的“Jet”来表示发生了国家和时区的变化，“Jet 艺术”表示跨国界的艺术。

主义、俄国的结构主义和法国新小说，就好像民族形象只专门用来定义其艺术革新计划。

对于外国艺术的参照贯穿了拉美艺术的整个历史。借鉴大都市的审美新潮是许多造型艺术家，从迭戈·里维拉到安东尼奥·贝尔尼，重新思考自身文化财富的一种路径。无数的艺术家都从立体主义、超现实主义及其他巴黎先锋派运动中吸取养分以形成其本民族话语风格。阿妮塔·马尔法蒂从纽约的表现主义和柏林的野兽派中找到重新定义巴西文化身份的手段，类似情况还有奥斯瓦尔·德安德拉德借助未来主义宣言重新定义了圣保罗的传统与现代之间的联系。

当二十世纪中期纽约从欧洲窃取了现代艺术的理念时，我们还处在文化的国际化阶段，因此美国的霸权地位就体现在对外输出其民族风格，即抽象的表现主义以及后来的波普艺术。可是，吸收了这些潮流的元素来进行世界主义风格尝试的欧洲和拉美的艺术家，大部分情况下却发展出了对自身文化的肯定与确信。民族文化为先锋派的想象体提供了语境，但先锋派作品，虽已融合了电视机和对广告的戏谑（或说赞美），却仍保留了艺术与媒体视觉符号之间的差异。自二十世纪七十年代的安迪·沃霍尔开始，艺术家才成为电视节目上的重要人物。

欧洲和拉美艺术中有一部分至今仍然是民族意象传统的表达并只在本国内流传，但其中一些领军人物的所在地已经发生了变化。造型艺术仍然作为一个民族主义想象的源泉，依旧是区域的文化认同符号发挥作用并进行传播的舞台。然而，当今大量的艺术创作、传播与接受，都在一个更为广阔的范围，一个超越艺术生产所在社会的范围中完成。

并非所有的艺术市场都已经根据全球化的逻辑进行了重整。

只有那些作品售价为五万美元以上的艺术家才构成了一个世界各地画廊竞争的国际体系，这些画廊分布在各大洲的城市，如纽约、伦敦、巴黎、米兰和东京等。这些与各大主要博物馆和国际杂志有着密切合作关系的画廊数量并不多，却主导了世界市场的运行。十年前，苏富比和佳士得就占据了艺术品公开拍卖的国际市场近四分之三的份额。如果说美国资本在苏富比的主导或与美国的霸权地位相关，这一公司的销售中心却分布于世界十四个国家，并在一百多个国家设立了办事处（Moulin，1992，1994）。另外一些规模稍小的画廊也会搭建一个涉及多国的结构，有利于多渠道筹措资金，吸纳多种美学元素，从而能够与背景多样的思潮、艺术和公众进行互动。多个艺术巡展几乎同时举办，或者至少同时在不同国家博物馆的网站发布巡展、展会和国际双年展的信息，以及媒体对这些艺术事件的报道，这些都弱化了艺术品生产的民族特质。

民族性艺术认同的部分淡化还体现在曾发挥主角作用的国家发生了变化，比如法国和英国现在加起来也不超过世界市场公开交易总额的15%，它们在美学界和世界展览中的领导地位自二十世纪九十年代就开始衰落了。

众所周知，艺术发展全球性与集中性的重新调整不仅源于经济的全球化进程。如果没有众多博物馆、出版社和学界在世界范围内合力把握美学标准、衡定艺术家的水平，没有专业人士对艺术评定体系的坚守敬畏，艺术市场的重组不可能完成。另外，涌现了跨国界的评论家（críticos-jet）和艺术家（artistas-jet），他们专业素养的形成并不根植于其所在的某一民族社会，也不因其曾在某一都市、某一大学或某个重要机构设立的博物馆长待过，而是归因于他们灵活地穿梭于不同洲的艺术中心。纽约仍然是世界上最大的艺术交汇地，但至少已有二十年的时间里它未能产出一个主导全球的民族艺术流派。如《时代》的评论家罗伯特·休斯所言，纽约“继续作为一个中心（one center），而非艺术界过去所想象的那个中心（the center）”（Hughes，1992：30）。跨越边界的联系变得比民族诠释更具决定性意义，承认多种文化联合比对具体某一文化的鉴定更为重要。艺术家、评论家、各画廊和博物馆专家将本土性与全球性结合起来，形成全球本土性（los glocales）。具有全球本土性的事物汇集了多种文化的特点，它们才是全球化真正的主角。

从二十世纪到二十一世纪，在经济与文化的国际化、跨国化以及现今的全球化时期发展而成的多种艺术活动组织形式并存。但在艺术话语、许多艺术家对新闻媒体发表的声明以及艺术评论中，民族主义虽然温和但并没有消失，同时各国的民族艺术和文学风格中世界主义的倾向渐长。在拉丁美洲，我们还可以读到和听到对本民族文化的肯定，以及呼吁用艺术表现和推动“民族意识”的声音。另外也有人主张保留一定的区域特性，结合旅途的所见所闻，构建能区分并联结各个社会的艺术意象。

在纽约、巴黎、布宜诺斯艾利斯、波哥大和圣保罗生活的艺术家经常在这些城市之间走动，其作品常表现的主题是旅行、移民以及分散在各地的多种文化的参照物。阿尔弗雷多·哈尔在各大洲用装置艺术展示过那些离开母国的外出务工者，他也深知翻看他们的护照就能知道他们见过不同国家多种多样的形象，有着丰富的跨文化经历，这提示我们：艺术家的场所“不在任何一个具体的文化之内，而是存在于文化与文化之间的间隙里，存在于从一个文化到另一个文化的中转道上”（Valdés，1989：47）。如路易斯·卡门尼策尔和玛丽卡门·拉米雷斯在一封信里跟我说的那样，塞巴斯蒂昂·萨尔加多的摄影作品“是一个艺术逍遥学派（既是个例又代表一定群体）的典型例子”，代表了许多艺术家的这样一种创作趋势：他们创作的中心主题为文化间性，从不同角度演绎跨国的概念。其中有些人的作品更具批判性，而另外一些则或具实验风格或以移民的跨国迁徙为隐喻进行艺术探索。我在前面章节中提及的全球化的艺术隐喻以及对美墨边境的美学体验的分析就是朝着类似方向发展的。

当然，这一描述还可以包括更多的细微差异和子级分类。而我只谈我认为趋势最为明显的一些现象。此外，还需要说明的是我在这里列举的艺术家都已经在超出其母国社会的范围里获得了世界知名度。或因他们在大都市生活，或因他们定期到访大都市，又或因他们的作品已取得一定的国际接受度，他们能够流畅地在其作品中加入那些“合理”的更新因素，能极为灵活地与不同文化的符号进行对话，重新描写其本土传统并以富有重要意义的方式将其传统嵌入跨国交流中（这些国际交流明显是不对等和不公正的）。但对于没能超越区域文化的视觉产品，如艺术作品、手工艺品和平面设计等，与全球性保持关联则更为艰难。尽管有些艺术家能如弗朗西斯科·托莱多①那样在作品中展示萨博特卡（zapoteca）②想象体，在当今的话语体系中表达萨博特卡民族文化独特的世界观，但成千上万优秀的拉美艺术家的文化创作从未被收入那些大都市的展览中，在国际大展览、拉美地区展览甚至他们本国的一些国家博物馆里也见不到他们的作品。

---

① 墨西哥当代艺术家。

② 指墨西哥南部瓦哈卡州印第安人的文化。

大型国际展览和博物馆、艺术期刊以及艺术市场，仍然由起源于大都市的审美主体主导着，而涉及这一主导中心之外的艺术表现时，总是会发生民间艺术的边缘化。拉丁美洲的“新奇”体验的标准定义通常受墨西哥元素、安第斯山地区表征、加勒比风格或者魔幻现实主义等刻板印象所影响。二三十年来先后经历的多元文化相对论，以及后现代主义对西方元叙事的质疑，都没能推动人们认可与大都市范式不相符的社会的不同状况，没能让人们从多元角度看待身体、颜色、自然与社会形象。而自由贸易协定和跨国融合条约，如《北美自由贸易协定》和南方共同市场等，几乎也没有改变博物馆规划政策、外交往来以及专家培训的瓶颈问题，没能推动多样化和批判性观点的形成。

最后，需要说明的是，视觉艺术以及文学和音乐在参与文化工业化的过程中正在产生变化。过去以审美和艺术价值为主要导向的博物馆、基金会和双年展等机构，越来越多地采用文化产业特有的自筹资金、盈利能力和商业扩张等规则。而它们所追求的经济影响力则通常会导致规模的变化，即需要超越其所在的城市与国度。许多博物馆、画廊和双年展所举行的展览及其广告、商店出售的文创艺术品，与传媒产业里图像和声音的生产及销售逻辑如出一辙。而当展览或艺术杂志的主题涉及摄影、演出和设计，或者明确地想要与大众旅游关联起来时，上述逻辑就更为明显了。有必要指出的是，旅游的世界化是另外一个将许多博物馆、考古场所和历史名城（哪怕是在第三世界）卷入生机勃勃的全球化之中的因素。

然而，二十世纪近三十年来的这些变化并不只是朝着文化产品与信息的市场化和标准化方向发展。我们能看到其中呈现出一种持续的张力，一边是全球化下的同质化与商业化趋势，而另一边则是把不同艺术的延续与更新作为艺术行业的评价依据。

视觉艺术仍然是重要的社会区分主体，部分原因归于其自身的表达传统与体制组织，另外一部分原因是投资与利润的最低要求在这里为试验与革新创造了绝妙的时机。虽然艺术家、策展人、评论家与艺术机构行政人员的视野已得到大幅度拓宽，由此，约翰内斯堡和圣保罗的双年展得到主流界的认可（被认为归属第二梯度），我们却在这一行业看不到像汽车、食品和服装市场那样的国际竞争性或具比较优势的区域专业化。我之所以拿汽车、食品和服装这三个行业作为例子，是因为它们名列经济生产领域中最有文化和美学价值的几大行业。有必要在此重提以下问题：在当今全球化的框架下，美学信息的专业性这样的老问题现状如何？以及艺术作为社会区分的主体又在发生怎样的变化？当然，理想主义的艺术家关于这一问题的思考对于我们无济于事。另外，我想我们需要对一些极具影响力的社会学家（在此不可避免要提皮埃尔·布尔迪厄）最近几十年的理论贡献进行重新梳理调整，因他们的研究多局限于特定的民族社会。

出版行业：碎片的世界化

我在前面几章里讲到过，被理解为所有社会的统一化和同质化的全球化概念，比较适合对金融市场的描述，对于生产制造业的适宜性稍次，而对于文化交流和移民领域来说其有效性就更值得怀疑。其中出版行业就是这样的文化产业之一：在其领域，全球化意味着所有国家市场向其他国家的市场开放，但最终以一个区域或者几个邻近区域的相互联合为结局。

由于文学扎根于某一具体语言，图书和杂志的推广就常倾向于在限定的语言背景和审美范围内完成。写作已经成为第一个受到工业化影响的文化领域，但同时因它根植于本土传统，得以抵抗并限制同质化和世界的融合。

基于上述原因，出版业呈现出与其他传播体系不同的特点。从视觉艺术到音像业以及信息技术产业，全球化都可能被混同于“美国化”和英语文化的主导地位，而拉美出版业的跨国化则体现在与西班牙以及欧洲其他拉丁语系国家的出版公司之间的关系。由于语言互通和文化历史渊源，在二十世纪七十年代中叶，即早于自由贸易协定二十年，当拉美从法律层面开始给予外国投资优惠政策，而销售业消沉不见起色时，是西班牙企业而非美国企业开始在拉美掌控生产经营主导权。随后，拉美逐渐转而依附其他欧洲国家，如意大利传媒公司蒙达多利（Mondadori）收购格里哈尔博（Grijalbo），西班牙行星出版集团（Planeta）收购了阿列尔（Ariel）和塞克斯巴拉尔（Seix Barral），贝塔斯曼则买下了南美洲出版社（Sudamericana）。

拉美出版业的外部调整产生过巨大影响，在 1940 年至 1970 年间，它曾在拉美国家的发展和拉美文化的国际化进程中扮演了重要的角色。一方面是由于出版业自身的经济和文化领军力，另一方面也因在西班牙流亡人士①的推动下，墨西哥和阿根廷在

① 1939 年战后流亡至拉美的大批西班牙人中很大一部分为主张共和、反对佛朗哥军事独裁的知识精英，如教授、学者、医生、律师和科学家等。

那几十年间出版了整个拉美的主要作家和很多西班牙作家的作品。此外，还翻译了大量欧洲、美国以及一定数量的亚洲的书籍。在出版领域，我们大陆（即拉美）在文化产品的国际发行流通中，无论是从经济还是文学和新闻层面，都展示出了极高的参与度。出版业获得这样的发展对于培育公民的文化素养来说举足轻重。

最近二十年来，拉美自身的经济衰退和西班牙在拉美取得的成绩使得上述局面发生了变化。阿根廷和墨西哥每年大约出版一万种书，而西班牙则超过六千种。西班牙书籍和杂志的对外出口产生了五百五十亿比塞塔[①]的年收入，大约比整个拉美音像产品出口额多出四倍（Bonet & De Gregorio，1998）。许多拉美出版社和书店关门，报社和杂志社或倒闭或缩减版面。纸张价格在国际范围内的上涨，以及“屋破又逢连夜雨”，突遇几乎所有拉美国家的货币急剧贬值，是上述惨状发生的众多原因中的一部分。其他因素还包括中产阶级和大众阶层遭遇贫困化造成的消费量全面减少，以及图书变成简单商品，而不再像历史上其他时期那样享受相关的关税优惠和税额减免。

随后，墨西哥、美国和加拿大签订的自由贸易协定虽没有将出版纳入其议题，却为麦格劳-希尔（McGraw-Hill）和普伦蒂斯霍尔（Prentice Hall）等出版集团进入墨西哥市场创造了一定条件。这些出版集团将字典、中学和大学教材，以及其他一些自学者“自我提升”用书带到墨西哥。一些出版商认为美国企业在未来的影响并不在促成新的出版社的创立，而是主要集中在生产过程中，如纸张、机器设备，还有（已产生了的）高

---

① 比塞塔（peseta）是西班牙和安道尔在 2002 年欧元流通之前所使用的法定货币。

质量彩色精装版本的发行等方面，因为美国在这些环节拥有最好的硬件和人力。

但数据表明墨西哥与美国现在的亲近能够对美国和墨西哥的出版市场都产生影响。劳拉·埃斯基韦尔、加西亚·马尔克斯以及卡洛斯·富恩特斯的小说在纽约、加利福尼亚和得克萨斯的书店和自助服务商店里已卖出了几百万册，其中的20%是西班牙语版本。美国首次出现了西班牙语的著作权市场，这增加了许多拉美和奇卡诺作者用英语发表、出版作品的机会。[①] 美国的拉丁化现象一定程度上抵消了拉美的“美国化”，但除了少数几个跨国公司，拉美的出版社及拉美地区政府都没有拟订相应的计划来好好利用这些机会。文学作品的全球化，即对于哪些参与全球化与哪些只在本国发行之间的选择，是由一些出版巨头来决定的。而畅销书的销售与翻译的数额则表明大型出版商推销的作品并不全是“美国化”的东西，因为好些非美国公司也早已占有了全球的销售渠道。一个典型的例子是西班牙的行星出版集团，它曾在1999年7月庆祝《浓情巧克力》[②] 一书的喜人销售量：在过去十年里，这本书被译成三十五种语言，共卖出了四百六十万册。

墨西哥和阿根廷的书是怎样在拉美这个由于语言、历史以及读者的消费习惯相同而形成的“天然”市场上流通发行的呢？由于整个拉美地区遭受经济困难和政治问题，整体的销售额减少。唯一一个坚定不移地推进出版业发展的政府是哥伦比亚政府：1993年颁布的图书法案规定，免除哥伦比亚出版商二十年

---

① 即至此，拉美和奇卡诺作者的发表具有完善条件：他们著书写作时可以用英语，也可以用西班牙语。

② 墨西哥作家劳拉·埃斯基韦尔的作品 *Como agua para chocolate*。

的税额，保证其出版物 20%的销量由各大图书馆完成，并且通过吸引外资和提升其出口能力来促进出版业发展。不幸的是，目前哥伦比亚的经济和政治危机正对投资构成阻碍，也打击了人们的图书购买力。其他拉美国家的立法则不合乎潮流，成了图书和杂志流通的藩篱，而不是促进生产、传播和阅读的规划。

不同著述对上述全景式状况进行过分析（Alatriste，1999；Bonet，1999；García Canclini，1996），发现它正趋于一致，这一定程度上源于跨国化已从拉丁语区内部转为一种面向全球的扩张。这一转向的重大事件之一，就是之前我已列举过的西班牙与拉美出版社被意大利、法国和德国公司收购，从而集合成多语种的流通链。其他原因则与生产和销售过程中新型数码和通信技术的使用有关，比如贝塔斯曼集团通过其西班牙子公司普拉萨-贾内斯（Plaza & Janés）发起了一个含有一百五十万种西班牙语图书的线上图书馆。

在跨国范围进行的生产技术与产业重组朝着全球化方向发展，会产生以下几种后果。首先，将书籍①与其他图像产品（如杂志、宣传册以及在书店之外销售的大众图书）区分开来，尽管所有图书产品都以生产成本相对较低的方式参与国际竞争。另外，以畅销书为重点，将各国（包括那些图书市场极为强大的国家，如阿根廷、巴西、哥伦比亚与墨西哥）的图书生产都归至畅销书系列计划里。贝塔斯曼购买了阿根廷出版社南美洲——一个因早期出版了许多拉美重要作家和社会学家著作而闻名于拉美文化界的公司后，其新任经理宣称接下来他们将不会印刷那些年销量达不到五千册的书，引来了各界的众多批评。

---

① 根据原书上下文信息，这里的书籍应指代专业性书籍。

确切地说，这是一项钟摆式的政策，因为它也时常需要考虑适应当地民族文化习惯，并给予各子公司一定的自主权。“一个集团的整体经营始于本土创作，同样，出口活动也始于本土生产。这就是行星出版集团在经历几次失败（1995 年，由于墨西哥比索贬值，公司遭受重创，以及进入美国市场困难重重）之后想要做的。为此，行星集团的区域代表安东尼·罗斯奇建议保证架构有一定的灵活性，以适应频繁变化和耗费诸多协调成本（出版工作之外的成本）的本土市场特性。”（Bonet & De Gregorio，1999：98）

处于这种起伏波动之中，出版商需要克服一系列结构性问题。其一，拉美国家由于学校教育低效而造成的阅读率较低，公共图书馆的缺乏（除墨西哥），以及鼓励阅读和保护、激励本土创作的相关国家政策的缺失；其二，区域与国家发行体系的脆弱超越资本层面且由来已久，又因专业书店的关闭和售书点转移到各类商场和超市而加剧；其三，中产阶级和大众阶层的购买力下降，中学和大学教育质量退化导致学习与阅读经典不再那么紧密相连而沦落为，如卡洛斯·蒙西瓦伊斯所说的，“施乐水平的阅读”①。

这一不确定的社会背景催生了诸多悖论（暂且不用“谬论”一词），推动了作家行业的急剧重组。众多例子里的两个可以形象地说明全球化的摇摆变化。为了更好地占据本土市场，跨国出版商试图抓住国内最有名的作家，出版他们的作品，然后只在本国发行销售［当然，跨国性题材（jet-set）除外］。这种利用跨国化

① 原文为“grado xerox de la lectura”。“Xerox”为著名复印机施乐的商标名，在此指人读书时不是取来完整的原书进行阅读，而是从书中挑选些许章节复印出来进行阅读。

的架构拒绝与多样文化发生联系的做法，会造成让人感到奇怪的投资导向，比如联合出版社（Alianza）在阿根廷翻译和出版了雷纳托·奥尔蒂斯的《世界化与文化》（*Mundialización y cultura*）一书，这应该算得上是整个拉美出版的第一本（1994 年于巴西出版，1997 年在阿根廷出版）讨论该主题的重要作品。尽管这本书的出版备受青睐，出版消息在国际上广为传播，而且葡语和西语版本的销量也相当可观，但是在阿根廷出版的这个版本最终也没有销往其他国家。虽然都知道拉美国家一贯缺乏活力，但是我们仍然难以接受为何所有的巴西书籍都不在墨西哥出售，而更难解释的是由跨国集团联合出版社在阿根廷出版的这个西班牙语版本，居然也没能走出阿根廷。

兴许我们可以诉诸文化和政治方面的论据，来劝说《北美自由贸易协定》、南方共同市场以及该区域其他国家的商业自由化也将一些有品质的戏剧演出、音乐会、视觉艺术展览，甚至那些未走出其原产国的广播、电视、电影和视频等涵盖进去。推动拉美各国的图书、戏剧、音乐、电影在其他国家的自由流动，对接受国的本土经济和文化产业造成的损失，肯定不如纺织品、电子产品以及豪华车等实物进口突然取消关税。

出版商不愿“冒险”出版在社会研究领域有新意的书①并不是美洲大陆一体化的标志，这些书受到国际认可甚至被译介到美国，并在其出版国，如阿根廷、巴西与哥伦比亚，销售量达上万册。谈到这里，我脑中浮现的是比阿特丽斯·萨洛、雷纳托·奥尔蒂斯、赫苏斯·马丁-巴韦罗，以及其他几位我们拉美重要的叙事大家，比如何塞·埃米利奥·帕切科和胡安·何

---

① 这类书一旦出版可能销量不好，出版社要冒经济风险。

塞·赛尔的作品。这些作者的书在使用同一语言的多个国家取得成功，被广泛阅读，但人们读的都是复印件。

音像产业：用英文出版的拉丁声音

视觉艺术的发展在国内诸领域与大致完成了全球化的网络之间摇摆。视觉艺术生产的大部分过程发生在国内，而这个不完整的全球化网络是以美国为主导的，面向的是中心国家的少部分艺术家和公众，以及边缘国家更为少数的精英。出版行业由多个跨国出版社构成，它们按照不同地理和语言区域将生产和经销进行分类。全球化作为一个生产、流通和消费的重组模型，在音像行业，如电影、电视、音乐，以及信息系统中表现最为明显。信息系统常与其他体系配合完成多媒体融合。

文化产业的快速扩张结束了文化被视为奢侈且无收益之活动的时代。另外，我们也不能再如二十年前对待大众传播那样，将文化简单地视为意识形态的工具，尽管的确在每个国家内部，文化仍保留了为大众传播服务的历史角色，而且至今还在为全球化话语进行宣传游说。不过，文化产业对世界经济极为重要，它不仅是塑造想象体模型的手段，更是最能产生经济利益的活动之一。

有多少行业能像音像业那样年均收入达3000亿美元？仅音乐市场的收入在1981年至1996年间就从120亿上升到了400亿美元，其中90%的盈利都由贝塔斯曼音乐集团、百代唱片、索尼、华纳和宝丽金五大巨头创造。美国、欧洲和日本之间的争执不只与意识形态之影响力相关，因为出口收入是美国经济的第一大项，而在其他一些欧洲国家，文化产业的创收约占其国内生产总值的3%，另外，文化产业还为每个最发达的国家创造了近50万的工作岗位（Warnier，1999：56；UNESCO，1998）。

有三个进程扩大了视频影像文化的经济体量和地理通信范围。第一个是二十世纪七十年代至九十年代的技术更新浪潮催生了文化产品的全球市场。那些技术更新包括电脑的发展及其微型化，卫星和电缆传输，以及电话和计算机通信的连接（通过互联网以及金融、销售、信息和娱乐服务在全球范围的拓展而实现连接）。

第二个因素是苏联瓦解后世界经济政治分化重组：欧洲、北美、南锥体国家以及亚洲出现了多个自由贸易协议和区域一体化，外加各大跨国企业、世界货币基金组织和其他机构施加压力敦促各国减少关税壁垒。即便所有的自由贸易协定几乎从来没有特意把文化产品与信息纳入考虑范围，但各国市场之间、西方与东方之间，以及北方国家与南方国家之间高度的相互依赖，已使各类信息得以在全世界范围内传播，并让所有制作电影、音乐以及电视新闻节目和视频的公司处于竞争状态，同时也让那些生产文化产品所需设备的企业相互竞争起来。

第三个因素则是多媒体融合。将电影、视频、音乐、电视展示权[①]以及衍生产品，如衬衫、饮料和玩具等的生产和销售，融合为音像商业化套餐。直至几年前，这种跨国供应关系相对来说都还是主要受各国展出和销售体系以及消费者的多样喜好和习性影响。但随着跨国公司通过收购影院或使用先进技术替

① 即通过电视打广告。

代传统形式来构建新的整体结构，上述这种根据国别进行筛选以及将国别产品纳入全球化产品中的能力正在急剧下降。不少大城市里的出版社收购连锁书店或建立图书超市，另外一些大型公司则买下同样出售影碟、出版物和唱片的购物中心和商店。

在文化产业进行重组和世界性扩张的最近这些年里，美国和欧洲国家实施了支持其自身文化生产发展的保护性政策，而拉美国家政府将电视频道私有化，减少了政府在电视拍摄过程中的参与，并基本上全部砍掉了音像和出版业里的国家投资。当广播和电视成为传播信息和娱乐与弘扬高雅文化的主要方式、公共生活的舞台以及刺激消费的手段之时，各国政府决定采取不作为也不评论的态度。当不对这个生产行业进行内在引导时，我们的对外依赖也就愈多，因为这个行业是全球范围里增长动力最大、创造现代就业机会最多、高附加值、高薪资以及职业上升空间巨大的行业。国家行为不太能阻断商业流通，也很少支持那些将文化和艺术置于市场之上的媒介。后者的例子如巴西的文化频道（Cultura）、墨西哥的第 11 和 22 频道以及其他国家一些零散的独立频道等，它们只覆盖当地社会 2%至 3%的听众，因此也没法成为商业影像文化发展的一个策略选择。

高新技术领域的变化更是令人震惊。我所说的变化是从模拟系统到数字系统的过渡，以及电信和信息化资源的结合。美国人、欧洲人与日本人在这个领域争夺全世界的掌控权，这一控制权从长远来看将影响战略信息和服务信息的积累结合。而这一结合涵盖了文化的所有领域，从历史遗迹的存档到艺术实验，甚至包括多样送货上门服务的商业化以及科学网络和娱乐网络的创建。除了安装少数几个拉美卫星系统和从事零星半点的次级研究[①]，对于那些新鲜事物，拉美只能扮演消费者的角色而已。

就连仅有的两个在音像出口业有比较优势和生产力较强的国家——巴西和墨西哥——也没有形成具有竞争力的信息发展计划。即便在高新技术的消费层面，稍做比较也能发现它们在接触信息和革新技术方面的“起跑线”式差异[②]。美国每10000人中就有539人有传真机，日本则是480人，乌拉圭34人，智利11人。电视方面：在美国，每1000位居民中有805人拥有电视，法国的1000位居民中589人有电视，德国的数字是554人，而在其他电视产量较高的边缘国家，如墨西哥和巴西，这个数字则分别是219和220（UNESCO，1998：46，147）。人们常期待因特网实现民主化，让所有人都能接收到国内国际的各类信息。但在拉美，不到2%的人使用网络，而美国的比例高达23.3%，其他经合组织国家的这个比例是6.9%（Trejo Delarbre，1999：262；PNUD，1999）。人口中最富有的那20%的人近乎独享地占去因特网使用总数的93.3%。此外，懂英语的富人消费70%的网络信息，而如果只懂西班牙语的话，则不到2%。

我们应当记住二十世纪八九十年代当拉美国家政府放弃其在音像行业的基础生产结构，又不再参与技术革新进程之时，正是拉美多国刚结束军事独裁政权，开始发展民主化且社会参与度史上最高的时期。除了将媒体（这一大众传播正处发展势头的领域）私有化，拉美政府也将向公民传播信息并为公民发表言

---

① 指隶属于重大项目的子课题研究。

② 原文为“punto de partida”，译者在不违背作者原意基础上，按照汉语使用习惯中所说的“输/赢在起跑线”进行翻译处理。即说拉美国家使用（消费）信息和技术人数少，输在了技术竞争的起跑线上。

论提供公共渠道的关键手段交到了私人手中，而这些人通常为跨国企业主。

从供应的高端化和文化消费拓展的角度看，近二十年的进步令人目眩。广播和电视走进了90%的家庭，人们通过电视、网络以及迅速增长的跨国商店和服务，能够获取丰富而且新鲜的信息，享受丰富崭新的娱乐活动。但这种将我们与全球化联结的方式产生的结果就是文化资源被掠夺，以及生产创造原动力受到打击。在音像产业的盈利分配中，美国企业获得总额的55%，欧洲25%，亚洲15%，伊比利亚美洲国家则为5%。(Hopenhayn)

很自然，我们的进口与出口极为不平衡。1997年拉美国家在音像产业所支付的税金高达23.51亿美元，而其出口总值为2.018亿美元。其中产量巨大的墨西哥，出口到美国的产品每赚得13美元就要付给美国100美元用以购买美国的音像产品(Bautista，1999)。在这种情况下很难抉择：拉美音像进口总量的85.8%源于美国。当美国资本以及少数加拿大与澳大利亚资本控制了影院发行和电视节目的出售与租赁时，就很难维护本国影片的放映。如墨西哥那样专门立法将影院收入的一部分用于资助国产电影的办法并不奏效。而在阿根廷，在法律通过后，这一笔资金是卡洛斯·梅内姆政府1999年的预算裁减第一刀所砍之处。欧洲人与美国做的音像文化生意之账目也是逆差，根据瓦尼耶的调查，1997年的逆差达56亿美元。然而，欧洲地区不同国家合作制片，其电影生产量多达阿根廷或墨西哥的三倍。拉美地区只有巴西和墨西哥两个国家，能在电视剧方面实现与欧洲的交易持平（Bonet & De Gregorio，1999：99—102)。

欧洲立法鼓励合作制片，成立资助基金，如MEDIA和Eurimages，并为产品在欧洲国家的展播提供便利。西班牙已和好些拉美国家签署双边协议，计划合作制片，但从 1982 年到 1996 年只在拉美拍了 42 部电影，而同一时间段里，西班牙共制作了 1053 部电影，相比之下，42 这个数字极小，表明它们之间合作不太紧密。

谈及唱片制作，70%的西班牙市场和整个拉美市场同由五家公司掌控，它们在拉美的年销售额可达 20.5 亿美元，远超年收入约 6 亿美元的西班牙。然而，说拉美市场其实也不太准确，因为 56%的交易都是巴西完成的。至于人们最看好的音乐行业，拉美各国之间的合作非常弱，其突出表现在于，几个大国，如阿根廷、巴西和墨西哥所购买的音乐作品中，几乎 60%都产自其国内（Bonet & De Gregorio，1999：105）。

上述最后一组数据可以阐释为民族音乐（与外国音乐相比）占据优势地位的一个标志。毋庸置疑，这个现象在消费层面就更为突出。英语摇滚音乐的销售量在近十年内从 65%跌至 32%，而拉丁音乐在拉美国家和美国赢得越来越多听众。但当我们注意到其制作与发行总量的 80%都由几家巨头掌控时，上述数字表现的拉美音乐的兴盛也就只是相对而言了。这几家跨国巨头吸收了所有现存的国内音乐生产商，至少是把它们最为成功的作品都买下了。

如几十年前就开始在艺术界发生的变化一样，大部分拉美音乐的制作都是为了销往拉美之外的区域以牟取商业利益。这一导向促使很多有知名度的音乐大师如之前许多画家那样移至美国生活。宝丽金委内瑞拉公司总裁卡洛斯・桑切斯说，独立音乐人与国内公司越来越只关注培养艺术家，把他们当作产品一样来发展，因为只有他们才能产出音乐作品（Yúdice，1999a：124）。由于拉美公司无法投入一张光盘的制作及其他配套资源

（如电视节目、视频短片、网络搜索）所需的十万美元成本，很可能到最后还是选择与国际巨头联手，在产品卖出去之后，音乐人也最终选择移至迈阿密生活。

由于音乐、电影和电视之间经常发生的多媒体互补，许多音乐、电影、电视界的跨国歌手或演员都将定居迈阿密作为其追求目标。海梅·巴以利直言，“如果大家想要的是一个纯正的拉美节目，并且国际观众都能看到这个节目，那么我就要到一个大咖名人聚集的地方去，这地方就是迈阿密”（Rohter，en Yúdice：1999b）。著名歌手胡利奥·伊格莱西亚斯和恩里克·伊格莱西亚斯父子、何塞·路易斯·罗德里格斯、露西亚·门德斯、卡洛斯·毕维思、伊斯雷尔·“卡查”·洛佩斯等许多人也持同样想法。就连拉美唱片和影像制作人联合会，也把他们的总部从墨西哥城搬到了迈阿密。迈阿密共有约一万人专门从事拉丁娱乐业的工作。乔治·尤迪斯评论说，这个行业“从种族角度上说，在美国是一个极为特别而罕见的行业，行业里一半的资本还有行业中 80％的人才和劳动力都来自拉美人或者拉美裔美国人”。但如拉里·罗特在《纽约时报》上所评，这行业的交易量巨大且又能保证“不给政治或经济秩序造成什么危害”，不造成“银行账户被撤销或者货币贬值”，这使得迈阿密成为拉美文化中心一事合乎逻辑。①

无论是在拉美视觉艺术与法国还有后来与美国的历史联系中，还是拉美与西班牙的出版业合作中，都没有产生过像拉美与迈阿密的音乐、广播和电视业这样众多且频繁的商业合作。从经济角度说，跨国巨头与那些数量不多的拉美国有企业之间

① 详见文章 Larry Rohter，“Miami，the Hollywood of Latin America，” *New York Times*，August 16，1996，https：// www. nytimes. com/1996/08/18/arts/miami-the-hollywood-of-latin-america. html，2020 年 7 月 8 日访问网页。

的差异极为突出。然而，制作与发行的不对等关系和垄断集中现象并不等于本土与全球的同质化，也不是说本土性被全球性代替。经典好莱坞将美国文化国际化，仅允许与异族文化保持极少甚至零互动联系；迈阿密则不同，它表现出全球本土性，代表了一种经济与文化结合的新模式，这一模式推动美国音乐与拉丁音乐在交汇的过程中不断发展。

我重申一下：这中间的相互关系是不对等的。即使通过美国媒体，一些拉美歌手可以进入美国市场，收获以英语为母语的听众，甚至成功将音乐传播至欧洲与亚洲，但他们没有以那些音乐和故事原产国的文化为参照，来对其演出、音乐、电视节目还有广告等进行格式编制调整。本土文化进入全球市场时，都经过精挑细选，并按照脱离语境的标准，对其（即本土文化）定义概念斟酌再三。有人肯定会说其中一些故事已经具有跨文化性了，比如《佩德罗·那瓦霍》[①] 的故事、格洛丽亚·伊斯特凡的加勒比元素，还有瑞奇·马丁惯用的双语风格。这些故事并不只是媒体的编造，也确实与社会广大群体的多元文化体验相吻合。但我们需要进一步探索艺术家自己无法掌控的、各录音棚里对如此多的拉美嗓音进行的声音处理，到底有什么样的美学价值和政治意义 。

得与失

至于对本章所关注的结构变化的描述，我已在对造型艺术、出版业和音像行业的比较分析中阐明了全球化从不同层面对想

① “Pedro Navaja”是一首由鲁本·布拉德斯作曲的萨尔萨歌曲。——原书注

象体发挥作用的多种方式。然而，还需要同时指出三大领域出现的一些重合或者说汇合的趋势。第一个趋势就是诸多大都市制作商将更加关注雕塑和文学作品，以及美国和欧洲之外地区创作的剧作与音乐。这将促生全球化与区域化之间的钟摆式运动，在此过程中，造型艺术、出版业与音像业三大领域呈现显著的相似性。人们谈论“电影世界”“音乐世界”和“文学中的国际风格”。在这三类情况中，巨头公司对本土的文化创作进行全球化的重构，即去社会背景化，以便在不同大陆的文化领域里能更易被理解。同时，这些公司还会建立一些区域性分支机构，或者与当地制作商达成协议，使其制作生产“印第安化”。《华尔街日报》和《时代周刊》会在阿根廷的《国家报》（*La Nación*）、哥伦比亚的《时代报》（*El Tiempo*）、墨西哥的《改革报》（*Reforma*）以及其他一些拉美国家的报纸上插刊一些每周综述。CBS和CNN也会在拉美的有线电视系统播放部分电视节目。很少有公司能像MTV那样灵活地实施其全球化计划。MTV这家1981年才起步的公司能够受到全世界年轻听众的喜欢，是因为它们吸收多种新兴潮流，将不同类型与风格的音乐糅合到一起，从叛逆派的摇滚到快乐旋律以及“正常的自由思想”。它还参与“伟大的事业”，如致力于改善贫困、文盲、艾滋病和污染等社会问题，以一种贴近日常生活的现代又性感的方式来培育世界化的公民素质。同时，MTV公司在不到十年的时间里创立了五家区域性分公司，其中两家分别位于巴西和迈阿密，主攻拉美业务。分公司所招聘的工作人员来自拉美各国，并为一些能够从一定程度上平衡美国音乐之强势地位的独立乐队提供空间（Eudes，1997）。

另外，大都市表现出来的受市场规律影响的全球化与区域化之间的张力，加剧了生产与消费之间、大型都市与边远地区之间关系的不平衡。此外，这一张力在推动文化革新与多样化的同时，也由于市场扩张的要求而对文化产生一定限制作用。从经济角度看，那些能够有增长的制作公司都是总部设在大都市或者与大都市保持着紧密联系的公司，而在边缘国家增长的只是消费（也因此，消费越来越表现为对他人所制作产品的一种借鉴）。从地理角度看，有线电视成倍增长并且提供多样化的信息和娱乐产品。比如，在阿根廷这个拉美大陆家庭有线电视拥有率最高的国家（几个城市高达 70%），人们可以收看欧洲和多个拉美国家的电视频道。频道的扩展让人们对娱乐和信息的获取有更多选择，但对于民族产业制作以及媒体技术更新，几乎没有推动作用。

我们需要思考，是否服从于商业标准的传播扩张已触碰文化艺术和美学的底线。最近二十年来的工业与信息业发展不太可能让这样的事情发生：生产与信息传递（包括因特网）的大幅度去集中化，以及对于种族、年龄和性别差异的公开认可，能够改善传播的语义密度，丰富语言实验。除了个别例外，MTV 公司制作的多彩炫目的视频短片都是对二十世纪六七十年代先锋派电影和艺术的回收再利用，平庸而无特别之处。进了好莱坞的拉美导演们糟蹋了魔幻现实主义最精彩、最感人的部分。一些进入主流的欧洲电影人拍摄了票房最高的和最狭隘爱国主义的美国影片，如德国导演沃尔夫冈・彼得森的《空军一号》就胜过了其同胞罗兰・艾默里奇之前拍摄的《独立日》。二十世纪上半叶被纳粹德国流放的导演以及不久前的米洛斯・福尔曼和罗曼・波兰斯基的电影在美国所产生的多元文化的介入性效应，如今都被稀释了，因为来到好莱坞的澳大利亚人、中国人和墨西哥人认为要赢得资助的话，电影就都应当拍成斯皮尔伯格那样。

传播公司与出版企业的跨国融合具有洲际影响力，这就需要从媒体与商业角度重新定义适合出版的作品。二十世纪六十年代爆炸文学作家的世界主义，蕴含着本土文化与都市文化之间的张力的世界主义，已经变成了一种“国际风格”。“国际风格”是西班牙《国家报》，这样一个与西班牙最有影响力的出版集团及多家电子媒体合作的报社，在为一个题为《麦贡多》[①]的故事选集所写的按语中所用的称谓。据《国家报》所评，故事选集以麦贡多之名将魔幻现实主义的标志符号与跨国饮食元素相结合，在每个短篇小说里把各国方式糅在一起，既有青年风格的风俗主义又有全球化的“叙述姿态”，犹如一个伊比利亚美洲电视组织（OTI）[②] 的盛会（Echeverría，1997）。

生产速度与效率并不是美国人、德国人和日本人的专有财产。西班牙埃纳雷斯堡每年都会举办一个快速文学创作比赛，参赛者需要在不到三分钟的时间里写出一个短篇小说，获胜者的奖品就是在距离塞万提斯故居最近的一家麦当劳消费一次。[③]恩里克·塞尔纳在墨西哥的《劳动报》（*La Jornada*）上讲述这则新闻时说道，“好的爱情与文学都得慢慢来”，并引用何塞·

---

① 智利作家阿尔贝托·弗戈特（Alberto Fuguet）在网上曾发表一篇名为《我不是一个魔幻现实主义者》的文章。他在文中创造了一个词——麦贡多（McOndo），意指麦当劳（McDonald's）、苹果电脑（Macintosh）和小型公寓（Condo）的混合。年轻一代的拉美作家自称是麦贡多的一代，称影响了几代拉美作家和整个世界的马孔多时代已过去。

② 原称 Organización de Televisión Iberoamericana，现称 Organización de Telecomunicación Iberoamericana。

③ 反讽之意在于麦当劳这个快餐文化代表与世界文学巨匠塞万提斯这个意象产生的对比，以及对于文学创作这一严肃之事的奖励就是享受一次快餐而形成的反差。

阿尔弗雷多·希门尼斯的话——“重要的并不是做第一个到达的人，而是要知道怎么到达”——来讨论文学创作。或许面对大型出版集团和媒体集团力推的那些快速散文，有限的辩护方法中值得采用的一个就是反讽，就如奥古斯托·蒙特罗梭最近一次在电视节目中与布赖斯·埃切尼克对话时所做的那样：埃切尼克说他每天写六页，连一个逗号都不修改，蒙特罗梭则回应说，“我除了修改啥都不干”。

现今的新技术和巨大的经济投入为视觉艺术的大型流动展出以及跨国界的出版和音乐、电视制作提供了许多便利，使得所有的生产制作都能保持同一质量，并且发行后能立即在全世界范围内宣传。但是，这给那些不能保证极大盈利的冒险、修正和实验留下的空间与时间就太少了。生产制作的片面性区域化在一定程度上损害了世界的多样性，由文化产业推动的全球化最让人不安的并不是各种差异的同质化，而是对于各种革新、批评和不确定性的以商业为目的的制度化。

第七章

文化之都与国际城市

我究竟归属于何方？全球化已让我们开始以不同的方式来思考我们的地理和文化定位。在城市里，尤其是在那些超级大都市里，这一问题就让人更生好奇之心。换句话说，在这些大都市里，我们原先对于地方的理解变得模糊不定。它们已不是边界分明的同质区域，而成了一些相互联系的空间。在这些交互的空间里，文化认同和归属感的构成则包括本土的、国家的以及跨国的物质和文化资源。

当人们问起我们现居何地之时，我们发现这个问题也很难作答。如齐格蒙特·鲍曼所称，“有意义的栖息地”是那些既能伸展又可以收缩的空间。我们都生活在“充满机遇和自由选择的栖息地”（Bauman，1992：190；Hannerz，1996：42—43）。当然，有时我们也无法如此自由，但还能够接收到各种各样的信息，了解来源于诸多地域的各种艺术风格。这些信息与风格元素不是“栖息地”固有的，却赋予“栖息地”多元性和灵活性。我们在自己的居住地和游走于不同城市的过程中想象并构建着我们的归属地。

将欧洲、美国和拉丁美洲的城市进行对比，可以很清楚地了解各大城市的内在差异，以及城市的本土性、民族性和全球性之间差异的多种多样。根据阿马利娅·西尼奥雷利所述，美国许多城市“都已逐渐演变成了贫穷或富裕犹太人聚居区，各社区相互分离，不存在依赖，却都只要存在，便难断与国家的政治、经济和文化体系的关联”，并常由“并不一定属于该城市的指挥总部”领导。因此，犹太人聚居区内部合并的过程和组织机制“就慢慢地局部地区化，越来越微型化，并在其内部只担负单一区域的功能，由此就更加突出它的独立和分离之特点”(Signorelli，1996b：54—55)。理查德·森尼特指出，美国城市内按照种族和阶级分离而居的状态以及那种总要“跟同类一起”的思维，是造成对外来人口多疑、低容忍和充满敌意的根源，而这情况又由于美国人对于秩序感的偏执追求而进一步强化(Sennett，1996：101—109)。齐格蒙特·鲍曼同样评论道：在极端同质化的城市或社区内，要“培养出能够正视人类之间的差异性和各种形势的不确定性的品行和机智”是极其困难的，因此占主导地位的态度倾向是“对他者抱有恐惧之心，仅因其为他者”(Bauman，1999：64)。

在欧洲以及借鉴了欧洲模式，特别是西班牙、葡萄牙模式而形成的拉美城市中，城市发挥着推动各类移民完成现代化并相互融合的功能，这些移民不仅包括外国人，也包含了同一国家不同地区的外来人口。虽说存在穷人区与富人区、中心区与郊区之别，但城市依然促进了多族群的和睦相处。这一模式具不均衡性，然而整体上并未将“本地”和“外地外国”的标签分得过于清楚。

在最近二十年间，巴黎、柏林、布宜诺斯艾利斯和圣保罗等城市移民数量的增长以及社会治安问题的恶化，使得人们采用街区封闭并设立各类监控系统的方式加强防卫，这种土地使用方式和交互的片段性越来越像美国的分离模式。然而一体化的城市规划仍是主流观念，也就是说，无论是对于中产阶级还是对于广大民众，大型城市是跨文化实现的场所。或许，“要实现信息传播，并在一个足够广大的人群之中对不同体验进行比较，从而形成一个关系网络，尽管这一网络对于全球性社会系统并不重要，大型城市是唯一可能的空间”（Signorelli，1996：55）。示威者的游行，还有工人、学生、妇女和居民的抗议，社区广播以及跨国电视台都是城市重大事件，它们在城市里发生，同时主要反映城市里或不同城市之间的问题。即使是在美国，上述活动也属城市行为，上述网络成为各类运动的城市基点以及克服分离问题（虽只是偶然成功）的路径。

城市复兴

我想再具体探讨一下从何种意义上说大城市是对全球化进行想象并将全球化与民族的和本土的事物关联起来的空间。实际上，这个问题在二十世纪九十年代就有学者做过研究，当时主要涉及第一世界的大城市。萨斯基亚·萨森以对纽约、伦敦和东京的分析开启了这一研究方向。曼努埃尔·卡斯特利斯、霍尔迪·博尔哈和彼得·霍尔则聚焦欧洲城市，并改变分析角度，摒弃二十世纪八十年代学界流行的对城市衰退的警示视角。全球化的都市主义回避交通堵塞、环境污染以及犯罪行为等城市灾难，转而表达经济的飞速发展、人口下滑趋势局部得到控制以及技术的创新。为佐证此般日新月异的变革趋势，还提及一些城市出现的“回归市中心”现象。保罗·佩鲁利将巴黎和柏林列入城市复兴的范例。巴黎是因其前几十年的大规模建设政策今日已结硕果，而柏林则得益于东西欧统一的实现。

除此之外，还有一些区域性的大都市，尤其是那些欧洲偏南部的城市，诸如巴塞罗那、慕尼黑、里昂、苏黎世、米兰和法兰克福等，在朝着这一方向的发展中扮演着新的角色。这些城市的经济和文化重启，就业率增加。这个增加不仅仅发生在第三产业，也发生在长期不景气的工业领域：新型非物质网络的基础建设在形成规模，宏大的公共工程也得以推动。相似的现象也在纽约城中得到印证：纽约这个曾因暴力问题与社会堕落被某位城市规划学者定义为“西方文明的终点站”(Koolhaas，1994）的城市，近些年的凶杀和抢劫案件不断减少(也许得归功于监控摄像头的投放?)，开始兴建新型艺术和商业中心，此外还成了众多知名出版社、100 多家报社、240 多家杂志社以及 160000 多家网站的总部所在地。

成为全球化的城市究竟需要哪些要素？上文提及的学者们指出需要以下条件：一，跨国企业，特别是从事管理、研究和咨询的机构能够发挥强大作用；二，国内和国际人口的跨文化混合；三，聚集一批精英艺术家和科学家而获得国际声望；四，国际旅游人数居高。(Borja，Castells，1997；Hannerz，1998；Sassen，1998)

可能有人要问：“城市复兴”到底是否真实？又是谁能在超现代化发展的过程中获利，毕竟大多数人都只能作壁上观？这样的批评是针对上述提及的几个城市的。我曾于 1998 年 10 月参观了柏林市中心的修缮工程。当时 25 万名劳工夜以继日赶工，要让诺曼·福斯特、伦佐·皮亚诺、贝聿铭及其他知名建筑师设计的大楼拔地而起。最令人印象深刻的还是德国人能那么快速地就把波茨坦广场上曾将柏林一分为二的柏林墙旧址留下的历史伤疤掩盖好。彼时，仅有些许建筑物尚存，其中最显眼的便是那口巨大的井，因当时还在修建中，不允许人进入工地。但还是可以登上 InfoBox——那个巨大的红色塔楼，楼上一直播放着关于该工程完工后的样子的概念短片。此外，还有一家售卖各种“纪念品”的商店，出售之物包括电脑合成的各类建筑完工后的“照片”、宣传画册、装饰物、T 恤、影音产品、海报和印有未来建筑工程图片的纪念杯，甚至还有组装虚拟建筑的拼图游戏以及互动式光碟。游客能够“亲身体验”这个欧洲最大的商业中心，并且还能作为观众象征性地参与戴姆勒-奔驰和索尼等大型跨国公司的建设工程。全球性的现代化对于局外之人来说不过是一出戏，而对尚未存在之物先制作“纪念品”，以此来构建一个新的融合与记忆想象体，却是合乎情理的。

全球化的城市与传统的非多元融合城市之间的差距，在第三世界的特大型城市中表现得尤为突出。事实上，几位研究此问题的专家都将既定的全球化城市和“新兴城市”区分开来。前者包括纽约、洛杉矶、伦敦、巴黎、柏林、法兰克福、东京和香港，这些金融、保险、咨询、广告、设计、公共关系领域以及音像和信息产业管理的老牌中心。与此同时，“新兴的区域中心城市”则涵盖巴塞罗那、圣保罗、墨西哥城、芝加哥、中国台北与莫斯科等城市，那里的全球化服务业与传统行业、非正式或边缘化的经济活动、低效的城镇服务，以及贫困、失业和糟糕的治安状况等现象同时存在。

第二类城市，即“新兴城市”，正处于传统的极端方式与全球性现代化的对立之中。此般局面为全球一体化提供便利，然而同时也为经济文化领域的不平等和排外现象提供了土壤。这样的问题尤为明显地表现在年轻人就业困难上：或因经济条件的不平等，或因教育培训的缺失，他们在劳动市场上难以立足。

分裂和不平等，即存在于全球化的城市和本土的、边缘化的、不安全的城市之间的二元对立，是阻碍许多城市在这个新的发展时期中重新找到自我定位的主要因素。博尔哈和卡斯特利斯指出全球化的一大风险是变成服务于精英阶层的全球化："城市的一部分被打包售出，另一部分则处于被雪藏或是被抛弃状态"（Borja & Castells，1997：185）。许多美国城市曾在早年遭受过治安和暴力问题的困扰，使得其城市形象受到极大损害。于是，当时这些城市采取了专项政策实行强化整治（其中有些是不民主的），又开展艺术文化活动构建有吸引力的城市空间。在亚洲和拉丁美洲的特大城市中，经济危机、金融危机和政府执政力的削弱使得提升各类服务、改善社会治安、调动新的经济文化资源以革新城市生活以及扩展城区向外辐射等目标难以实现。同时，失业问题不断加剧，年轻人就业尤其困难。

边缘城市的全球化

正如对城市（如柏林、巴黎和维也纳）的研究能帮助我们重新思考现代化一样，我们可以思索一下是否今日对城市变革的探讨有助于一些全球化理论问题的解决。若我们一致认定特大城市（或至少是其中几个）是全球化运动在工业、金融、公共服务和传播等领域得到体现的场所，那么公共空间的转变则能给予我们理解全球化趋势及其与本土文化互动的密钥。下文中，我将着重分析在一些拉美城市中发生的文化代表意义与城市视觉形象的变化，墨西哥则是重中之重。此般分析是为理解在政治经济上相互依赖的“艰难”过程中，对于全球化的想象构建发挥着何等作用。这就要我们重新认识全球化，同时也促使我们去探究在所谓的全球化城市中，如何重新界定城市属性和公民身份。

与其他殖民城市一样，布宜诺斯艾利斯、利马和墨西哥城曾是该区域的重要首府，也是与西班牙连接的枢纽城市。此类跨越国境的交往联系，在民族独立运动之后和现代国家的形成过程中仍在持续。大型的港口城市从二十世纪初起就一直保持开放，而当地的传统则和与之进行贸易来往的大都市的舶来文化相糅合。比如，大西洋沿线城市布宜诺斯艾利斯、加拉加斯、哈瓦那和里约热内卢，同西班牙、法国和英国有来往，而哈瓦那与里约及非洲大陆有密切的联系；与此同时，利马和巴拿马则与美国以及亚太地区往来甚密。在这些城市中我们可以看到全球化的雏形，只是它受限于殖民主义和帝国主义逻辑——必须优先与某一个大型城市保持密切往来。而直到二十世纪中叶，上述拉美都市的城市结构和城市生活意义主要取决于它们作为其所在国的政治、经济和文化中心的地位。但当今，墨城和圣保罗之所以能成为全球化城市并非因为它们是区域的中心抑或与某个“宗主国”有密切联系，而是由于它们成了世界级的经济和传播网络具有决定性意义的中心。

从十九世纪中叶到 1940 年，墨西哥城的人口从 18.5 万激增到 341 万，墨城的城市结构却仍然保持着十六世纪由西班牙殖民者所设定的方形结构。直到大约五十年前，城市生活都还在划定的区域里进行，其地理、政治和文化的中心位于老城区[①]，而老城区由殖民时期的老建筑、十九世纪的建筑以及其他一些能让人想起史前历史的考古地点构成。

在这一时间段里，国家政府一直都是民族社会和城市生活的主要参与者。墨西哥的建立在某种程度上克服了诸如印第安族群之间的分化以及国内不同区域之间的分隔等问题。这些问题的解决得益于国家成立后所建立的铁路运输系统、国家经济市场、一个以卡斯蒂利亚语言为基础的教育系统、单一政党内的政治一致以及权力集中的工会。同样，文化财富也促进了此般大一统的实现：通过手工艺术、现代造型艺术和电影艺术，形成了综合反映自身民族文化的财富。所有这些文化的想象体在国家博物馆和国际博览会上频繁展出，在庞大的公共壁画中来回呈现，在乡土记忆和城市情感交织的电影中重复演绎。随着人口不断向城市聚集（二十世纪初只有10%的墨西哥人住在城市里，而七十年之后这个数字就变成了70%），各种地区资源，如教育中心、博物馆、有纪念意义的考古地点和墨西哥政府保留下来的殖民时期建筑，都越来越聚集一地——以首都墨城尤为突出。值得一提的是，墨西哥的文化保护政策比其他任何一个拉美国家都要健全。

从半个世纪前至今，墨西哥城的公共空间、人们聚集和交往的方式又发生了怎样的改变呢？早在1950年，墨城作为首都其面积也仅是现在的三个中心区（贝尼托华雷斯、夸乌特莫克和科约阿坎）那么大。那时人们的生活主要集中在城区内，倒是也有有轨电车，还有22000辆马车、60000辆汽车以及1700

---

① 位于今墨城市中心地带。

辆负责日均百万人流区际流通的公交车。市民步行就能走到老城区，真要使用交通工具的话，行进距离也不超过五公里。那时只有一小部分人会阅读报刊来获取信息，而更多人则更倾向于收听电台，并且人数开始不断增多。人们常会去看电影，或去舞厅和公园消遣。那个年代没有电视也没有视频。大学、书店和剧院都位于城市的中心地带。

从城市空间到媒体领地

从一个三百万人口的城市到一千八百万人口的特大型城市的转变，引发了涵盖人口统计学、社会经济学、信息和娱乐领域的诸多变化，而对于这些问题，文化政策给予的关注较少。在墨城北部和东部的民众居住区，工业的发展并未能推动博物馆、书店和剧场的创建，公园和娱乐场所的数量也少之又少。当时只有电视电台、斗牛，加上 1985 年后出现的影音俱乐部以及一些公立图书馆能为市民的闲暇生活提供点消遣选择。直到大众媒体的诞生，人们才开始有了真正意义上的公共空间。

而在最近二十年间，在公共空间里进行重新分配的是什么呢？首先便是传播网络，包括报刊、电台、电视、影音和电子信息。其次便是图书馆、大型商场——有些商场举行文化活动——以及最近兴起的多厅影院。比如在波哥大、加拉加斯和圣保罗，跟“传统场所”相比，传媒领域对信息的传递以及对城市生活的想象体而言有着更为重要的作用。此外，传媒领域有时还能为人们提供更多碰面和相识的新方式：人们的交流可以通过电台电视上的互动节目或者热线电话完成；过去人们习惯约在老地方见面和散步，现在都习惯在购物商场会合。除此之外，许多此类的文化活动能够使大部分公众体验大城市生活以及异国风情。由此，城市作为公共空间的性质也发生了改变。上述的交流方式不仅方便了首都城市与国内各生活层面的往来，同时促进了首都城市与跨国财富和国际信息的互动。因而，特大型城市便成了信息集中、国际化演出云集、大型外资企业分支遍布、资本运作机构扎根以及全球化的革新与想象进行的场所。

墨西哥城仍有不少大型的本土文娱盛会吸引着众多人群。每年会有三百多万朝圣者在 12 月 12 日赶到维拉城区来朝拜圣母瓜达卢佩，还有两百万人则在复活节前往依兹塔帕拉帕城区，更有一大群人习惯聚集在市中心的索加罗广场参与政治集会，或是前往各大体育馆观看比赛。以上种种都是不可不提的实例。还有很多未被纳入文化产业化范畴的文化活动仍在进行着，如主保圣人节、沙龙舞会以及居民聚居区街上的狂欢和当地的传统活动等。如此之大的墨城仍存留着一些村落之人，他们继续践行其本土习俗和源于乡土的庆祝活动，他们的名字由天主教圣徒之名和纳瓦特尔元素合成，昭示他们的西班牙和印第安血统，同时，他们在工作和消费时与这个现代城市①发生联系；除此之外，墨城至今还存在着一些建于十七十八世纪，有某些自治特色的社区，那里还在重现属于十七十八世纪的活动和庆典。很显然，在从社区中穿肠而过的高速路以及呈现后现代想象的高科技建筑物中，这些活动并没有显得格格不入。最近的一些人类学研究在对不同居住模式和促成多元化区域形成的各种想象体进行比较之后发现，那些居住在村镇的人习惯认同“我是

① 即墨城。

某地人”，而那些生活在现代区域（比如小区和公寓楼）的人较多使用“我住在某地”这样的表达（Portal，1997）。

上述研究所展现出的差异性是非常重要的。然而，正如我们在另外一个研究中所分析的，必须要承认这些新型的归属认同方式促使居住不再专属个人行为，甚至扩展至跨国维度（García Canclini，1995）。不管怎样，大多数人持续且成系统规模地参与的活动，投资最为密集、创造最多就业机会的领域，以及公共场域（esfera pública）的发展中最富有活力和影响力的空间，总是集中在新闻、电台、电视以及那些覆盖不同城市和跨越国界的大众娱乐（如电影和购物）行业。

如同在其他拉美国家以及墨西哥别的地区一样，墨城也正在经历去工业化的进程，面临着由于国际竞争导致的工厂关闭，或出于生态原因工厂转移至墨西哥其他地区。另一个原因则是产业结构重组将重心倾斜到第三产业（Nivón，1998）。差不多二十年前时兴城市化理论，强调城市与乡村的不同，以及农业生产的劳动力转移到了第二和第三产业。现如今，发展的最强推动力不再是工业化，而是电子信息技术发展和金融资本运作。由于这些服务必须要有相应的基础设施，就连流动性最强和解域化程度最高的产品也紧紧扎根于那些技术资源丰富和人口素质较高的城市里。全球化互动交往的地理布局与战略地带紧密结合，分散于全球的多个点位，以使得信息在广阔空间传播，即传播的空间化（espacializar las comunicaciones）。

在全球化的经济模式中，各大城市已变为多国经济联通之地，它们与其说是工业生产的中心，不如说是提供服务的中心。在纽约和伦敦，制造业所雇的劳动人口占据经济活动人口总数的比例不到15%，并且在可预见的未来，即在二十一世纪初，此数字最终会降至5%至10%之间（Hall，1996）。如果说几十年前大都市的标志性形象是烟囱和工厂街区，那么现在的大都市留给人们的印象则是各国巨大的广告牌充斥（甚至造成视觉污染）所有的高速公路以及后现代风格的建筑物——各大公司使用反光玻璃装饰的办公大楼。这些场景正在改变整个墨西哥城——上至改革大道、波兰科和圣塔菲[①]，下至城市最南端——的城市风貌。

同样也需看到各大、中城市里的大型购物商场所发挥的文化功效。它们在扩张房地产和商业资本、集中调整投资结构、创造就业和让小型商业（他者）消失的同时，也为消费大戏的上演提供了空间，使得高大的建筑群与信步和休闲联系到了一起。它们还成为社会上层和中产阶级象征高雅的符号，并提升了跨国品牌产品在满足消费者需求上的重要性。许多购物中心都设有特定的文化活动设施，如多厅影院、书店、唱片行、电子游戏、音乐演出、艺术展览及其他娱乐中心。凭借有吸引力的设计、卫生又安全的环境，它们能够超越其商业目的而成为约会和社交的场所（尤其受到年轻人的青睐）。文化和商业属性的糅合使这些商场变得比纯粹的文艺场所更加诱人前往，同时又比一般只供购物和闲逛之地更加值得信赖。这种糅合获得成功的一个文化秘诀在于能够将突出的身份象征与个人举止自由融为一体。对顾客的采访报告表明在这些地方购买衣物和商品更能体现顾客的身份和品味，此外，这些场所提供现代化和国际化文娱活动以及高质量的展览，同时还能接受人们轻松随意地享受这一切，比如可以穿牛仔裤入场，还可以边走边聊

① 均为墨西哥城商业繁盛区。

(Ramírez Kuri，1998)。

城市空间的使用和消费（包括文化消费）方式发生的巨大变化并没成为关于城市的议题的一部分，更别提被纳入文化政策了。在墨西哥城，只有奎库尔科商场曾引起过社会争论。人们认为建造这一商业中心和配建一座大厦会影响邻近的同名古文明中心，那一历史遗址可是整个墨西哥谷①最古老的文明中心(始于公元前二世纪)，此外还会污染水源并造成路面交通拥堵。然而，当休闲活动的市场化进一步扩张以及城市面貌发生改变之时，人们应当考虑的公共利益难道只限于与历史古城之间的冲突吗?

由于大量人流前往购物商场以及商场将公共资源私人化的特点，商场的建造其实可以作为从公共角度入手的研究分析对象，而非只着眼于商场对古老建筑的影响。国家除了行使调控和制约职能，其实也可以考虑一下大型购物中心对于公共空间利用上的可取之处。正如这类商业中心在一定程度上推动了人们回归电影院并促进人们对唱片和艺术展览的消费一样，也值得探讨在此思路下商业中心是否同样能促进其他一些与公共文化相关的活动，以传播文化、分享信息并鼓励人们参与。巴塞罗那、柏林、伦敦以及其他一些欧洲城市的大型商场在这方面已大有作为。(Borja & Castells，1997）在那里，除了可供消费的场所，投资者还需要设置一些并不以营利为目的的场所，比如儿童活动区以及一些文化和社会服务场所。

在墨西哥，管控商业电视的法律规定，各个电视频道必须

① 即 Valle de México，是位于墨西哥中部的一个高原，大致与现在的墨西哥城和墨西哥州东半部相连。墨西哥谷周边是数个哥伦布时期文明，包括特奥蒂瓦坎、托尔特克和阿兹特克的中心。

保证有12%的时段用于公共信息的传播。此外，联邦立法院也为保护重要历史遗址和维护城市的和谐发展，确定了一些开发受限的特殊地区（Zonas Especiales de Desarrollo Controlado）。如果有人想在这些地区进行超出规定范围的开发（占用土地或开启建造工程），则应当在该地区建设一定的公共服务设施以促进城市资源的再生和改善。

制定法规让企业家在建造或扩建商场时必须腾出一定空间专用于发展非营利的文化业务，如演出、艺术工坊、由墨西哥电影档案馆（Cinecteca）管理的电影播放厅，以及面向社会大众的电子信息服务等，难道不是可以实现的吗？就像评估大型建筑在建设过程中对环境的影响一样，也应考虑其文化影响，并要求所有的营利性投资都应拿出其部分收益来回馈社会。或许，重新思考这类具有社会属性和消费特点的新型空间所产生的公共价值，将推动墨西哥效仿很多其他城市（正在修改它们城市规划）再将城市建设写进其讨论议程（Holston & Appadurai，1996）。

虽说墨西哥城在最近半个世纪的发展全靠工业化以及随之而来的大规模国内移民潮，然而自从其二十世纪八十年代初经济对外开放起，这个城市里最具发展活力的城区还是那些建立了外资企业或是完成了墨西哥企业的国际化的区域。墨西哥城及其周边都市区域现已成为世界上二三十个超大城市区域（megacentro urbano）之一，实现了经营管理、发展创新和市场营销的跨国融合。这一发展所带来的变化非常明显，尤其可见于圣塔菲区——惠普、奔驰、丘博保险、Televisa等大型公司的办公楼以及大型商场和高端住宅区就占用了650公顷的土地。同样，变化也可见于墨城其他几个地方，如改革大道、波兰科部分区域、起义者大道和南环城路的建筑修缮中；变化还表现在大型商场和新型国际酒店不断涌现、电信和卫星通信实现现代化、信息科技的发展、有线和数字电视的出现，以及之前我们已提及的多厅影院的诞生等。这些举措中的一部分直接导致了文化和传播发生变革，另外一部分则重新定义了城市生活以及将空间据为私用的传统模式。这两类情况的共同之处在于，国家都将其领导地位让给了私有企业和跨国集团。

为使城市生活全球化的根基稳固，而非简单沦为房地产、金融、媒体等行业的敛财路径，我们有必要重新阐述文化政策与公共场域和公民身份之间的关系。若艺术和手工艺传统、博物馆和历史老城区，能够与先进通信技术和信息化手段一道，成为城市或国家发展计划的一部分，那么它们将会是解决社会分化与不平等问题的新路径，或许还能改变一个城市或国家的对外形象与竞争力。

省区和全球的想象体

分析至此可以看到，城市的二重性与全球化进程中的分离问题紧密关联。那么全球化到底在多大程度上能为特大城市注入活力，又在多大程度上加重了城市分化呢？

若追踪关于拉美大型城市的新闻报道，我们会注意到越来越多报道涉及治安和暴力问题、社会的分崩离析以及为保自身安全而将公共空间据为私有的现象。米格尔·安赫尔·阿吉拉尔关于墨西哥城和特蕾莎·P. R. 卡尔代拉关于圣保罗的研究表明，对于这些大城市的想象因新型的阶级分化和暴力方式出现而不断变化。在拉丁美洲的城市中，阶级分化在现代化的发展进程中逐渐形成，其表现方式为不同的社会群体逐渐分离而聚于不同的社区。此后，为了整顿始于二十世纪中期因移民增加和工业化而产生的城市扩张，拉美国家对城市人口进行了城区和城郊对立式的划分：中产和上层阶级的人被“划分”到各种设施配置齐全的城市中心区域，而贫困人口则相应地聚集在条件较差的城郊。然而，特蕾莎·卡尔代拉在其关于圣保罗的研究中指出，尽管上述划分人口的模式继续存在，城市很多区域还是出现不同社会群体相离甚近的情况①，人们因此设立围墙、防盗大门以及安保亭，住宅区会在街口设置限制人员进入的设施②，一些高层建筑则配备电子安保入口。

市民同时也会采取新的措施来保障自身安全，这同时也改变着城市的景致、在城内穿行的模式、日常生活习惯及想象体。在普通民众居住区，如巴西的贫民窟、布宜诺斯艾利斯的贫民镇，以及波哥大、利马和墨城的同类区域里，邻里组织起来保护自身安全，在一些极端情况下甚至阻止警察介入。而经济实力强大的群体则建造联排住宅区，并设置封闭的或者限制进入的安保工作区。另外，大型商场和其他一些公共建筑的入口处也设置了安保设施。最近几年，建立封闭街区已成为大城市里中高端人群聚集的主要动因。这些人往往不是社会运动的参与者，他们行使市民权利的特殊方式是，私占高度警戒空间、限制社交和避免与不安全因素的接触，以此来远离城市争端。

---

① 即随着人口不断增长，在城市不同方向都会有些地方出现富人区与穷人区紧挨着的现象。墨西哥城南部的佩德雷加尔区就是一个很好的例子。

② 比如墨西哥南部一些富人区不光在小区门口设立保安，还与邻近几个小区一同在所处街道的街口封路设置铁门。

炫目的多元文化城市景观正在走向城市折叠。正如关于移民的分析所解释的那样，外省移民从一个城市到另一个城市，是为寻得一份工作，能有更好的收入，过上舒适平淡的日子，他们原本是受城市的丰富多彩光芒所吸引，现今却发现他们要到达的地方原来是被暗影笼罩着——这些城市重组之后将自己隐藏起来，什么也看不见，也不被看见。

省区想象体和国际想象体之间存在很大反差。在省区，人们关于大城市的想象仍镀上了现代化和进步的标签。而国际想象体在报刊、电视以及一些专业研究中盛传，对墨西哥城、圣保罗、波哥大以及加拉加斯等特大城市的想象却总是与人口过多、交通堵塞、环境污染以及社会暴力等问题紧密关联。

伴随着公共空间的恶化、失控式的增长以及分裂性质的暴力现象出现，二十世纪九十年代出现了新的社会文化焦点和模式。随着二元城市与经济恶化，非正式商业愈发混乱，以及犯罪事件频发，一些拉美国家的首都城市（布宜诺斯艾利斯和墨西哥城）首次进行了领导人公选，而其他一些城市，包括智利的圣迭戈、乌拉圭的蒙得维的亚、哥伦比亚的波哥大和巴西的圣保罗，也在后独裁时期主动践行更为民主的社会参与模式，并重新激活文化发展。值得一提的是巴西波塔莱格雷①，大约十年前，它在工党领导下，通过动员所有城区公民积极参与对于资源使用重点方向的讨论，成功地解决了久积的社会诉求与紧张的财政预算之间的矛盾（Jelin，1998）。另外一个典型例子则是巴塞罗那城，它推行市政管理民主化的一大举措是鼓励民众参与提升文化艺术素养的活动，以此方式促进公共空间的集约

---

① 巴西南大河州的首府。

化利用并改善社会治安（Borja & Castells，1997）。

经济和传播的全球化为各城市朝国际都市方向发展提供了良好的条件。当然，这一状况在不同领域有所差别。在学术界、知识圈及其他领域，拉美地区主要大都市的国际观光人数和信息流通量成倍增加。然而，在一些曾经非常国际化的城市中，政府工作懈怠和私人资助力量薄弱使得外国艺术的传播有所减少，这一现象在墨西哥城日渐式微的视觉艺术展览与蒙得维的亚和波哥大的剧院活动中体现得淋漓尽致。而曾经历衰退的电影行业——少数拥有民族电影产业的拉美国家（阿根廷、巴西、哥伦比亚和墨西哥）没有足够的影厅来播放影片——现如今却有了一点复兴的征兆，尽管展厅和多媒体系统的分配越来越受控于北美的电影公司。

几乎在上述的所有领域，新型的城市管理都在竭力推进文化产业发展以及文化活动的多元化。一个创新之处在于，国际开放之门并非仅仅向第一世界国家的大都市敞开，也向许多拉美大城市开放。拉美能够参与其中或归因于政府的积极主动——举办跨城市的嘉年华活动，以及在不同国家巡回举行电影展和戏剧展，亦得益于一些私营企业主或独立生产商之间的合作：从墨西哥电视公司 Televisa 的业务到加勒比音乐节，都将中美洲-加勒比地区与美国纽约和迈阿密等大城市联结了起来。在巴西的波塔莱格雷和阿根廷布宜诺斯艾利斯之间同样也搭建了一个供两个城市的音乐家、视觉艺术家及戏剧团队交流的平台。

拉美国家的首都城市以什么样的文化资本来应对上述提到的任务？这么问并非玩文字游戏。实则同样该问：这种国际的积极行动在当今有多大程度建立在本国历史文化遗产与音乐、电影和影像制作的基础之上，又在多大程度上依靠进口、商业性质的巡演，以及那些总遵循“轻浅”美学风格并追求短平快的强大的非本土资本的流动？此外，当本土文化生产的各方面都已萎缩——出版社倒闭或被跨国企业并购，本国电影行业拍摄能力有限，且取得的少数民族电影成果还得遵从其国际合作方的商业标准，我们还要问：本土文化生产如何能为其所在城市代言并与其他城市进行交流呢？的确，这样的市场趋势在一定程度上被当地对于国际品牌连锁的接受适应（如 MTV 公司在墨西哥和阿根廷设立分部，大型唱片发行公司也如此）而抵消平衡了。当然还应将这些变化与新兴的文化消费趋势关联起来，也就是说，在传播行业中，与本土文化比较，更加国际化的风格占了上风。

以上种种同样也与之前所提城市意义之变化相关，即不仅拉美地区首都城市的含义发生了改变，外围的参照城市也从欧洲变成了美国。曾经对于拉美十分重要的巴黎、马德里和伦敦，现已被拉美精英眼中的纽约以及拉美中产阶级心目中的迈阿密和洛杉矶取代。在这些大城市里，众多的艺术家和知识分子，构成西班牙语消费市场和受众的旅居这些城市的大量拉美中产阶级和普通民众，以及发达国家的拉美社区与拉美各大城市保持的顺畅交流，都让人觉得有必要把纽约、迈阿密和洛杉矶理解为拉美文化之都（而非简单将它们视为拉美城市的重要外国参照之城）。在制定城市政策和文化政策时，我们需要思考跨城市的政策如何才能促进跨文化的认识和理解。最近的一些项目，比如布宜诺斯艾利斯和波塔莱格雷联办的艺术周、墨西哥-美国文化基金会的成立，以及墨西哥城成为被迫害作家的“避难之城”等，都是促进跨文化理解的重要举措。

上述的各种趋势并非相向而行，甚至有时因利益冲突而独立，却由此重塑了拉美地区的文化风景。这种情况并非仅仅存在于大城市中，但大城市的确（又一次地）成了许多变革和创新的聚集地。正因如此，在反思全球化旋风带给城市政府、私营企业以及独立联合会等组织的各类改变和各种挑战时，大城市往往是研究和分析的优先考虑项。

最后我想突出介绍一些城市在构建全球化理论模型及其相关想象体中所发挥的作用。二十世纪八十年代和九十年代初的全球化研究主要围绕全球和本土之间的二元对立而展开。与此不同，近些年的著述则将全球化的过程描述为“国家政府、全球经济与本地化战略的三角关系”（Sassen，1998：15）。有学者在此模型基础上，再加上第四个元素，即跨边境区域的重要性。这类区域的全球化趋势呈现特定模式，如美墨边境的蒂华纳-圣迭哥（Alegria，1992；Herzog，1990；Valenzuela，1999），以及早期阿根廷和巴西边境的几个地点。

类似边境区域，许多城市之间也存在着边界线。这些城市间的边界地带就是全球性延展、展现全球化与去全球化之间的张力的空间，在不同边境和不同大城市具体表现形式各异（Vila，1999）。在此我要指出两种可能的后果。第一种是在方法论层面得出的结论，即关于全球化的宏观社会研究——以经济和传播研究为典型代表——都需要将其研究发现与实地（即各城市与边境）进行对比，因为全球属性在实地与当地历史文化发生交互，并受本土历史影响而进行重新调整。第二种推断则涉及政治：国家在全球化背景下所能开展的文化活动并非只局限于文化产业与国际组织，它们也可以在城市和战略性边界地区开展国家间的交流活动，并将获得具体成效。

第八章

从文化角度看待全球化

尽管在我们的想象中，全球化是任何国家、任何企业以及任何消费者都可以共存以及互动的一个进程，但实际上我们看到，它其实是片面而不均衡的：核心地区与边缘地区之精英对彼此更加依赖，他们通过更加广阔的渠道获得了大量的财富和信息。但即使是在这些享有特权的地带，仍需要将全球化与国际化、跨国化和简单的地区联合区分开来。

由于地缘上的亲近和历史上的渊源，或获取经济与技术资源的程度不同，我们所称的全球化更多指的是地区间的合作或者是历史上有交往的国家间的合作，比如亚洲国家之间的合作，拉美国家与欧洲国家或与美国之间的合作，美国和相距遥远、同讲英语且生活方式一致的国家间的合作。文化之间的相似性和差异性至关重要，它们决定着全球化是否能覆盖全球，决定全球化是呈环状还是呈切线状。

我们也发现，相比之下，一些生产和消费的领域更能体现全球化广阔的覆盖范围。出版业在一定语言区域内汇聚力量强化交流，而电影、电视、音乐与信息等产品则更容易在世界范围内进行传播。一些特大城市和中型城市（如迈阿密、柏林与巴塞罗那）是全球性产业高度集中和移民游客络绎不绝之地，它们与世界的联系更为紧密，但也因此致使许多产业被边缘化。

看似“公平”的分配规则，实则为不同国家和不同产业分配了不均等的财富和信息，这就体现了全球化的两面性。

1. 最常见的关于全球化的叙述是，全球化是资本主义在后工业时代的扩张和大众传媒的扩张，这个过程联结并且统一了，或仅联结（统一）了生产、金融体系、传媒和娱乐等方面。这一叙述版本的发起者应该就包括了华尔街、德意志联邦银行、贝塔斯曼、微软、好莱坞、CNN、MTV、苏富比以及佳士得等。全球化统一了全球经济市场和资金流，为所有国家提供了一模一样的新闻和相似的娱乐活动，所以全世界都相信应该遵循这一全球统一模式，也正是银行、跨国公司、跨国非政府组织以及跨国消费者“群体社会”（信用卡用户、计算机用户、电影观众、资讯接收者和短片观看者）的存在，让许多国家觉得这一描述全球化的版本相当具有说服力。因此，作为历史进程的全球化成为意识形态、唯一的思维方式，成为全球主义，也就是说，强制推行市场统一，把政治分歧和文化差异也归于市场范畴。一旦把政治分歧和文化差异只视为经济的附属，政治就被稀释了，而国家政府也就成了非必要之物。文化政策注定要屈服于象征符号的商业化，放弃任何美学追求，拒绝承认无助于定义消费者的差异。受排斥者或说异见者被认为无法进入社会生活的商业组织结构之中。

2. 劳伦斯·格罗斯伯格认为，全球统一的物质市场和文化市场是一个“切层器”，它的运转并没有消除差异，而是重新组合差异以形成新的界限。此界限与疆土无关，而是与市场财富的分配不均紧密相关。全球化或者说各企业集团与国家政府的全球战略，造就了分化和离散的机器。全球化背景下的“工作自由”给工会、移民、非正式市场都带来了挑战，有时还与贪污腐败和破落阶层的行径相关。本书引用的多位学者既关注资金的流动，也关注全球化对工人社会权利和生态的影响，他们强调取消对于外国投资的限制是打破工会、社会救济常规与生态规范的手段——现代国家用这些常规规范来驯服资本的贪婪和保护人民的利益，在这种观点看来，全球化不仅意味着财富和信息的自由流通，还应当将其如下能力纳入全球化的定义中：向劳动力成本和税负更低的地方“输出工作机会”。

概言之，全球化统一和连接了世界文化，但也在每个文化中发生了不同程度的“停滞”。那些仅把全球化看作全球主义或市场逻辑的人，只看到了全球化的融合性和联结性。其分化性和离散性，以及不同群体在冲突和糅合过程中产生的多方面问题之复杂性，只在社会学研究和人类学研究中刚开始得到阐述。不为霸权思维所认可的文化差异，实际源于不平等，而不平等常能演变为排外现象。

如果全球化的两面性交融在一起会怎样呢？塞尔希奥·塞梅尼奥认为，这将产生“社会碎片化”：曾推动了进口替代工业发展的两个群体（企业家与无产者）将瓦解，工薪阶层的中产阶级将不复存在，以及曾担负着社会主体与国家政府之间的调解功能的工会、政党以及人民运动也会消失。这样的结果是国内移民和跨国移民继续增多，没有因为一系列社会问题而停下迁徙的脚步。这些问题包括：局促的就业市场，日益恶化的工作环境，让人忧虑的城市治安，大众媒体对这类社会问题的大肆渲染，政府对于社会抗议的控制失败，以及日趋增长的暴力行为引发的各种（包括合法与非法的）镇压活动。

互相矛盾的全球化两面性让我们又面临另一个问题：全球化的两面性不交融，又会发生什么呢？答案是超越地域的权力与有着明显国别性的日常生活之间会产生极端的不平衡。“公司可以自由搬迁，由此带来的影响却留在原地。”齐格蒙特·鲍曼这样解释道。从这一点来看，全球化和文化多样性之间形成了最大限度的相斥：当资本无法战胜差异，它就会去寻找可塑性更强的市场。由于“流动性已经成为最强大、最贪婪的分化因素”（Bauman，1999：16），成功迁徙、离群索居、不再近距离发挥主体作用的少数者不再受到本土社会的干扰，分化效应将他们限制在城市区域的一角，甚至是电子终端的一角。因此，对抗全球化力量的两个关键因素在于，非中心的次要群体可以在不受距离限制的多样化的条件下进行活动，同时当地组织（城市组织或国家组织）的权力得到增强，从而可以控制资本和资金流动。很明显，如果每一个国家都单独行事，资金就会流走，因此这就需要地区间进行协调，向全球治理和世界公民身份的实现迈步。

缺乏惊叹之情的时代背景下的文化研究

我在本节探讨了文化研究如何能帮助我们更好地理解全球化本身的矛盾，但文化活动是否可以调解全球化两面性之间的分裂与冲突，这还是一个未知数。换句话说，在这样一个无法左右民族经济和民族文化的私有化时代，探讨文化政策还有何积极意义？

我一直以来都认为，要解答上述疑问，我们应该向社会科学和文化研究发问：它们是从什么样的角度来谈论这个问题的？其分析又有什么样的论据？我想到用一个不太常见的方法——通过观察人类学书籍和文化研究书籍在书店里的摆放位置——来进一步思考这个问题。这两种书籍经常被摆放在宗教和旅游书籍之间，我相继在美国、法国、西班牙、阿根廷、巴西、墨西哥的大众书店里都看到了相似的摆放位置。这种摆放方式让人直接联想到，人类学和文化研究多半分析信仰和迁移问题。在专业性更强的书店里，这两种书籍又与社会理论和后现代主义书籍摆放在一起。综合这两个观察，我们可以得出这样的结论：文化研究和人类学在分析信仰和旅行问题时所关注的是一种惊叹之情；而当人类学和文化研究与社会理论相提并论时，它们向我们讲述的是这样一种倾向——从概念上思考他者给我们带来的惊奇，并寻找合适方式来理解我们与他者的邂逅。

我认为还有一种回答，可以用来解释两种书籍在书店里的摆放位置，以及这些书籍上架量和销售量增长的原因。据说，人类学学者偏爱研究正濒临灭绝的事物，而且因为惊奇感是二十世纪末最罕见的一种财富，它对人类学研究来说就更具吸引力。谁会惊讶于出现在西方城市里的印度商店和非洲商店，以及纽约最流行的电台新兆字节（La Nueva Mega）居然讲西班牙语？谁又会惊讶于索尼并购了好莱坞最重要的电影制作商，以及德国贝塔斯曼德公司收购了美国最大的出版社——兰登书屋？总之，我们不再惊异于文化间的融合。而身处世纪之交，当变革的大幕已经拉下，人们也不再期待未知，认为想象全球化只存在一种单一方式。

或许是这个变化不定和相互交织的世界对惊奇感不够重视，导致惊叹成了人类学研究和文化研究中的主旋律。这其中还有一部分原因是人类学研究和文化研究都和后现代主义有一定关联。现代主义的特征之一就是不断的创新，先锋主义把这种特征放大到极致，后现代主义艺术没有如愿摆脱先锋主义，所以也在寻求不期而遇的新奇来惊艳大众。但两者的不同之处在于，后现代主义的创新不是现代主义所追求的打破原有形式的创新，而是通过将各种年代和各种风格不做区分地混合在一起，试图带来耳目一新的效果。

众所周知，现代艺术家的悲哀在于不再挖掘新鲜事物去惊艳大众，我认为人类学家和文化研究专家也经历着相似的悲哀。十年前，要说我们不能从自我身份认同角度去分析问题，而应用较多篇幅去分析那些让人茫然的混合之物，还颇有新意。混合现象包括：现代精品店里售卖着印第安人手工制品，民间音乐成为媒体传播热点，曾在几个世纪以来都只存在于一个国家的一些美食和宗教习惯突然间传到了遥远的国度。同样地，还比如，艺术家在书籍和杂志中制作跨文化拼贴画，向读者展示不寻常的拼接，以此来惊艳、吸引更多的读者。

现在的书店、文化研究大会或是艺术双年展都很难惊艳大众，每年的时装走秀、电影首映式和信息技术创新中却总有新奇事物的身影。但这其中大部分新奇事物的诞生是源于市场的要求——出于加速产品更新换代以扩大销售量的需要，很少是因为美学创新或者研究的需求。更不是由于愈演愈烈的贫困和社会治安问题的推动，我们才更新观察社会的视角。

那么分析上述惊奇的难以发生能成为文化研究和人类学的新亮点吗？我发现，面对如此局面，大致有两种做法。其一，一些文化研究学者一边唱着精英文化的挽歌，一边控诉大众媒体通过控制市场强化其对新鲜事物的管控。其二，将自己置于一个从属位置——庶民性（la subalternidad）、后殖民境遇和少数群体的话语权——尝试用一种批判的眼光构建另一种看待世界的视角。

这两种做法都已有古人采用，他们曾尝试寻找解决现代主义矛盾的方法。西奥多·W. 阿多诺和何塞·奥尔特加-加塞特等思想家，曾站在精英文化的制高点批判商业化、缺乏深度的快速发展以及不留痕迹的更新换代，这种批判被质疑为贵族主义。试图在受压迫的主体身上找到资本主义和殖民主义矛盾之解决方案的学者有格奥尔格·卢卡奇（他赋予了劳动阶级在认识论和政治上享有的特许权利）、弗朗茨·法农以及其他持下述观点之人：认为那个能够给出答案的主体存在于殖民国家、无数的空想家和左派先锋主义的领导人中。虽稍显冗余，但我仍想在此再提，持上述观点之人的预测没能完全实现，大家也都反驳他们说其理论观点缺乏根据。乌戈·阿楚加尔等人指出，我们还需要从拉丁美洲批判思想的角度进一步去思考这些理论思潮的背景与局限性（Achugar，1997）。

批判的视角经久不衰的原因之一是，这些学者所反对的文化之平庸化以及社会经济剥削问题仍然存在，而资本主义的新面孔——全球化也备受质疑，因它没能实现其联合世界的承诺，还加剧了不均衡和不平等现象，并催生了许多其他的问题。从社会生活角度看，我们对全球化已不寄希望，也不期待它能带来翻天覆地的创新。

文化研究得出了有关全球化的三个结论。第一，资本的全球化不能标榜自己为唯一的社会秩序和唯一的思维方式。第二，全球化社会中复杂的互动问题的关键，不是将复杂性简单等同于霸权主义和受压迫底层之间的对抗，因此也就不能认定存在一个可以决定诸多矛盾之历史走向的唯一决定性主体（无产阶级、少数群体、殖民国家或后殖民国家都不可以）。第三，矛盾冲突的形成非常复杂，所以不能将矛盾简单理解为对抗。我将会对三个结论进行分析，研究它们对文化研究和文化活动的影响。

通过从文化间性和批判不平等的角度相对地看待全球化，我将具体分析未来研究的三种导向。面对把全球化运动理解为同质化过程的想法，我们应考虑到全球化实际上没能消除的差异中，大部分属于文化范畴。再者，我们应该承认差异的多样性，因而蕴积形成的差异就很难以一种社会文化去分析或者归于某一政治阵营，但又不能让任何一种具体的差异起到决定性作用。最后，在这样一个高度一体化的世界里，特色文化也经常会带有强势主流文化的一些特点，各种差异与不平等问题相关联的方式也不尽相同，因此，多样性有时候表现为对抗性，有时表现为妥协和协商。

以这三点作为出发点就可以跳出文化研究的传统思维，或者说逐渐构建我们自己的多种新的解决方法，重新挖掘让我们产生惊叹之情的事物或是关注主流的信息体制所忽视的问题。我在本书中着重突出人类学和文化研究的理论贡献，因为从中我找到了审视全球化进程最得力的工具，但是，从此项分析研究推断出绝对的结果则必然会涉及政治问题。

公共空间的文化重建

在拉美，全球化的聚合效应并不明显，然而其深刻的分化效应展现无遗，由此引发了我们的思考：相比较而言，拉美没有做到真正融入全球化的财富市场和信息市场，其出版业和音像产业的技术更新处于停滞状态，还错过了信息技术革新的顺风快车，拉美这一状况是否糟糕透了？在信息技术创新方面，拉美对别国的依赖已是不可逆转，至于在全球财富和信息市场中的参与度低，以及出版、音像领域的技术落后问题，在过去的二十年间则更是加重了。然而，整个文化产业和传媒产业的消费得到了快速增长。近几年，一些拉美国家（巴西、墨西哥、阿根廷、哥伦比亚）的部分区域，还出现了国产电影、国产唱片，尤其是国产剧集的活力重焕。

还有其他一些数据表明拉丁美洲国家至少还是取得了国力上的实质性进步。接受过中高等教育的人数明显增长，他们投身的行业分布广泛，创造了近五亿人口的西语市场，另外再算上西班牙的人口，以及美国三千万说西班牙语的人，就使得西班牙语成了世界上使用范围最广的几种语言之一，西语地区也成了世界上文化消费能力最强的地区之一。拉丁美洲的电台、电视，到图书、杂志、互动媒体市场（从互联网到电子游戏）都在以超乎其他语言地区的迅猛速度扩张，而且，拉丁美洲人偏好本地区（包括本国）的音乐、报纸和电视剧，这也给拉美文化产业带来了更大的发展机会。类似指数还可以继续列举下去，包括从事艺术、文化产业的专业人员持续增加，电影学院、新闻学院、传播学院也在迅速发展（虽然水平参差不齐，而且很少招收研究生）。此外，最近十五年来学术研究一直在进步，第一次通过坚实有力的数据，为我们展示了拉美较发达国家的文化习惯和沟通习惯。

拉美所具备的这些实力足以帮助我们在全球市场上占据有

利地位，促进传媒产业在经济社会的发展中发挥它独特的作用，但是拉美地区那些高高在上的文化政策制定者对传媒产业毫无兴致，浪费了这些本应该利用起来的优势。拉丁美洲国家的文化部部长、相关部门负责人在以文化为中心议题的两次经济谈判中（即 1993 年关税及贸易总协定谈判，以及 1997 年、1998 年经济合作与发展组织举办的多边投资协定谈判），不是缺席，就是保持沉默。这两次经济谈判中的文化议题继续在联合国教科文组织的出版物、世界文化政策会议（1998 年于斯德哥尔摩举办），以及欧洲国家政府、加拿大政府、国际组织发起的会议中（旨在讨论多边投资协定以及好莱坞式与大型跨国公司的寡头垄断），进一步得到讨论。正如法国、瑞典和加拿大三国文化部部长在这些会晤中所述，文化不仅仅可以作为流通的商品，它更是生产艺术及多样性、构建民族身份认同与文化主权的手段，也是人们掌握知识和学会多角度看待世界的渠道（UNESCO，1997；Alonso，1999）。

虽然传统上仅负责管理经济事务的国际组织开始与相关文化机构举行一些国际会议讨论文化事宜，以表示对文化的重视（如拉丁美洲经济体系与联合国教科文组织、“安德烈斯·贝略”协定组织于 1998 年 7 月在布宜诺斯艾利斯会晤，美洲开发银行于 1999 年 3 月在巴黎召开会议），但大多数政府还是对文化摆出一副漠不关心的姿态。美洲开发银行召集的最近一次会议计划安排拉美各国文化部和经济部部长与有关专家探讨文化产业和社会参与的事宜，虽然各国经济部部长年会将在两天之后的同一城市举办，但没有任何一位经济部部长选择参加这次文化会议，出席会议的各国文化部部长对会议也鲜有贡献，这场会议最终更像是组织方美洲开发银行的主要负责人积极参与的一场各位专家之间的内部对话。

我参加了三次那样的会议，以及几次二十世纪八十年代在拉美举办的政府间会议。几次会议上，我都会带一本田野调查日志，其中一篇我记下了当时这样的观察：

> 与会人员包括来自一百多个国家的文化部部长、相关文化部门负责人，再加上他们的随从人员，人员规模达上千人，所以不论是在会议上还是采访中，面对媒体的时候，各国官员都急切地想要确保一切都是完美的，不出一点差错。这一点和达拉斯、巴黎的大型机场所期待的一样，因为每五分钟都会有超过一百架飞机在那里起降，所以为了避免起降冲突和突发意外，机场在严苛的规定下运转着，严格控制起降时间和起降顺序，一切都非常小心。而这些国际会议避免差错的方法之一则是制造沉默：确立详尽的并经过充分协商的会议日程，并细致严格地按照议程推进会议，以此保证会上没人提及大家不想谈的敏感话题。

那么这些涉及文化政策的会议中都谈论了什么呢？答案是，谈论即将前来演出的钢琴家，将被派去外地的画家、作家，讨论那些不能挪动也不该触碰的文化历史遗产近来的商业化问题，唯独不谈文化产业。

这就好像一个世纪之前的总统们都不愿提起铁路，五十年前，他们拒谈汽车、卡车、拖拉机，三十年前，拒谈家用电器和能源。他们把文化战略资源从公共生活中硬生生分离走，又为民族发展赢得了什么？难道我们的社会不是文化创意产业所产生的庞大利润的直接受益者吗？难道文化产业不能促进社会间的理解及认同，让我们所处的社会与更多不同文化进行形式多样的沟通，并从中获得享受吗？

毫无疑问，我们时代特有的政治、经济症结使得人们忽视了文化产业。在这个时代，国家治理简化成了对如下一种经济模式的管理：将全球化视为边缘国家对一个万能市场的顺从；而政治与文化（如对差异的处理）都要为经济的同质性发展让步。我想要进一步探讨这些概念上的错误以及政治文化角度的误读，因为正是这些错误的观念导致了公共权力在社会生活之战略领域中的缺失。

我们习惯将公共空间和公共场域视为每个民族领地内的特定范围，然后来思考该国的政党、工会和社会运动会如何利用这些空间。但如前所示，公共性在空间层面已变得模糊，我们今日应当重新对其进行定义，将它看作一个动态概念，即超越国家领土的区域内流动。约翰·基恩提出了“公共性”的新定义，他仍沿用了空间隐喻概念，但以一种更为开放和国际化的视角来阐述空间。他把“公共场域”定义为“一种特殊的两人或两人以上的空间联系，该联系通常通过某一种媒体（电视、电台、卫星、传真、电话等）来实现。在或长或短的时间里，这种联系中产生了权力的非暴力性纷争，即互动过程中发生的权力关系，或者在更广阔的社会政治结构下意见不同者之间的权力关系”（Keane，1995：8）。

根据这些意见不同者所在的地理层次和交际层次，他将公共场域分为三层，第一层为微观公共场域（las esferas micropúblicas），即本地区层面。其参与者可达几十、几百或上千，如邻里聚会、教堂礼拜、咖啡厅会面，以及发挥着公民沟通的本土实验室之功能的社会运动等，都属于微观公共场域范畴。

第二层为覆盖国家或区域范围的中观公共领域（las esferas mesopúblicas）。上百万人在纸媒［比如《纽约时报》、《世界报》、《圣保罗页报》（*A Folha de São Paulo*）、《号角报》（*Clarín*）或《国家报》）和具有相似影响力的电子媒体上讨论权力的问题。最近几年里，上述媒体在本土传媒中占据主导地位，其经营由私营企业掌握，这些都说明私立主体在权力的论战中拥有了绝对话语权，而“公共服务”或者半公共服务的重要性逐渐下降。

全球化进程让我们认识到了第三层公共场域，即宏观公共场域（las esferas macropúblicas）的存在。其典型代表为那些范围覆盖全球的通讯社及跨国媒体（如时代华纳、MTV和贝塔斯曼）。通过集中优秀纸质传媒、创意才俊、科技创新以及传播渠道，上述通讯社与跨国媒体公司成为全球最大的娱乐及信息资源的操控者。它们还推动了针对所发生事件展开的国际讨论（即便事件仅发生在一两个国家），比如就海湾战争与波罗的海战争的讨论，以及对发生在东南亚、墨西哥、巴西的经济危机的关注等。我们的探讨平台从以前的议会和国内电视转变成了现在由卫星技术所支持的传播体系。

基恩的定义富有价值，但不免太过正式，因此我们必须在其定义的基础上有所拓展，即想要参与公共生活就要参与到所有的层次中。比如，联结不同层次和平台时，我们要思考如何重组公共权力。随着跨国文化工业占据公众生活的战略性领域，文化就私有化了，也就开始产生对公共利益和社会不平等问题不承担任何责任的问题。我们之前已阐述过，根据市场同质化竞争的单一逻辑，全球化是想象中的全球化，现代经典民主制度下抽象的公民，由诸多表面上没有任何区别特征的抽象企业家和投资者所取代。当然，企业家和投资者们常会引介那些代表其所在国家（美国、日本，或者是某个欧洲国家）文化与社会制度的品牌和风格，但事实上，在其所有行为中刻下烙印的突出特点就是他们把文化财产的丰富含义简化为商品。

面对文化市场的重组，国家政府与跨国组织可以做些什么呢？代表着公共利益的国家及政府间组织（如联合国教科文组织、美洲开发银行、美洲国家组织、“安德烈斯·贝略”协定、拉丁美洲经济体系与南方共同市场）可以促进贸易往来与社会文化交流的有机结合，不再坚持唯市场论，以此提升生活的质量，比如，加强对人权的重视，推动科学与美学的创新，推动社会参与以及对自然遗产和社会遗产的保护。根据公共领域全球化重组的原则，这一重大任务已开始执行，我们可以在上述机构的公文（如本书的最后部分，即参考文献中所列）中找到相关表述。但是上述看法在处理社会权利、文化权利以及多数人和少数人的政治诉求时，很难成为政府机构和跨国组织行动的信条。

国家政府和企业早已不再如从前那样是对立的双方，如今我们把国家政府视为调和的工具，以方便各级政府与诸多企业和公民社会其他部门沟通、设计方案。公共权力机关需要履行其管辖和调解职能，不让公民社会利益沦为企业的利益，更不让企业利益简单变为投资者的利益。

我们经常听到“国家不应该干预文化”的呼声，这一倡议不仅曾经成功阻止了审查制度、独裁主义和父权主义扼杀社会创造力，还应用到了文化产品的整个流通过程中，使得整个文化产品的流通由最强势的社会主体自主把控。理想主义者认为，文化创造具有私密性，只能由个人完成。但是这一观点很难站住脚，因为人类学、社会学及传播学的调查显示，在流通和消费阶段也可以进行文化创造。私人企业声称会尊重个人创造的自由性，但它们同时也在尽其所能地评判哪些产品符合进入市场的标准，这实际上限制了个人和群体的“发明”与“创造”。国家不应告诉艺术家应该写什么、画什么或拍摄什么，但是有责任确保文化多样性得到表现与珍视，还要确保所有人都能享用到文化产品。

我想简单介绍一下四个战略领域，也是目前各国家政府、国际组织和社会实体可以有所作为，从而为公共生活重新注入活力的领域。我认为若能把握好这些战略领域，发展中国家的文化产品也可以成为文化多样性的载体，从而提高其在市场中的竞争力。

1. 公民身份与文化政策息息相关，将社会如何应对全球化作为首要考虑项的文化政策，一定会充分考量公民身份。也就是说，人的发展应该优先于资本和其他市场指数。因此制定文化政策时不能首先关注文化产品的经济效益，这样我们就不会为了追求利益最大化去大力推广电影、音乐唱片和电视剧，而忽略了创收能力较差的交响乐、画作和科学书籍。文化政策的制定需要考虑一个社会一直以来对文化产品的供给规划（历史上的文化产品供给，或是目前正在生产的、从其他文化购买的文化产品）以及民众的消费习惯和接受心理。这就需要我们研究文化产品的供给和文化产品本地化是否适宜恰当，是否能使不同的社会部门之间的差异获得认可，使物质资源和象征资源得到更加合理的分配，并使这些行业能够形成合力以面对国内与国际的复杂局面。如何推广丰富多样的社会遗产，给尚未被认可的文化差异腾出立足之地并激励创新，是文化政策的制定者（尤指国家和社会主体，联合个人主体）需要真正思考的问题。

要处理好社会文化凝聚力与诸多差异问题，意味着要拟订方案来减少文化消费和文化创新上的不平等现象——这种不平等源于居住的城市与街区、性别以及人种（白人、黑人、印第安人）的不同。同时，还需要提供公共发声空间并保证沟通渠道畅通，以让男性和女性、不同种族人群以及不同年龄群体都可以就其群体关切之事进行表达，尝试进行文化创新。一旦完成这些条件的铺设，解决完这些问题，上述的文化消费者及创造者就差不多可以被称为公民了。

把公民身份放在文化政策考量的核心位置，不仅要考虑一国历史过程中形成的差异，还要考虑该国人与外国人的历史差异。本书中所分析的各种流通（主要体现为原生地区和目标迁徙地区之间人员、资本、商品和信息的流通），表明了跨国的经济与文化社群，以及人们在国内外生活而拥有的多重身份属性，对分析全球化极具意义。如果流散群体的百万个体根据不同国家的要求来规范自己的行为，那么为什么他们在政治、法律和文化层面不能拥有表达自己跨文化背景的权利呢？

关于这一问题，北美国家之间签署的自由贸易协定以及南方共同市场所签协定几乎没有涉及，尽管因移民交往而发生的跨文化已成为美洲国家社会中非常普遍的现象。目前仅有覆盖一国的文化政策。比如，1996 年 12 月，墨西哥国家议会通过了宪法修订案，保证出生在墨西哥境内的人以及父母出生在墨西哥境内的人，都享有双重国籍的权利。制定这一决策的一个重要出发点在于，给那些成百万在申请美国国籍的旅美墨西哥移民的脆弱移民身份状态增添一层保护。何塞·曼努埃尔·巴伦苏埃拉指出，这种法律上的认可意味着人们对于移民美国的墨西哥人的那种排斥有所改变：这些移民曾被认作“被取消国籍的人”（desnacionalizados）、“美国化的墨西哥人”（pochos）和“美国佬”（agringados）。同时，这一法律修订也重新定义了主权的概念，在这之后，居住在海外的、取得了别国国籍的墨西哥人还可以参与墨西哥的经济活动，不过他们至今没有能参与墨西哥大选的投票权（尽管曾经讨论过投票权的问题）。

在其他一些拉美国家，国籍是不可放弃的，当国民加入他国国籍时，其原国籍仍然保留。比如，近几十年里，阿根廷和乌拉圭的流亡政客与经济移民同时获得了墨西哥、西班牙或意大利国籍，拥有双重国籍。这种合法的双重国籍可能会产生一些主观意识上的困惑，本书中其他章节也曾谈过，但据我所知，没有造成过政治危害。很多学者——里韦罗和扬克列维奇等人——都曾论述过拥有双重国籍的人给原生国家和移民目的地国家带来的诸多文化上的益处，但是这种国籍自由至今尚没有随着拉美国家的贸易自由化和经济一体化的发展而在国际上获得进一步的承认。要在拉美构建一个如欧盟那样的大陆性或区域性的公民身份，依旧任重而道远。

或许针对“文化公民身份”之跨国体验所做的人类学与社会政治对比研究，能让构建拉丁美洲公民社会的法律诉求、风险和机遇一并展现在人们的眼前。成百万的拉美人过着不受保护、毫无规律的生活，改变这一现状的需求鞭策着我们思索如何建立拉丁美洲公民社会，当看到南方共同市场的协定和《北美自由贸易协定》的内容仅限于如下两个方面时，我们就更能认识到建立这样一个公民社会的重要性：

1）协调高度集中的企业利益。即，仅存在于外交辞令中的“大美洲”（la patria grande）概念变成了实实在在的“大美洲金融统一体”（la patria financiera）。

2）统筹调配各国由警察和军事机构主管的安全设施，加强对私有权力的严格与压制性介入，试图控制公民的个人生活。

只要拉丁美洲一体化未被理解为拉丁美洲公民的联合，也没被视作来源于不同文化背景的劳动者、艺术家、科学家，以及传媒之间的团结一心，那么也许我们的期待值就不可过高。在拉美，只有少许协定由公民社会发起并得到政府的微薄支持，如南方共同市场文化组织、“安德烈斯·贝略”协定组织、墨西哥-美国文化信托基金会，以及大学校长、人类学学者和艺术家的临时会议等。

当然，保持拉丁美洲国家间的边界与区分很有必要，因为这有助于保护自然资源、历史遗产和经济财产，控制移民数量，遏制贩毒势力和其他全球化的犯罪形式，以及传承本国文化。但在南方共同市场国家间匆忙达成的自由贸易协定、《北美自由贸易协定》、拉美国家内部其他合作条约中，以及在对有地缘政治利益关联的企业（如电信与影视公司）进行跨国性的私有化过程中，上述保留国家边界的预防性措施也就没那么重要了。

不能将保持国家界限和民族特点的责任全部放手交给政治家和企业家，因为这涉及人类基本权利和民族间的沟通理解。保持国家界限和民族特点需要培养正确看待差异的眼光，还涉及文化政策的制定，用政策筛选应对哪些文化遗产进行保护、排除哪部分遗产，以及决定这些政策是传递歧视的信号还是帮助人们理解多样化。如果说，关于这类话题，从事文化行业的人，尤其是艺术家常常能表现出极为出众的能力，那是因为他们能够对其他可能的生活进行想象。诗人、剧作家和演员特别擅长超越自身文化常规的时空限制，演绎角色，走近他者。二十世纪的先锋主义者将艺术家的这种能力颂扬为一种打破常规的表现，并为其不走寻常路的追求提供土壤、营造空间。在全球同质化的背景下，艺术依旧格外珍视差异，同时还有许多不从事艺术的群体也在实践中追求差异。但是，全球化中与想象的生活相矛盾之处，会让我们意识到现在的我们比过去任何时候都更有可能选择差异（如不同的习惯、药物、语言），并将其融入我们的日常生活中，帮助我们体验非传统的公民生活模式。

2. 文化政策应以公民为导向，从这一点出发，我们认识到财富和信息比社会本身及其内部任何群体都能更顺畅地通过市场将大众串联起来。前几章的描述表明，国家政府与社会组织其实都不是拉美电视剧和民族或地区音乐国际传播的主要推手，而是跨文化产业的利益使得生产商和中间商变成了推动这一传播的核心力量。

一些电影制作商、电视剧制作公司、唱片公司和出版公司发现，拉丁美洲音乐和戏剧等文化资源可以增强拉美国家在区域内部甚至国际上的竞争力。西班牙评论家罗曼·古本认为，有着连载小说与后浪漫主义戏剧风格特点的现代情景剧融合了“超现实主义、前现代主义与城市工业主义三大派别的构想”。借助这种戏剧风格，传统行业的象征资本可以找回随着跨国传媒的发展而丢失的地位。罗曼发问：为什么不以电影和电视剧联合播映的方式向外传播这个西班牙语美洲国家共有的文化财富，既然它会让这些国家在“后古登堡时代”的竞争中更具优势？

关于这一充满吸引力的文化财富之传播问题，其他专业学者不限于商业的角度，还从更广阔的角度——文化政策的角度——对其进行了再分析。欧洲学者和拉丁美洲学者一直在审视情景剧取得的广泛成功——不仅在虚构剧版块非常成功，而且也在政治和社会资讯栏目中大获成功——和“新市场民粹主义”（不加批判地全盘接受以排名来评定各媒体）之间的联系（Sarlo，1994）。而美学保守主义联盟则借助先进技术实现的特殊效应与政治民粹主义来消减人们对不平等社会结构的争议，并依靠独裁领导人的超凡能力来促成共识（Bourdieu，1998：9）。在这种娱乐、喜剧表演和政治的混淆之中，艾薇塔与切·格瓦拉的历史事件便成了如戴安娜故事和克林顿性绯闻一般的系列奇闻。但是这种南北方之间的“等同类比”好像并没有消除两者之间的不平等现象。而且，不论是拉美作家创立的魔幻现实主义，还是那些总把拉丁美洲表现为人间乐园以及自然资源丰富、家庭生活传统美好之地的电影和电视剧，都不是让这些边缘国家获得认可的最佳手段。而仅仅把拉美的冲突理解为家庭矛盾，将其社会问题当成受情感魅化之事，也无助于真正理解拉美社会。

参照那些我们今天未获得的信息来重新衡量拉丁美洲文化的工业化及跨国普及化之“成功”大概有些用处。我们拉美音乐、电视剧和图书产生的版税所得当中，有多少给了拉美社会？又有多少艺术家、制片人和技术人员受益于拉美文化产品的跨文化传播？这些信息我们一概未能掌握，我们只知道西班牙语电影在世界上占据荧幕的份额不到10%，就连在这些电影出品国也是如此。但是，光从文化艺术角度考量出口的文化象征产品所产生的经济效益和美学意义，便可以衡量出这些文化产品可能产生的影响及其为整个区域以及制片人、投资人带来的好处。

3. 为了根据公共利益而重新制定文化政策，我们必须逆转文化机构和文化项目的私有化和去国有化趋势。这并不是说国家要再次掌管电台和电视频道等文化行业的所有权，而是国家要重新定义其角色：对私营企业进行调控引导，推动那些最弱小的、非营利的社会团体——剧团、乐团、图书馆、社区活动中心和独立媒体等——的发展，以及维护和协调对公共事业有利的文化活动。在当今时局下对于国家政府进行重新定位，就要对其进行重新理解，将其看作公共利益和多文化集体的代理人以及各类纠纷冲突的仲裁者（不仅包括私人之间的利益冲突，还包括霸权国家的公司与发展中国家的公司发生的争端）。“各个民族国家是公民自主权实现的核心关键”（Giddens，1999：156）。

国家政府的一个功能就是避免财富和文化探索一味地商品化，保护社会文化中不可商业化的那一部分。我们需要有由国家政府扶持或是由政府、私营企业与独立团体共同资助的国家博物馆、中小学、公立大学、研究中心和艺术实验中心等文化空间，来确保多数人对文化信息与娱乐的兴趣和需求都不受商业盈利主宰。

国家政府在采取社会行动时首先应该加强对社会历史和文化遗产的保护，将它们保存在文化博物馆里，传承历史记忆。此外，政府有必要寻求公共遗产保护与开发的跨国合作方式，以保护社会和文化发展成果免受全球化市场的冲击。

4. 国家和独立组织所能做的事越来越取决于不同国家贸易一体化进程中所形成的新型文化项目和区域间文化机构。一边是文化工业辐射范围跨越国界，一边是各国的文化政策极为薄弱，于是产生了第三方机构。文化和传播权力的重新分配为地区联盟、城市联盟、国家组织、非政府组织以及其他独立的联合会和基金会的建立提供了契机，这些组织切实推动全球化与跨文化合作。而关于该如何提高地区经济体在全球竞争中的竞争力，欧盟已为我们提供了实例：设置推进一体化的相关举措，比如建立共同的教育项目以及实施对共有的文化遗产和“欧洲视听空间”的保护措施，这不仅加强了各成员国之间的商品流通，而且实现了各国间人员和信息的自由流通。此外，欧盟还建全规章制度，敦促各国政府推动图书发行、普及阅读、保护作者知识产权和发展国内文化产业。

尽管欧洲人对其电信业的私有化以及美国人掌控欧洲文化空间的抵制日趋减弱，欧盟还是为自己建立了共同的标准规定以促进电视节目在欧洲大陆的流通，在媒体广告的内容和限制方面，为所有成员国设立了展示和播放的最低时长标准。欧盟还创立项目发展地区音像产业，推广高清电视，并共享卫星传送标准。欧盟推出这样的共同发展规划不仅是为了增强文化认同，还希望通过文化产业拉动经济增长，创造就业，提高社会的民主参与度（Council of Europe，1997）。

拉丁美洲政府在这些方面没有什么举措，不过独立的文化组织和社团的积极活动在某些层面弥补了政府的这一缺陷。比如由阿根廷、巴西、加拿大、哥伦比亚、古巴、西班牙、美国、委内瑞拉和墨西哥等国的电影人、制片商、发行方和一些立法者联合建立的一个社团组织，1998 年在墨西哥进行会晤时商定的会议主题为“不是好莱坞的我们”。为了重振上述各国的电影产业，会议拟定了旨在获得政府补贴、财政支持、电视转播费以及 5％到 10％的票房提成的草案。为了应对美国电影制片商的不公平竞争，保护拉丁美洲电影，会议还提议每个国家立法以保护国产电影，比如，如果翻拍成本高昂（上亿美元）的进口电影可以带来更大的经济效益，那么就不应该将其界定为

“没有经济意义的复制”。这个组织于1998年在委内瑞拉和波哥大又举行了两次会议，其间，与会者达成共识，设立一个保护区域“电影多样性”和“协调电影类文化遗产的保护标准与机制”的拉丁美洲立法常设委员会。

各国家政府、私营企业和独立组织也在尝试其他合作方式，这些合作方式极具创新意义，值得我们关注。我想要列举的最后一个例子就是墨西哥-美国文化信托基金会。尽管美国有国家艺术基金会，墨西哥也拥有国家文化艺术委员会，但是这些国内的单边组织都只支持本国文化活动的发展，而在1991年由美国洛克菲勒基金会、墨西哥国家文化艺术基金会（公共实体）和墨西哥商业银行文化基金会共同创建的这个信托基金会则是双边组织，“推动墨美两国跨文化交流”。

信托基金会每年都会资助与图书馆、出版物、音乐、舞蹈、博物馆、视觉艺术、传媒艺术、戏剧、文化研究和跨学科研究等领域相关的双边文化项目。自1992年至1999年，基金会共收到3386份项目申请，其中将近500份获批，这表明基金会对两国产生了重要影响。过去，即便美墨双方交互频繁，合作完成项目却没有成为常态，其中一部分原因便为没有相应文化机构能为合作提供资助。1996年，我和乔治·尤迪斯做了一项调查评估该信托基金会的作用，发现其中受过该基金会资助的机构和艺术家都表示非常看好两国的合作交往，对如此不同的两个国家之间共享艺术想象的方案给予积极评价。他们希望基金会除了提供经济帮助之外，也可以组织工作坊、座谈会等多种活动，以使一国文化在另一国得到更为广泛的了解，并有助于展现不同文化间的差异，弘扬“社会和民族的艺术传统”，推动为市场和传统机构所忽视的跨文化实践与反思。同时，我们还能看到，这种文化间的交流对两国均有利，除了促成不同文化间的共享体验，还使在美国的人们关注到两国对待文化差异的不同，能更好地理解文化多样性，而对墨西哥产生的积极影响，我在前面章节中已阐述过。毋庸置疑，如果将类似的积极措施推广到其他地区，想必也将是硕果累累。

跨文化盛宴中的美学

苏珊·桑塔格曾在《反对阐释》一书中写道，如果一定要在陀思妥耶夫斯基和大门乐队[①]中做出选择，她会选择陀思妥耶夫斯基，但她也曾发问："我们为什么要做出选择呢?" 1998 年初，桑塔格在墨西哥接受采访，主持人问她：如今我们所面临的文化选择困境是什么呢？桑塔格表示，陀思妥耶夫斯基和大门乐队的碰撞是二十世纪七十年代的独有产物，那时我们面临着精英文化和大众文化之间的较量，知识分子又一直在追求多元文化。她还补充道："现今，人们对大众娱乐过于痴迷，基本不会考虑其他文化形式，所以我们现今需要坚持的是文化的'严肃性和责任性'，可问题是，有了大众娱乐，谁还会喜爱其他事物?"

这一难题不仅指向不同美学叙事之间的冲突，还将我们置于跨国公共空间问题的中心，让我们看清了今日文化交流的核心内容。这一核心，用赫苏斯·马丁-巴韦罗的说法，关乎政策之象征意义的恢复以及"市场所不能做的事情"。他指出市场的

① 1965 年于洛杉矶成立的美国摇滚乐队。

三个缺陷：

> 第一，市场不能沉淀传统，因其整体结构（包括其生产之物、方式方法和组织形式）呈快速而泛化的过时之势，市场的产物很快便烟消云散。第二，市场不能创造社会联结，这里指的是社会主体之间的联结。这种主体间的社会联结需要在有意义的沟通中形成，而市场依靠匿名的价值链运转，这个价值链中蕴含的沟通仅仅是形式上的沟通，联合和承诺也都转瞬即逝，沟通中会产生满意或者失落的情绪，但是从来都没有意义可言。第三，市场不能推动社会创新，它只追求效益，忽视了诸多因素，如不同观点的存在，非功用性的团结、对抗、分化等，而这些正是社会创新所需要的。(Martín Barbero，1998：XV，XVI)

我想补充谈一谈充当跨文化“组织者”的市场的第四个缺陷。尽管市场的运行机制是竞争，而全球化加剧了竞争，但在商业流通中，不同文化之间的交融通常表现为一种和解化与均衡化的形态，一种掩盖冲突而非制造冲突的倾向。例如，班尼顿[①]的广告牌上同时出现多个种族之人的形象；西班牙弗拉门戈与意大利、英国和其他欧洲国家的音乐旋律“超越”本土差异而在三大男高音歌唱家的巡回演唱会中合体出现；各类世界展览、奥林匹克盛会和体育赛事“联合全球人民”，并用简单的方式向大家呈现了多样性和多元化；频道转换技术的诞生让我们在几分钟之内可以看到三十多个国家的频道。这些文化融合的

① 全球知名的休闲服装品牌。

经历让我们产生了一种幻想：世界上的不同文化互相理解、和谐相处，一切文化皆可为我们所用。

当杂糅不单指不同社会元素的交融，还包含不同客户群体的混合时，人们就会希望只对一个产品感兴趣，就会对文化间的差异进行“均衡化”处理。正如这种音乐处理手段——在录制和播放过程中利用电子手段进行操作——可减少音色的变换和弱化不同音乐风格的突出特点，相差甚远的不同文化形式也能变得具有共通性。

和谐声音之美学的探索，起源于机场、饭店和商场等试图用音乐营造气氛的地方，如今，可以抹平“差异”的现代录音技术使之扩展到了其他地方。何塞·豪尔赫·德卡瓦略曾经对一些常见的“均衡化”处理手段进行过分析。第一，平衡不同种类乐器的弱音强音，使各种乐器发出的声音听起来就像交响乐的和声一样拥有统一的指挥和音轨。第二，那些在表演中和酒吧里使用甚广的混响效果，妨碍听众享受柔美旋律，却在表演中和酒吧里使用甚广，并受到年轻人的喜欢，特别是那些用随身听听音乐的年轻人，他们认为听音乐的最佳方式就是把声音放到最大，扩音效果调到最高。第三，激光唱片——音乐的“完美”版本——为音频制作提供了标准化的范例，它让听众感觉制作是在音响效果极佳的录音厅里进行，配有完美的乐队演奏，并把观众放在最佳的欣赏位置。而实际上，均衡化的录制外加平静的听众，才是一切的中心。（Carvalho，1995）

为西方社会所喜好的均衡化，已成为实现具有镇静平和功效的糅合的一种途径，它能减少其他音乐艺术的对抗和陌生文化所带来的挑战。在不同形式和文化共处的一派祥和之下，人们仿佛和他者离得更近，却并不思索或忧虑该如何去理解他者。

如同快餐式的旅游和国际电影巨制一样，均衡化很多时候仿佛是一种自我调节的尝试，是对诸多不容消解之差异的忘却。

均衡化，不仅试图抹平差异，还掩盖了在文化的生产、流通和消费过程中的不平等现象。而对于市场混合策略的分析，则应当以乌尔夫·汉内斯所述的“文化的政治经济内在特质就是连续性混合”为理论参照。也就是说，文化产品在中心地区和边缘地区的分布不平衡，甚至是“有多个文化差异体并存，而非仅仅用一个就能概括一切”（Hannerz，1997：115—116）。发达国家的公司的确比以往更加关注欠发达国家，而拉美的移民和资讯有时还能在发达国家进行杂糅（民族音乐的激光唱片在纽约、迈阿密、墨西哥城、布宜诺斯艾利斯制作，拉美城市被 MTV 改变，摇身变成了拉美摇滚乐的中心），但是这并不意味着中心和边缘的界限消失了。

杂糅不仅调解了种族间以及民族间的矛盾，联合了各方，更重要的是，有了杂糅，人们开始摆脱宗教激进主义倾向，放弃战争传播文明的宿命论。它让我们重新领略了交流和融合的益处，鼓励我们了解各种各样的文化，在不同的遗产中遨游，品味差异，参与跨文化盛宴（Werbner，1997：11）。抱着这种开放交流的心态，历史遗产既能丰富自我，也能成为不同社会沟通的桥梁。但有时杂糅也会让文化失去自己本身的特点，在交流中受挫，例如，一代代移民被迫将母语抛之脑后或者是眼睁睁看着子辈不再习得父辈的母语，又比如，发展空间受到挤压的艺术家为了融入主流不得不放弃自己的风格。或许极富叛逆精神、拥有强烈情感和占有巨大市场份额的摇滚乐，象征着绝对自由的跨文化交流，又总面临代代相传的盲目崇拜所带来的长期风险，是最能展现杂糅混合的两面性的事物。

正如尼科斯·帕帕斯特吉亚蒂斯所说，在孕育“通过差异之间的协商来构建”的文化认同的过程中，杂糅就已经发挥了“文化国际化倡议的主导者”的作用（Papastergiadis，1997：257—258），但是它本身并不能保证民主的跨文化政策的形成。杂糅需要依靠音乐人、作家、电影导演的力量，通过他们的编辑和传播，让他们生产的混杂之物“成为一个为更多立场的出现提供可能的第三空间”（Bhabha，1994：221），成为综合了所有差异但有所摒弃又有所保留的一种超越——诚如黑格尔的“奥伏赫变”（扬弃）（Beverly，1996），或一个充满能量和社会文化创新的领域。文化间的交融可能最终因均衡化的全球音乐或风格统一的世界文学而消耗殆尽，但它同时也可以催生不插电的演奏以及惊喜的即兴创作，从而更新既定的表达方式。人们可以借此机会制定商业策略，或以此为基础展开一些影响超越人们预料的对话。由此可见，杂糅过程中传播的并不仅限于文化内容。同时，人们还会体验到任何文化都有的任意性与偶然性，这是在民主化进程中必须承认差异的基础。

一位国际组织的官员曾经问我：“为什么制定公共文化政策还要考虑美学的作用?”公众生活热衷于追求可共享的事物，然而美学似乎只是少数人的狂欢，从这一角度看，美学看似站在了公众生活的对立面，实际却是制定文化政策时的一个矛盾而重要的存在。那些没有被文化体制裹挟的作家与艺术家，或者说，还没受到文化体制排斥的作家和艺术家，拒绝把市场视为构成公共场域的唯一途径，他们在作品中介绍那些在市场霸权看来无效益可言的本土主题和阐释方式，从而扮演着一种与大众判断相悖的角色：他们将大把时间投入回报率不确定的个体活动中（如花四年的时间著成一本预期读者只有两千人的小说），耗时几周甚至几个月才能做到把一些人所经历之事精彩地记录到一页纸上，用数星期或数月来分析讨论人们选择要忘却的记忆。对于那些把公共生活理解为资本主义理性的体现的人来说，类似行为是与公共相悖的。比如，一集一小时的电视剧需要投入十万到十二万美元，在三天时间内迅速录制完毕，然后出口到一百多个国家去（Mato，1999b）。经济效益极其低下的文化艺术生产打破了公共和私人之间以及文化实验与经济效益之间的传统关系，从而具有这样一种公共功能：它启发人们去思考文化产业追求快速盈利必然使“公共”产品转瞬即逝。

里卡多·皮里亚说，作家应是“介入公共讨论，打断、改变、扭转讨论方向”的人。他还发现，媒体也在不经意间表现出类似特点，比如不让公众发表自己的看法：

> （电视台记者前去）报道一场发生在某一街区或工人聚居区的事故，事发现场突然有一位工人开始讲话，他试图以自己独特的语言节奏和表达方式解释事情的大致情况，但是因为不符合大众普遍逻辑思维，听起来就像一个火星人在讲话。记者立即打断了这位工人，因为他不像代表公众发言的专家那样专业，会耽搁太长时间。他其实就是以他平常习惯的方式说话，只是这种在家里或者酒吧里说话的方式，不适用于在电视、电台、舞台上与公众对话。再比如，因为某一个悲剧事件（罢工、对抗、犯罪），记者前去采访，了解他（她）的状况，很多时候被采访人是女性，承受过暴力或者从暴力中幸存下来。他（她）跟往常一样开始说话，看向镜头，然后停下来思考，想说得更精练，还原事情的经过，仅仅结巴了一点，记者就马上撤掉了他

> （她）的话筒。记者开始以他自己的方式讲述这件事情，因为他觉得被采访人不如他们这些在公共空间工作的人懂得公共语言，肯定不会简洁明确地表达看法，于是这个人就被默默地晾在了一边。（Piglia，1998：17）

媒体总是在逢场作戏，想要快速翻篇，但是不受媒体控制的作家和艺术家打破了这种不让公众说话的局面，重申社会问题，重现不同语言表达、生活方式和思考习惯之间的张力。

由此引出了美学活动的第二个特点：在这个全球化似乎要将世间万物都囊括其中而呈环状发展的世界里，艺术却坚持将全球化的大门打开，让其以切线状甚至稍有偏离的方式运行。即艺术还保留了人们做出选择的可能，人们还可以在社会的厚重与多样性面前有所犹豫，这可远比掌握电视遥控器更具战略意义。艺术介入现实并选择一种新的逻辑进行叙述，其实是保持了对诸多张力的表现。有真实社会与不同社会想象方式之间的张力，也有现实存在与批判方法之间的张力，这些张力之间的关系并非一成不变，而是不断变化的。如此一来，艺术便认为全球化及其趋于大众性的潜能与弗朗西斯·福山所提的历史终结不同，也不同于保罗·维希留所述的地理界线将会消失，更不会产生许多网络空想家臆想的一个没有中心与边缘之分的世界。

全球化的历史刚刚开始，它对互动性的泛化正遭受如下阻碍：一些适应性不强的文化显得“滞后”，而那些认为一切工作都可远程进行之人却划定了许多新的界限，对领地与受众进行分割。尽管全球化被认为有统一作用，但其历史形成的地域差异依然存在。原因在于，首先，全球化的力量不足以去囊括所有的事物；其次，全球化的生产方式和扩展方式要求只有一些地区（而非所有地方）成为中心地带，并且需要世界范围内的商品流通存在差异，以及政治权力分配不能均衡等；此外，这种不均衡发展的逻辑使得那些在工作、商贸和消费层面被排挤出去的群体联合起来，重振手工艺制作和前全球化时代的生产。缓慢且多元化的艺术创作，常在其叙事内容与创作手法中展现那些全球化政策没有解决的矛盾、各类社会不平等问题，以及社会边缘群体的需求——他们通过维持自己的文化身份和全新的去全球化方式，试图阻止整体化和统一化的潮流。

从介入之举到协商政策

我也在思考艺术的介入是如何与影响范围极广的社会运动及文化运动联系起来的。这些运动包括，重新确认了“领土权”以及对自然和社会资源的本土使用权（即这些资源不只为全球化服务①）的印第安运动及生态运动；质疑男性只想从男性角度来定义公共领域的女权运动；还有失业人群或那些被排除在全球生产与消费圈之外的人群发起的运动，因无政界人士代表他们的利益，也没有政府部门倾听他们的呼声，他们封闭道路，进行“埃斯克拉什活动”（escrache）——一种发生于阿根廷、智利、乌拉圭的具操演性质的公共示威活动，参与者聚集在被赦免的实施酷刑者住所周围进行示威；以及消费者和电视观众

① 按照全球化的逻辑，土地的使用开发是为了经济利益，但是一些社会运动则主张除了全球化逻辑之外，土地还有其他用途与价值。

的运动。所以正如商品化强行将广告植入电影，导致电影的叙事每隔几分钟就要被打断一次，全球化的叙事也因受到那些未得到满足的本土利益者的抗议而变得断断续续。

最近几年，文化研究和人类学研究都表明，许多带政治色彩的社会介入并不是想要获得权力，或者控制国家政府。功利性的思考只关注利益，即关心经济和宏观政治成功的逻辑，并不能理解那些试图表达诉求或说试图合法化自己的诉求的行为。克雷格·卡尔霍恩认为，这些行为是“为意义而发起的抗争”（Calhoun，1999）。当我们考虑到文化运动和社会运动中的情感维度，如群体团结、群体聚合等时，就能清晰看到那些与艺术有着相似作用的社会运动所蕴含的特定政治含义：它们不奢望其需求得到一一满足，也不追求商业利润，而是维护某些生活方式的意义结构。然而，尽管所有这些社会运动有时因为利用了霸权体系下的沉默和矛盾取得了一定成效，但并没能彻底解决问题，无法从整体上重新塑造政治格局。

在这个快速全球化和逆全球化已经萌生的时代，我不知道将这些分散的社会运动进行统一有何意义。可能最富有成效的办法是承认各国家政府（局部的）解体以及各国民社会对全球化（不太见效）的臣服正在改变调解的空间和路径。我总结出在这些空间中存在的两种趋势。其中一个趋势表现为受社会排挤之人在全球贩毒网络里“聚集”，犯罪活动隐匿于国家官僚主义和“前现代主义”权力层级的保护伞下。那些被驱逐出正式市场的人、被剥夺正当劳动权利者以及被限制其国内产业发展的民族，有机会获得非法的“补偿”。有数据显示，全球武器和毒品交易收入与全球电子商务收入持平（每年大约一万亿美元）。这表明那些互联世界里永不停歇（一年 365 天 24 个小时随时在岗）的国家领导人，是怎样与其他时空里的阿尔及利亚、塞尔维亚和克罗地亚的战争激进主义共存的，又是在何种程度上与前共产主义民族国家的国家机器以及拉丁美洲新自由主义下的民粹主义共存的。

如同电子货币是正规经济的洗钱工具，全球交往就是倒卖古代文化与本土文化的途径。诚如曼努埃尔·卡斯特利斯所述，“全球性的犯罪经济（由于其表现出来的市场逻辑、投资条件和对金融资产的保护）是资本主义的一种高级形式”，各种暗杀事件——国家政治腐化问题、政治与经济权力体的联盟及对抗的集中体现——让全球交往的秩序变得不稳定。同时，这些犯罪事件，通过适时的影片拍摄与播放，每周更新人们对于电视播报的想象。跨国传媒公司的艺术策略（以言语谴责这些犯罪事实，却也在通过无休止地对其进行报道为其喝彩），从来没有如此走近那些伴随着犯罪过程而存在的被边缘化、适合底层民众情趣的大众文化。专门讲述毒贩的亡命之旅的民谣（corrido）①多达五百多首，这些歌曲经由墨西哥边境电台、正版磁带、盗版磁带进行传播，已成为公交车和出租车上播放最多的音乐。强势媒体和先进技术都涉足这类为正规经济排除在外的产业、非正式的行业，从而形成一种霸权文化，绘制出一幅现代主义的怪诞漫画。这也是在充斥着残酷竞争、残暴肆虐的现实中取胜的重要手段，人们以家族形式积累财富，将黑手党的荣誉与忠诚暗码、宗教与乡村传统和炫技的电子产品与轻浮的世界主义结合在一起。

但是本土和全球、传统和超现代、普通大众和超级专业人

① 该民谣最开始流行于 20 世纪的墨西哥革命中。

士之间的联合与共谋，不能简单地被诠释为狡猾的马基雅维利式和谐乐章。不能忘却诸多无法被全球化纳入全球化政策和相关概念框架中的事物。交流的加速和对陌生事物的了解为人们带来了更多他者的信息，但大家很少能真正去理解自己与他者的差异，所以常常难以接受他者，其结果是排外主义和种族主义随着全球化而风行。尽管一些组织网络可能以“文明”的方式被使用，比如因特网最初是作为军事系统而被使用的，但大部分的组织系统还是为了激烈的竞争和对没有被纳入系统的事物所实行的监控而专门设计的。但竞争和监控也是以片段式的方式完成的，它们产生不了全球化的管理体制，因为商业全球化的逻辑是，在没有国家、没有跨国的公共权力，总而言之，没有政治全球化的情况下，发展会更快。

分析调解的另一种方式就是分析那些尝试把所有受到民族政府和全球化市场排挤与边缘化的事物联合起来的文化运动与非政府社会组织。具体而言，我指的是人权组织（如国际特赦组织以及研究独裁和独裁统治下失踪及清除现象的机构组织）；还指社群运动和社群传媒，它们在微观公共领域发挥作用，通过因特网相连或者和其他国家的相关社会运动、电台和音乐制作商相连，从而建立信息共享与合作机制，并倡导文化和政治的表征要高于商业利益。近几年里举行的几次政府间会晤（比如，里约热内卢的环境会议和维也纳人权会议等）中都设立了这些非政府独立组织参与的小型会议。有时，这些非政府组织还参与了与大会同时进行的论坛，其活动直接成为大会议程的一部分，比如 1998 年联合国教科文组织在斯德哥尔摩举办的世界文化政策大会。

我们不应该对所有的组织做出同一评价，一些组织将社群利益绝对化而完全忽视国家政府的需求，另一些则通过寻求与国家政府的协商，让这些与公民身份相关的演练变成新的社会治理方式。这两种形式表明，在歌利亚与大卫之间，即自诩万能的全球化的市场力量和缺乏政治表达的社会不安现状之间，除了全球化犯罪的客户网，还存在别的组织。但是我们不能因此就得出如安东尼·吉登斯所认为的那样过于绝对的结论。吉登斯特别指出国际性政府组织的增长（从二十世纪初的 20 个增长到目前的 300 个）和跨国的非政府组织（在同一时期内从 180 个增长到 5000 个）的数量增长之差异，他推断说，“我们已经拥有了一个国际政府和国际公民社会”（Giddens，1999：165）。

毋庸置疑，这样一个变化已开始出现，即介入行为转变为新的社会、文化与政治调解方式的构建。那么把社会政治活动的中心目标设为调解，意义何在呢？首先，这意味着超越国家和公民之间、企业和顾客之间以及宏观机构和社群之间的二元对立格局，来重新思考更加复杂的沟通过程中“公共”的含义。在这一沟通中，调解者将组织合法化并重新制定社会共识。其次，随着许多调解性运动将其活动扩展至跨国界的范围，它们就能够做到比民族国家、政府间机构以及纯本土组织更为灵活地同时嵌入社会政治进程的诸多层面中去。它们展现了与各大型跨国公司在调整市场秩序时相似的灵活性，它们还联结不同社会，并建立起专注于消费而不关心公民身份问题的“全球公民社会”。

如此方式并不能实现一个世界政府的想象构建，但是它让我们在认识全球化对民众生活的意义方面取得了进展，也通过一些例子分析了将使立于民主基础上的世界治理成为可能的世界公民身份。除了构建一个代表着新的全球秩序的全球化范例，对于今日来说，也许更重要的是学会应用社会科学中最为缜密的知识来辨别全球化叙述和活动带来的毁灭性后果与光明前景，并且在区域和全球组织网络中创造出积累本土与国家智慧的新模式，将知识分子、艺术家与社会运动和文化产业串联起来，以构想整体性的方案。

二十世纪末或二十一世纪初的盛大庆典并非为了欢庆地理界线和历史差异的终结，而是为了探究未来我们如何在地缘政治的沟通中，可以既承认全球化叙事又肯定民族身份认同。在文化产业中不放弃对艺术的想象，在经济交流中接受政治、社会的多元化，在文化运动中开辟磋商新形式，我们就可以看到没有任何一幕在重复过去的表演，等待着我们的是一个不再由市场和媒体独霸的多样化的未来。在这样的前提下，我们就可以将全球化想象成一个丰富多彩的进程。

第九章

误解中的人类学：关于跨文化研究方法的讨论

艺术和科学策略

一个外国人能够研究并透彻读懂另一个国家吗？在异国生活多年的移民和流亡者还依旧能够理解其母国社会，对她进行研究，甚至尽管身居国外仍认为有权参与母国大选的投票，这些可能吗？在那些如墨西哥一样历史悠久和在遭受入侵后面对外来事物极为谨慎小心的国家里，对上述问题的讨论尤为激烈。不少外国艺术家画过墨西哥印第安人，也拍摄过墨西哥的城市，欧美历史学家与人类学家曾耗费数十年专门研究墨西哥革命和日常政治，但我还是听到过好些墨西哥人如此评论：外国人没法说清楚墨西哥是怎样的。

起初，我认为有必要将这些问题加以区分。研究墨西哥历史或人类学与研究墨西哥艺术是不同的。部分关于社会科学的国际共识是在一个相对客观的领域内形成并得到论证的。归属于一个民族或者沉浸在它的历史和日常文化之中，可能对于探索发现以及提出假设很有益处，但是接下来，研究者应立即质疑常识的准确性，确立他的研究对象并验证他的假说，且在这个过程中不能因为他曾在那个国家出生长大并熟谙代表国家、民族和区域身份认同之事物，而享有某种方法论上的特权。因为沉浸于文化身份之代表性事物中可带来方便，此种特权会成为窥探过去和预测未来的慧眼，因此很可能（就像实际所发生的那样）阿兰·奈特和弗朗索瓦-哈维尔·格拉对于墨西哥革命与现代化史的论述准确到位，如墨西哥学院的历史学家的作品一样值得分析研究。

现如今我们对于罗伯特·雷德菲尔德与奥斯卡·刘易斯的人类学研究持有严肃的反对意见，并不是因为他们的外国人身份阻碍了他们对墨西哥生活特点的理解，我们对他们持有异议的原因和质疑曼努埃尔·加米奥、贡萨洛·阿吉雷·贝尔特兰的原因类似：指导他们进行专业观察的理论假设，在某种程度上经不起推敲，或者这些假设已不能帮助我们理解他们当时无法预见的新的社会文化进程。

文学和艺术的情形则不同。这些领域的意象与文本并不致力于解说社会是如何运作的，而是企图描写男人女人们在这种社会运作模式下如何享受快乐和遭受痛苦，人们如何在这样的社会运作模式中处理问题，同时根据自己作为某类家庭、社会阶层与民族的成员而抱有的欲望、幻想以及所遇到的挫折来对其他一些活动与行为进行想象。

因此探讨一个属于墨西哥的文学（包括奥克塔维奥·帕斯、卡洛斯·富恩特斯、何塞·埃米利奥·帕切科等作家）是有意义的，讨论由费尔南多·德·富恩特斯、埃米利奥·费尔南德斯和奥图罗·利普斯坦因等导演之作品构成的墨西哥电影也很有意义，但是我们没有办法把马尔科姆·劳里的《火山之下》(*Under the Volcano*)与谢尔盖·爱森斯坦在墨西哥拍摄的影片归至“墨西哥电影”这一类别中。另外，我认为“墨西哥人类学”的说法不太贴切，因这一说法让人以为科学研究还存在某一具体国别模式，准确些说应该称之为“关于墨西哥的人类学分析”。

然而，我得说这种分类方法也存在一些尚未解决的问题。其中之一就是要如何对帕斯、富恩特斯、帕切科的大部分作品进行归类——这些作品不仅和墨西哥这个国家对话，也是在和艺术、文学以及我们所谓的当代境况对话，它们因此也是完全可以被那些从未在墨西哥生活过的人读懂的。另一个难题便是，即使我认为我有理由不将爱森斯坦归为墨西哥电影人，我却很难将西班牙人路易斯·布努埃尔在墨西哥生活之时所拍的那些电影排除在墨西哥电影之外。

这些作品的范畴界定模糊而没有被困于本国/外国的二分法僵局中，这一点对我没能纳入前面所提分类法里的社会科学领域也同样适用。当前有许多人类学学者都认为人类学学科既研究社会秩序，也关注男男女女的想象体以及他们的行动与思考，他们通过想象体来对那些在社会秩序中未能实现的欲望进行反思。

至此我们看到，人类学、历史学、社会学以及其他被称为科学的学科，都会涉足艺术与文学，其原因或是源于创造力对于研究过程的重要性，或是因为它们需要借助隐喻和随笔来对那些用严谨的科学话语难以阐释之事物进行表述。众所周知，这个介于科学与艺术之间的不确定区域，和主观事物与客观事物之间的张力和相互转换相关，此外，也与我在本章开头提出的“一个外国人是否能精确理解何为墨西哥”之问题有关。

通过分析那些外国艺术家表现墨西哥的创作作品，我得出了与上述问题相关的第一个结论。我发现当一些墨西哥观众评论“这不是墨西哥”时，他们常指的是艺术家在表现墨西哥金字塔、面具和舞蹈，描绘墨西哥酒馆或市场的场景时，试图进行客观的描述，或者尝试对在酒馆与市场发生的事情进行“深层次”解读。相反，当艺术家们看起来并没有在说“这是墨西哥”，而是在表达“这是我在墨西哥时所亲历之事”——带有主观思考或者对那些金字塔和餐馆的描绘中有许多个人的意象，观众反而觉得其作品更有吸引力。

这个艺术上的比较对于人类学研究有什么意义呢？意味着在我们人类学家力求产出知识，或者说（如果我们愿意这么说的话）一种与艺术家的知识相比，更在意客观性的知识的过程中，我们应该基于由科学方法导出的数据来进行阐释，并且我们可以运用经验论对这些阐释进行检验，甚至驳斥。但是同时，人类学家处于“客观现实”和各类国内外主体之想象的交叉点上，正是这些主体塑造了金字塔、舞蹈或市场之含义。如历史学家和人类学家（巴特拉、格鲁津斯基、龙尼茨）所说，墨西哥始终通过选择一些方面、丢弃另外一些来完成自己的想象建构，而这种至少可以追溯到征服时期的筛选，经历了一个复杂的协商过程：出生于本土之人从内部对墨西哥进行想象，也有人从外部的他者角度（从反对变革的西班牙殖民主义或从启蒙主义现代性的角度，从欧洲、拉美或美国立场）看待墨西哥。这种社会“现实”和本国人及外国人对这个民族的想象的交汇，在经济全球化与区域一体化时期，变得更为强烈，因而在这样的时代背景下，墨西哥人有了压力，他们需要在北美人还是拉美人、西方人还是印第安文化继承者的自我定义中做出抉择。在这样一个时代，一个墨西哥人必须制定新的策略来抵御可能在抉择中出现的不利因素，同时以一种更有利的方式立身于想象中充满矛盾的未来。

我认为，人类学学者之所以能成为研究异质性和他者问题的专家，就是因为他们将其研究置于这些交叉点之上。这种想法可以缩短两类人之间的距离。一方面，墨西哥人类学学者力求了解他们所处的社会，但避免过于依照社会现实，以免陷入种族中心主义自我陶醉的泥潭。另一方面，外籍人类学学者则试图抛开媒体宣传、旅行社及这个国家的主流话语的影响，从内部观察墨西哥是一个怎样的国家。我们知道，即便同是以这一跨文化视角出发分析墨西哥，墨西哥本土的人类学学者与研究墨西哥社会的美国、欧洲、拉丁美洲人类学学者所持的观点仍然存在差异。我将尝试在这章里思考这一跨文化角度的可能性与局限性，从以哲学学者身份来到墨西哥，随后在此学习并成为一个人类学研究者的亲身经历出发，尝试描述这个国家的一些现象，并且试图理解对于一个阿根廷人来说，旅居另一国度研究社会科学有什么意义——这个国家让他越来越有归属感，同时还能时不时让他产生惊叹之情。

我记得阿多诺说过，“在流亡中，写作是唯一的家”。胡利奥·拉莫斯评论这句话时问道：“写作可以搭建起怎样的家园?”对于还试图让大学或研究中心变为其家园的社会科学研究者来说，情况就更为复杂。但是，那个决定不过于依照社会现实、不成为模仿其同胞声音的口技艺人的本土学者，是不是也面临同样的难题?

断开的历史

流亡，是一种移动的经历。它不只是从一个国家搬到另一个国家的过程，也是一种从“熟悉”的个人及工作关系、生活习惯以及对世界的理解方式转向接受国社会已有的各类模式的迁移。作为一个选择留在墨西哥生活并逐渐形成了分析母国的全新视角的人，我将基于亲身经历，对阿根廷和墨西哥之间的差异之结构和意义做一个较为客观的描述。

我想讲三段历程：第一，从一个历史短暂且未得到很好保护的社会向一个历史悠久且其传承可见于社会所有层面的社会移动；第二，从一个企图实现全面西化、白人化、人种单一化的社会向多文化混合的国家移动；第三，我将谈及一个很难解决的矛盾，一个我们这些生活在墨西哥的外国人谈论相当多但几乎没写过相关文章的问题——关于应对墨西哥冲突的不同方式，我们是怎样想的以及感觉如何。

阿根廷和墨西哥之间的联系不如它们各自与其他拉美国家的联系多。尽管它们是西语美洲国家中经济文化最为发达的两个国家①，且两国知识分子间的关系也十分紧密（在二十世纪七十年代流亡开始之前便已有频繁联系），但两国间的交流和理解少之又少。而如我们这些来墨西哥生活的人不断发觉的那样，两国人相互之间不多的了解中也充满了误解。时任墨西哥驻阿

① 详见我的文章《在墨西哥的阿根廷人：一个人类学视角》（“Argentines in Mexico: An Anthropological View”），巴勃罗·扬克列维奇编，1998 年。——原书注

根廷布宜诺斯艾利斯大使的墨西哥诗人安东尼奥·梅迪斯·博略曾在1921年给阿方索·雷耶斯写信说道，阿根廷人几乎对墨西哥一无所知，他们只“知道，也只对我们某些名人感兴趣”，比如阿马多·内尔沃——“几乎要把他当作阿根廷人来崇拜”，还有何塞·巴斯孔塞洛斯和雷耶斯本人。在任外交官期间，梅迪斯·博略大部分时间精力都用于在两家阿根廷日报——《民族报》（*La Nación*）和《新闻报》（*La Prensa*）上发文，戳穿那些由美联社和合众国际社对墨西哥革命后之社会变化所做的歪曲报道，以及驳斥北美电影中对墨西哥形象的污化——北美电影总将墨西哥人描绘成背叛者、醉汉或者强盗。这项工作后来由另一些兼具作家身份的大使接任，如恩里克·冈萨雷斯·马丁内斯和阿方索·雷耶斯，他们都和一些阿根廷作家成了朋友，向阿根廷比较受欢迎的图书馆捐赠了大量墨西哥书籍，促进了墨西哥文化在阿根廷的广泛传播。

这些交流在1918年开始的阿根廷大学改革运动的领导者中激起了强烈反响。好些拉丁美洲国家受到墨西哥革命影响，特别是在墨西哥教育部部长巴斯孔塞洛斯推动下在艺术界和知识界掀起的高涨改革热潮，“成了政治和艺术重构的样本”（Yankelevich，2002：198）。大学改革运动的领导者们扩展了教室的空间，并且尝试将大学改革变成民主化的社会方案，包括阿根廷在内，智利、秘鲁、哥伦比亚、古巴和危地马拉都发生了这种变革。各国运动的领导者们在革命后的墨西哥看到了他们的乌托邦得以在国家政策中体现。巴斯孔塞洛斯关于美洲混血作为新的“宇宙种族”之基础的论断，有力地推动了让阿根廷的大学生们备受鼓舞的大陆计划。盛传至布宜诺斯艾利斯、拉普拉塔和科尔多瓦的消息还有：巴斯孔塞洛斯部长领导着反抗拉丁美洲独裁者（如反抗委内瑞拉的胡安·比森特·戈麦斯）的国际运动。而他对于独裁原因的分析也获得了阿根廷改革家们的认同：他认为军阀割据、庄园制、对劳动者的剥削和教权统治是独裁形成的根源所在。

自 1921 年 9 月 20 日到 10 月 8 日，墨西哥学生联合会组织了一个国际会议，参会人员来自十六个国家。阿根廷代表团和墨西哥代表团主持了各分会，并在会议最后发表了宣言，号召美洲大陆团结起来，反对“人剥削人”，反对民族爱国主义，呼吁建立“各族人民融合为一体的世界社群”。

阿根廷的一位代表，拉普拉塔人阿纳尔多·奥尔菲拉·雷纳尔，在大会结束几周之后就收到了两盒加一箱的考古学图书与物件，以在布宜诺斯艾利斯办一场墨西哥文化展。1923 年，《评价》杂志在拉普拉塔创办，由亚力航德罗·科恩任主编，杂志轮流刊登墨西哥与阿根廷学生和作家的文章（他们也因此结交成为朋友），包括庞塞、阿方索·雷耶斯、埃克托尔·里帕·阿尔韦迪、丹尼尔·科西奥·比列加斯、豪尔赫·路易斯·博尔赫斯和迭戈·里维拉。安东尼奥·卡索与巴斯孔塞洛斯到阿根廷大学讲学也使墨西哥与阿根廷的学术合作活动倍增。

尽管巴斯孔塞洛斯在其讲座中多次说道，“伊比利亚美洲国家关系的浪漫期已结束，现在是依靠紧密持续的思想交流与产品交换将我们的人民联结到一起的时候”（Yankelevich 1998：459—460），但交流仍只限于分享智力成果和浪漫乌托邦理想：墨西哥人在阿根廷讲学和阿根廷人到墨西哥讲学，定期捐赠书籍，以及墨西哥革命激励阿根廷逐渐形成了旨在反对帝国主义和支持拉丁美洲一体化的政治文化空间。显著的积极效应表现在一国的知识分子到另一国的机构工作，譬如因政治冲突在二十世纪二十年代中期离开墨西哥的佩德罗·恩里克斯·乌雷尼亚，后来入职阿根廷拉普拉塔国立大学任教授；在三十年代，墨西哥驻阿根廷大使阿方索·雷耶斯在拉普拉塔的亚历杭德罗·科恩人民大学开设了课程；四十年代，阿纳尔多·奥尔菲拉开始担任文化经济基金会驻布宜诺斯艾利斯分部的代表，并随后受邀接手主管该基金会下属出版社位于墨西哥的总部，他在这一职位上一直干到六十年代末——奥斯卡·刘易斯《桑切斯的孩子们》（*The Children of Sanchez*）一书的出版引发的矛盾使他离开了基金会，之后在一些墨西哥和拉美知识分子的资助下创办了二十一世纪出版社。刘易斯那本书造成冲突的核心问题是，外国人是否有权谈论墨西哥的“贫困文化”。

在鲜有的几次追求经济合作的尝试中，整个二十世纪上半叶最为重要的当属恩里克·莫斯科尼将军 1928 年对墨西哥的访问，其间，他向墨西哥传授了他在阿根廷国有石油公司的管理经验，以助力墨西哥石油公司在 1934 年完成创建。如同阿根廷石油公司一样，这家墨西哥公司也试图扩大碳氢化合物的生产，以确保国内的自给自足和工业发展。但是，那些试图通过拉美合作来实现民族经济自治的尝试，都受阻于美国将拉丁美洲石油据为己有的野心以及墨西哥和阿根廷国内政治局势的不稳定。

我们这些二十世纪下半叶在阿根廷受过教育的人，对这段历史几乎一无所知。六七十年代，当我在拉普拉塔学习和任教时，我前面提及的许多墨西哥重要人物的名字很少出现在人们的谈话中，比如，就没有哪位阿根廷国立大学的老师会把恩里克·乌雷尼亚当作大师来回忆。我在想为什么从未有人提醒我读他那令人钦佩的著作《西语美洲文学流派》（*Literary Currents in Hispanic America*），还有雷耶斯和巴斯孔塞洛斯极具启迪性的杂文。那时候我们偶尔会去拉普拉塔大学图书馆翻阅《墨西哥大学杂志》(*Revista de la Universidad de México*)，但我们只对奥克塔维奥·帕斯、卡洛斯·富恩特斯和年轻作家卡洛斯·蒙西瓦伊斯感兴趣（他在杂志上发表了不少犀利尖刻的文章）。有一天，我们在一家电影院俱乐部里看到了雷蒙多·格雷泽的电影《墨西哥，一场冰冻的革命》(*México*，*la revolución congelada*)，我们从中了解了一些1968年10月的学生运动及对学生运动的镇压，但对我们而言，“68年”是与巴黎五月风暴相关的词眼。而我们也不太了解由土著和农民发起的这场革命怎么就被冰封了，我们还很好奇是否在这个被视为现代与国际化的国家，这个孕育了如富恩特斯的《换肤》那样的前卫小说以及帕斯的《假释的自由》(*Liberty under Parole*) 这样的诗歌的国度里，还会有如此多的土著与农民。要追寻这些疑问的答案是件难事，因为各种报纸几乎不报道墨西哥的消息。

从阿根廷的角度分析，我认为有两个原因可以解释为何阿根廷对墨西哥不甚了解。其一，庇隆主义政府执政期间(1945—1955) 几乎切断了两国精英阶层的所有交流往来，因为庇隆主义政府的民族主义和拉丁美洲主义的理念是要在墨西哥之外寻找新对话者，如斯特罗斯纳和特鲁希略①。但从一个更具结构性的宏观层面讲，我认为导致阿根廷和墨西哥疏远的强烈差异之一是两国与历史的不同关系。

近年来，继上一次军事独裁政权（1976—1983）实行审查制度和记忆抹除政策之后，阿根廷内外都在开展诸多关于阿根廷历史记忆问题的研究。不过我们阿根廷人历来与我们的过去

① 分别指巴拉圭独裁者阿尔弗雷多·斯特罗斯纳和多米尼加独裁者拉斐尔·特鲁希略。

联系非常之弱，也没有对其给予足够的关注。与那些史前文化和殖民社会得到极大发展的国家（墨西哥、危地马拉、玻利维亚和秘鲁）不同，阿根廷的现实是，本来与历史就极为薄弱的联系还受到政治迫害和法律（承认和保护历史遗产的法律）缺失等问题的影响。长期以来，一些历史遗迹、古董和风俗都由寡头统治集团保存着，或作为其丰功伟绩之证物或为其据为私用。它们从未曾考虑让这些遗物发挥其社会属性——陈列于博物馆中或在现代性时代背景下展示于传媒节目中，而是将它们囿于寡头的自我欣赏与满足之中。民众主义①者主张的民族主义扩大了遗产之概念，将大众传统也视为历史遗产，并将其推广范围延展到次级领域（sectores subalternos）。民众主义由强调怀旧与意识形态的民俗学家掌握，他们为传统加上了一层形而上的、非历史的色彩，使之成为“民族特性”。在阿根廷做一名自由主义者或左派几乎等同于无暇思考未来之外的事情。最近有些阿根廷城市对少数建筑和城区进行再利用，但也只是以增值为目的的短期行为，随意性很强。

因此，我们这些来墨西哥生活的人会惊叹于墨西哥所保留的大量极有价值的遗迹、鲜活的传统、耗资巨大的博物馆以及城里仍在举行的古老民间节日活动，总之，为墨西哥深厚的历史深深吸引。也有人在如此之多的历史遗迹面前不知所措。有一次，一位早年从事历史研究的阿根廷重要作家跟我解释说他没有参观过墨西哥人类学博物馆是因为“不知该从何看起”。其他人（包括我）则会感觉接受如此厚重的过去并与之对话困难重重，但我们在某种程度上学会了从我们在墨西哥所见所闻出

① 民众主义指20世纪上半叶拉丁美洲出现的有广泛社会阶层参加的政治运动。

发，去评价我们自己的民族历史以及拉丁美洲历史，并将其视为具当代特点的解释之源而非仅为学术参考。

探索文化多元性

除了厚重的历史，墨西哥对许多阿根廷人而言，还是一个能看到拉美印第安面孔的地方。我在人口几乎都是白人的阿根廷拉普拉塔河地区思考与写作，就连阿根廷北部和马普切人住的山区都没去过，对我这样的人来说，墨西哥城让我们第一次意识到民族存在对于美洲许多城市有多重要。我后来的经历加深了这种感受——我成了一名人类学学者，到贫穷的地方去做田野调查，带着学生深入瓦哈卡和恰帕斯山区，以及位于美墨边境的文化杂糅区。接下来我将花些笔墨就这些差异稍做介绍，一方面是为理解墨西哥与阿根廷两个社会展现出的社会文化方面的差异，另一方面是因为在这两个社会中作为一个人类学家所代表的含义并不相同。

为此我要讲一讲发生在 1973 年的故事，那个时候的阿根廷正在进行又一场民主化运动，而墨西哥总统路易斯·埃切维里亚则在探索成为国际领袖的可能性。如加西亚·莫林、阿方索·雷耶斯等人所处的那个时代一样，墨西哥的外交活动继续将艺术家和学者列为重要人物。路易斯·埃切维里亚带着满满一飞机的知识分子访问了阿根廷。这次随访代表团中的一员、人类学家吉列尔莫·邦菲尔向我讲述说，阿根廷总统埃克托尔·坎波拉在玫瑰宫宴请他们。在那次晚宴中，近百名墨西哥文化代表与同等数量的阿根廷文化代表会面，而晚宴礼仪在墨西哥人看来有些奇怪——当一位画家走到门口时，会有一位助理来问他的名字与职业，然后向里面喊道："一位画家!"接着出现了某个从事视觉艺术相关工作的阿根廷人。等卡洛斯·富恩特斯到时，那位助理就会示意来者是"一位作家"。后来轮到了吉列尔莫·邦菲尔，助理问他从事什么职业，他回答说自己是人类学学者，那助理马上变得一脸惊慌。他犹豫了片刻之后对着里面喊道："一位电影工作者!"

似乎在二十世纪七十年代初的阿根廷，找一位人类学学者几乎跟寻找人类学研究对象一样困难。那个时期的民族与大众的呼声更多与意识形态相关而不关注实效，没有改变中心论思想，也没有扭转对那些"来自内陆之人"的歧视。许多人仍然认为，当时还被官方历史委婉地命名为"荒漠远征"的种族灭绝，早在世纪之初就已把大部分印第安人消灭干净，而且鲜有消息说别国的人类学家已陆续开始研究他们自己的社会。那时候我在拉普拉塔大学人文学系任哲学人类学教授，但是我所教授的列维-斯特劳斯和赫斯科维茨相关内容主要是讲他们的理论贡献。对于墨西哥人类学，我完全不了解。

到墨西哥之后，我第一份稳定工作就是在墨西哥国家人类学与历史研究所当老师。我当时想研究大众艺术，就和学生们一起去米却肯州做田野调查。我几乎是和学生们同一时间开始学习那些之前从未接触过的人类学家的研究成果，在此过程中，我发现原来人类学也能分析一些其他学科尚未涉及的、与现代社会相关的话题。就这样，我慢慢成了一位仍然关注哲学的社会人类学学者，而我在渐渐成为一位墨西哥文化专家的同时也没有放下我作为阿根廷人的身份。

跨学科与文化间性：到另一个国家生活、学习其他文化符号，与更换学科有相似之处，即都是一种认识论的迁移。墨西哥的文化环境让我体验到了不同学科相结合的美好：艺术史和美学哲理的雅致与人类学（关注民众）和传播学（研究大众文化）的那份地气相结合。墨西哥与美国的地缘亲近，以及美国的多文化争论和歧视拉美人的普遍现象，让我看到这些话题对于我们研究大都市问题的重要性。如最近在恰帕斯州和其他地区发生的冲突所示，墨西哥的多民族性尚有一些未解决的问题，但没有受到像在阿根廷那样多的压制。这让我意识到这些问题从理论到实践都具有复杂性，也认识到它们对于我们时代有多么重要。

我们知道阿根廷是一个多民族构成的国家，由印第安人（今生活在西北部、查科和巴塔哥尼亚地区）和来自欧洲不同地方的移民构成，其不同区域特征相异。但我们也清楚，试图忘却这样的历史构成，已成为阿根廷的一种习性，仿佛探戈和独幕喜剧（sainete）、博尔赫斯和制琴师组合①、丰塔纳罗萨②和所谓的民族摇滚乐没有借鉴其他文化元素来使自己日臻完美。我不是说非要走出国门才能意识到除了我们引以为傲的阿根廷文化财富，世界上还有太多值得欣赏的文化遗产，也不是只有离开阿根廷才能构建非民族中心论的视角来看待我们的传统。丰塔纳罗萨定期革新我们的民俗表征，他将伊诺多罗·佩雷拉③与堂吉诃德、达尔文联系在一起，让佐罗与超人互动，将外星人和死神安东尼奥放到一起。但是我们中的一些人需要把自己

① Les Luthiers，阿根廷喜剧音乐团体，在其他西语国家也很受欢迎，其突出特点是自制乐器。

② 阿根廷著名漫画家、作家。

③ 阿根廷喜剧人物。

变成移民，或者说利用我们被迫成为移民的机会来培养一种不带偏见的眼光去看待阿根廷人在世界上的位置。我“墨西哥阿根廷人”的身份让我意识到，不论是那些盲目吹捧欧洲的萨缅托自由主义者，还是那些反自由主义者，抑或是追求一种同样不太可能的民族特性的民众主义者，都目光短浅。

窗口这端与那端的礼仪

流亡，是一个变成少数人的过程。对于我们这种因为代表少数人的立场而受到迫害，所以不得不离开自己国家的人来说，这个过程并不艰难。好多于二十世纪七十年代中期来到墨西哥的人的第一感觉并不是与历史文化相关的差异，也不是在一个多民族大城市里找工作或学会生存的难处，而是一种已从恐惧中解放出来的轻松感。之后我们开始发现，正是由于我们这些在墨西哥生活的阿根廷人属于少数派，一些有意义的事情才发生在了我们身上。毋庸置疑，与墨西哥人在语言及其他习俗方面的相似使得我们比那些移民到美国、法国或瑞典的人更容易融入当地社会生活。而且一方面，我们跟生活在墨西哥的其他拉美人民有着相似的文化特点，另一方面，我们因政治原因移民墨西哥让诸多当地人都对我们心生同情，或说至少没有排斥我们，这些都是我们与当地人友好相处的有利因素。可是为什么与生活在此的其他民族的人相比，关于阿根廷人的讽刺笑话这么多呢？

可能是我之前提到的诸多民族和国家不同的历史促成了这种对在墨西哥的阿根廷人的负面印象，但是仅仅这样解释不够充分。一方面，虽然可能同样存在文化之间的距离问题，但是没有关于乌拉圭人和智利人的类似玩笑。另一方面，对阿根廷人如此这般描述并不只发生在墨西哥。其他接受了阿根廷移民的社会将阿根廷人认作操着西班牙语并自以为是英国人的意大利人，要不就传言说我们每个人内心都有一个小阿根廷人。

那些在二十世纪初到访阿根廷的仁人志士记载了阿根廷人的高傲与自负。何塞·奥尔特加-加塞特在他的《给一位学哲学的阿根廷青年的信》中提到，他震惊于阿根廷青年问起“几件事情”，并承认“可能是他不太懂的几个问题”①。奥尔特加还在阿根廷的图书杂志中发现，“很多表达都过分使用强调，而缺乏准确性。人们怎么能相信这样装腔作势的人？”（en D'Adamo & García Beaudoux，1995：20—21）

二十世纪八十年代中期，当我去阿兹特克体育场观看世界青年足球锦标赛中一场阿根廷队与中国队的比赛时，我还不知道上述这些古老的指涉。我们三四千阿根廷人惊讶地看到近九万墨西哥人都在为中国队狂热地呐喊助威。之后我们也了解到1990年在意大利举办的世界锦标赛中，观众对阿根廷队投以一片嘘声而支持喀麦隆队。除了需要对墨西哥人与意大利人、中国人、非洲人之间未曾料想到的复杂情感进行想象分析，我们还必须接受这样一个事实：这种偏爱是排斥阿根廷人的一种方式。

该如何摆脱这种对阿根廷人的排斥所生成的茫然感呢？我们这些非布宜诺斯艾利斯人常用的一种方法就是把这种负面形

① 这位阿根廷人的高傲之处在于说自己可能不太懂几个问题，即说他懂的比较多，但是恰好这几个不懂，而且是“可能不太懂”。

象归咎于“布市人”，理由就是他们认为自己是阿根廷的中心，而我们这些非首都人也忍受了他们自诩世界焦点的狂妄。但是有些墨西哥人注意到了这种差异，夸奖我们说“你们不像阿根廷人”，我们听到这话时的感觉并不好。

两位社会心理学家奥兰多·达达莫和比希尼娅·加西亚·博杜在几个接收了阿根廷移民的国家做了一项民意调查，就别国人对阿根廷人的这种印象做出了一些解释。他们主要突出了阿根廷社会中外国人成分的重要性。1914 年的人口普查指出，本土居民人数为 5527285（占总数的 70.2%），而外国人为 2357925（占 29.8%）（D'Adamo & García Beaudoux，1995：64）。阿根廷吸引了大量的西班牙人、意大利人、犹太人、法国人和德国人，他们到阿根廷后证实了在这个新国家工作和消费的优势。阿根廷工人比法国、意大利和德国的工人工作更短时间就能赚到足够的钱买鞋子、衬衫以及肉类。在二十世纪中期，阿根廷的人均寿命比其他欧洲国家更长，人们也有更多机会让孩子接受中等或者高等教育，并且文盲率也是世界上最低的。阿根廷的这些经济和社会文化的特点使得人们，尤其是那些为逃离战火与饥饿的欧洲贫苦移民，将阿根廷视为“实力”强大和“优越”之地。

但在二十世纪后半叶，当阿根廷综合实力由于经济衰退和恶性通货膨胀而下滑之时，这种自我形象又如何维持呢？两位学者的研究表明，当大部分的经济、社会和教育指数证明世纪初的相对优势已蒸发消散之时，政治话语（或说日常话语）并不吻合国家衰落的现实，同时关于“阿根廷强国”的幻想可能起到了一定的补偿或安慰作用。“我们需要输掉一场战争和了解我们的外债情况，才能开始意识到问题的存在”（D'Adamo &

García Beaudoux，1995：71）。两位学者所指是阿根廷在1982年输掉的马岛战争①。但我们这些流亡之士以及几百万没有离开阿根廷的人想要补充的是，政治方案、经济宏图、精神与道德愿景的挫败导致了二十世纪七十年代的独裁。以消灭游击队为借口，独裁政府强行推进经济重整，而且这一重整计划为后来的公民政府所延续。这一措施至今仍在加剧国家衰落，具体表现在：收益垄断造成的经济倒退，失业率和辍学率高升，霍乱等我们认为属于上世纪的疾病再次出现，为阿根廷及其他拉美国家带去了一系列不幸。我前面引用的两位学者还提道，货币的贬值及其臣服于美元的不利地位，以及人们在西班牙和意大利大使馆排着长队办理双重公民身份也是阿根廷"欧化"与"强国"梦破灭的原因和表现。

达达莫和加西亚·博杜在对阿根廷国际形象的研究中指出，当大部分的委内瑞拉、墨西哥和西班牙人在阿根廷本国接触到阿根廷人时，"他们对于阿根廷人的印象变好了"。作者解释说，阿根廷人身上的高傲特征与防备之心可能会在阿根廷移民身上表现得更为突出，因为他们身处一个陌生的环境，又面临紧迫的生计问题。移民常常编造或夸大其优点而不谈其自身的局限性。因而"踏实保质完成工作的人……没有引起人们注意"，以至于当人们发现这些诚实工作者为阿根廷人时会感到意外，并觉得他们是"阿根廷人中的'异类'"，因为他们一点也不符合大家对阿根廷人的固有看法（D'Adamo & García Beaudoux，1995：75—76）。

所有这些都有助于理解阿根廷人对外形象的历史建构。但

① 英国和阿根廷为争夺福克兰群岛/马尔维纳斯群岛的主权而爆发的局部战争。

若将共处之困难和墨西哥人对阿根廷人的否定评价局限于此，便是把问题简化了。我们应当思考是否在两国的主流文化中存在某些其他分歧，突出了见解之不同或使达成一致意见变得更加困难。阿根廷人的一些特质，在说话与情感表达方面表现尤为明显的特质，可以用来诠释这一问题。

奥尔特加观察发现阿根廷人话语中有些装腔作势，而在墨西哥人看来，我们说话总是在喊。他们觉得阿根廷人说话像是所有人都在同时说，又因为我们说话嗓门大，当我们说客气话表达请求时，听起来却像是在发号施令。毋庸置疑，这种特性和许多学者（从奥克塔维奥·帕斯到卡洛斯·富恩特斯和罗赫尔·巴特拉）分析指出的墨西哥文化谨慎、安静又略带忧郁的性格特点截然相反。不过我认为这一对比还可以进一步深化：它不只涉及与社会文化特征相对应的表达方式之差异，还说明两个社会在政治文化方面，甚至在更广义的施政方面存在差异，亦即在处理与其他人的权力关系上存在差异。就此问题进行分析的一种方法就是反向思考，即对墨西哥社会那些让阿根廷人迷惑不安或者难以接受之事物进行思考。

为了做这类调查分析，社会科学采用多种方法，最常用的手段就是民意调查和焦点小组。但由于缺乏这类信息，我将提出另一种方法，也就是探寻能代表一个社会文化的典型句子。

据我所知第一个使用这种方法的人是一位巴西人类学家罗伯托·达马塔，他发现巴西的代表句是“你知道你在跟谁说话吗?”达马塔解释说：这不仅是一句话，更是一种礼仪，它标志着不平等关系，表示两种社会地位和身份间深刻又霸道的差别。人们说出这句话的时候，是在否定巴西社会习惯自诩并喜欢在其他人面前表现的“亲切”性格。他们向别人展示足球与桑巴，谈论巴西的海滩和女人，但是达马塔说巴西人不会向他人问出这句暗含“人应按其所在位置行事”之意的话。这句话在巴西社会内部通用，为了在一个等级社会里重新建立被挑战方的优先权。因此实际上，两个关于这个国家现实的概念是共存的：一个是世界的眼光，即这个地方人们团结为一体，热情好客；另一个是以特权范畴为中心的等级社会的视角，特权的建立则基于社会尊卑与等级秩序。

阿根廷文化的代表句子是什么呢？吉列尔莫·奥唐奈说是“这关我什么事？”——这句话或许根据奥尔特加对于阿根廷人夸张语气的观察可以换成“这关我屁事？”奥唐奈说，一般来讲，与在巴西的情况一样，这句话适用于当一个人被“无法忍受的平等”粗暴对待并试图重构等级秩序的情况。“然而与达马塔所分析的里约热内卢人不同，布宜诺斯艾利斯的谈话者就真正是一位谈话者：他话中带有与对方沟通的信息。这个很没有礼貌的谈话者常常坚定又明了地叫别人‘滚开’，其实是叫别人与他想凌驾的社会等级一同见鬼去。”

事实上，奥唐奈断定，质疑者并没有否认或要取消等级秩序；他认可这种秩序，尽管可能其认可方式对于“上级”来说极为恼人。奥唐奈分析的一系列互动中，相互的暴力将阿根廷的各种社会关系“组织串联”了起来。比如，若想在交通高峰期从辅路驶入主路，在美国，人们就按照到达转角的顺序排队依次驶入；在里约热内卢就产生问题了，不过问题最终会以“帮忙”的形式解决，为此受惠之人将竖起拇指表示感谢。

> 在布宜诺斯艾利斯，我们看起来是平等的，因为我们都守一条规矩：如果眼前没有警察出现（也大概猜到应该

> 没有藏起来的警察)，那么每个人都有权先过。因此我们就得阻止他人先过［……］，这种方法虽然理论上讲是违法的，但所有人都在这么做，那就是，慢慢地贴近前一辆车，以至各车近得都要发生剐蹭了［……］这样做的后果当然就是效率极其低下、吵架争斗、破口大骂，还有那些成功加塞的人常常做出“欧耶”手势表达其得意之情，而失败者只能愤怒地踩刹车（听起来很像探戈的名字)，在顺利前行的车后几毫米处停下。

奥唐奈将这类日常行为与军事暴力镇压联系在一起（在此，我没时间对其进行概述)，从而指明，阿根廷社会或许比巴西社会更平等，但其威权主义和暴力程度是一样的。上述行为符合“个人主义社会的现实，这样的社会中充斥着各种只会激起有权势之人的愤怒而解决不了任何问题的冲突”。个体之间的矛盾造成的不幸虽然微小，却“披着平等的外皮，在继续重申现有的分歧差异，因此播撒着社会憎恨的种子，阻碍合作”（O’Donnell，1984：20—21)。

综上所述便可以理解为何阿根廷人难以适应如墨西哥这样的社会。为了说明这一点，我建议对比一下奥唐奈选择的短语和墨西哥的一个典型句子——“愤怒之人有所失”。与巴西的情况一样，墨西哥人只在墨西哥人之间用，在有人挑战次序和等级的时候用。当我们这些外国人不耐烦地表现出对这些等级制度的不解，或因急于办理某个手续或解决某个问题而不遵守墨西哥社会的常规程序时，他们才会对我们用这句话或向我们解释。有人可能从字面意义上理解这句话，认为它体现了一种禁止愤怒、鼓励忍让（至少是鼓励处臣属地位者逆来顺受）的人际关系。对此，已有很多墨西哥大家进行过著述分析，包括我之前提到的奥克塔维奥·帕斯和罗赫尔·巴特拉。虽然他们并不是特指上述这一墨西哥典型句式，但他们极为赞同以这种路径对社会文化进行阐释。个人觉得，参照前面所提对巴西与阿根廷的研究，可以将墨西哥这一表达理解为权力和社会等级仪式整体的一部分。这个整体，如克劳迪奥·龙尼兹所论，与"含糊概念的策略性使用"相关（Lomnitz，1992：99）。

需要澄清的是，这一对墨西哥文化的描述并不适用于墨西哥全国各地。我注意到，一些出生于塔巴斯科州、韦拉克鲁斯州及墨西哥北部地区的人，天生善于表达，待人处事的方式与感情表达更为直接，他们不符合上述对墨西哥文化性格的描述，并且认为那一描述更多指代墨西哥中部高原地区的人。或许国家的中央集权已过度影响了"墨西哥人"的国际形象，这与布宜诺斯艾利斯人性格特征被加在阿根廷全国各地的人身上如出一辙。与其他社会的情况一样，民族思维定式的形成之容易，使得人们难以如实区分各地区的差异。

除了应该通过更广泛的调查来证明墨西哥这句话的重要代表性，我还想指出其与阿根廷社会突出的文化类型间的反差，而这一突出的阿根廷文化类型又是我们身处国外之人想在他乡重构之物。我们所分析的阿根廷与墨西哥之典型句式的不同，和两个社会之间的差异是相对应的。在阿根廷社会，人际表达更为直接，人们经常嘲讽体制或一些人在交往中表现出的体制化思维，正如奥唐奈提出的那样，阿根廷社会几乎没有礼节。而在另一个社会，即墨西哥社会，所有的冲突和差异都已经高度仪式化，制度往往可维持很长时间，人们习惯制订长期计划，并且存在一种重视整个社会和平繁衍的传统（至少在革命后的时期是如此)。我们知道墨西哥人不是不会愤怒,是他们尽力延迟爆发,以争取协商谈判的时间,即便到了万不得已之时需要爆发,他们也坚信仪式能维护集体秩序,而这比个体的满足更重要。在适应墨西哥生活的过程中,我们认识、理解了另一种将个人情绪情感与社群或社会意义联系起来,将个人及集体的成就失败与社会政治进程联系起来的方式。

我去银行要我账户近十五日的流水单。我注意到那位女职员电脑有些问题,她没能成功提取信息。她也请教了旁边柜台的同事,但隔着玻璃我没听清他们的谈话内容。然后她对我说她无法提供我的账户信息。我理直气壮地跟她解释这是我一周内第三次来要这个明细,却还一直要不到。

"您别对我吼,我正在告诉您相关信息。"

我觉得我没吼,但我又一次发现,墨西哥人觉得稍微提高点嗓门——阿根廷人在表示抗议时的惯用动作——就是生气的表现。我离开时心绪复杂,一边表现出阿根廷人习性,因为没办成想办的事而生气,一边是身上的那股墨西哥劲儿让我自省:为何已在墨西哥生活了二十二年,我的做派还像一个阿根廷人一样?我决定以一种中立的态度,从我的两个职业身份角度出发,来思考这件事情的背后含义。

从哲学研究者的角度,我进行了反思,银行在表示无法满足我的要求时,其实已经向我提供了信息。我意识到,那个职员给我的是她当时所能获得的信息,即她的电脑无法查询我的账户明细。这个结果,从语义上看——就我的请求而言,所得信息为零;但若从真实情景以及实际角度看——从女职员所发生的电脑故障一事来说,其信息清晰又简洁。

我作为人类学学者的一面促使我去研究如何诠释人们互动

关系中的仪式性。我认为，除了银行及其职员的低效，电脑无法清晰显示我账户的那种模糊就好像是文化间关系的一种隐喻。我们如何塑造或说我们怎么能塑造他人的行为方式？我作为阿根廷人的文化惯性，让我没能在一个墨西哥银行里表现得体。我知道愤怒在这个国家并不管用，甚至反而会为获得想要之物带来更大的阻力。但是，若一个人已接受了另一种文化形式，而它同时又意味着一种情感表达与人际关系的组织方式，难道他还能将怒火，或说那份被理解为愤怒的表示请求的强调语气，永远地隐藏起来吗？

当我思索为何我在墨西哥已生活这么多年，却没有成为一个地道的墨西哥人时，我想起这个国家让我理解了成为一个墨西哥人有多种方式，而要找到其总统与作家、神职人员、企业家和手工艺人共享的某一文化遗产和共同风格则是极为困难的。卡洛斯·蒙西瓦伊斯是许多记者和学者公认的墨西哥最伟大的新闻记者，他在一次采访中说的话更是鼓舞了我。在访谈的最后，有人建议他说一个他自己一直希望别人会问他的问题。蒙西瓦伊斯回答道：

> 我希望别人问我这个问题：为什么你对自己如此关注的这个社会中的大部分传统不认可或不感兴趣？而我的回答会是：我特别关注墨西哥的历史传统，但我不从公认的角度，而是从本质上去研究它。也就是说，我是胡亚雷斯、马德罗以及萨帕塔[①]主义者。我承认集体创造的强大推动

① 贝尼托·胡亚雷斯，墨西哥第一位印第安裔总统（任职时间为1858—1872年，被称为改革之父）；弗朗西斯科·马德罗，1910年墨西哥革命领袖并任墨西哥总统（1910—1913年在任）；埃米利亚诺·萨帕塔，墨西哥著名革命家。

> 力以及文化传统的优秀之处，这一切使我为之驻足。我不信奉圣母瓜达卢佩，我也不喜欢足球，我讨厌斗牛，我也从未喝过龙舌兰酒，我也不结伙成群等等。但我认为自己对这个国家值得我关心的事始终挂在心上，而其他的一切，我对它们则是漠不关心甚至是坚决拒绝。（Bautista，1997：32）

我非常赞同他这个回答，不过我很喜欢足球和龙舌兰酒。我与蒙西瓦伊斯最主要的共同点在于，我们都确信：归属于一个群体并不意味着接受其所有的传统或习俗。而更吸引我的确实是这样一些群体和民族——他们认可对群体或民族的想象存在多种不同方式，并能由此更好地与他者共存。

这或许就是跨文化的基本问题：如何将对差异的理性理解和灵活的实践，与刻板单一的真实情感相结合？学会与不同文化共存的关键在于一方面建立（尽可能最为客观与扁平化的）民主互动模式，另一方面，同时还认可窗口一侧与另一侧的情感立场与制度文化的差异性。换句话说，如何才能让已被纳入一个文化系统的东西与那些尚未被纳入这一文化系统的事物相互包容、和谐共处？

在这点上，阿马利娅·西尼奥雷利提出的“小窗人类学”概念启发了我的进一步思考。请允许我在此完整地摘抄而不是简述她对于这一概念的描述：

> 1992 年 6 月中旬的一天上午 11 点，我在意大利那不勒斯市中心的一个邮局里。邮局很大，当时挤满了人。窗口 X 前排了一条长队，我排在队伍里等着缴纳电费、电话费、

水费和燃气费。我们得按账单上列出的费用总额缴费。缴费的期限快要到了，而排队的人特别多，所有人都很疲惫，浑身是汗。由于窗口 X 还处理与邮政服务本身有关的事务，以及一些在意大利必须由邮局来办理的其他业务，所以等待时间更长了。这条长队秩序井然，十分安静。

“请问您有笔吗?”“非常感谢!”是频繁听到的话语，内容很机械，语气彬彬有礼，不带情绪。等待延长了，更热了，我的血压降了，人却变得更有攻击性了。我声音低沉地说：“在这样的日子里，可以多加开一个窗口的。”然而我那些倒霉的同伴不为所动。

再往前几米就是窗口 Y，该窗口上高挂着简短但一目了然的标识：挂号信。窗口前空无一人，窗口后坐着个年轻女职员。来了两个穿制服的城市警察，直接走向窗口，拿出他们的账单交给了那个职员。她把单子接了过去，然后开始处理。

我作为一个有清教徒倾向的守法公民，注重公私之间的严格区分，并反对一切特权，自然无法忍受这样的挑衅。我走出了我所排的队列，径直“前进”至窗前，向他们展示了我的政府议员证件，并且跟两位警察抗议道：首先，你们在值勤时间办私事，其次你们利用这套制服来为自己谋方便，享受公职人员的好处。两个警察看着我傻眼了。我在他们眼中看到了惊讶、纳闷，还有些难以置信，却没有任何的愧疚、忧虑，更别提羞耻了。然而，也在现场的那个职员并不感到惊讶，相反，她第一个重新反应过来，再一次“根据一定价值标准对重要人士特殊照顾”。她俯身向前，偷偷地但又态度恭敬地责备我说：“议员，您要是早

> 点说的话，我也会为您服务的！”（我发誓这个“您”她用了大写式的强调。）我很困惑，完全无语，回到了队列中去，队列中每个人都尽自己所能用他们的身体语言向我传递了一种沉默却雄辩的集体信息，像是在说：她不是我们中的一员，我们不认识她。怀着既沮丧又困惑的心情，最后终于排到了我，走到那个翘首期盼的窗口前，我缴了费。显然，当我离开邮局的时候，我对自己感到生气。是啊！我太蠢了！我算什么人类学家啊，我活该，我明知故犯，违背了定义那不勒斯社会关系的第一规则——“不要多管闲事”。（Signorelli，1996a：27—28）

正如许多人所说，“不要多管闲事”可以视作如阿根廷这样的个人主义社会中另一个常用句式，是阿根廷人际关系和文化间关系的典型代表。它肯定也适用于其他国家，比如墨西哥，墨西哥人对于那些掺和他们的事物的外国人持保留态度。关于这一话题的一些受访者令我想起了“我都可以”这个短语，墨西哥人用它来表达他们对国内外事务的不关心。而在全球化的背景下，随着文化工业的发展，不同文化间的界限消失，而群体性移民、经济交往和通信交流也使不同国家间的地理边界变得模糊，在这样的时代里，对外国人实施不要掺和的禁令效力有限。

阿马利娅·西尼奥雷利指出，当权力影响变得越来越抽象，致使公民越来越难以触及从而无法对其进行想象之时，通过小窗以及所谓的“熟人”而实现的公民与政府间的非正式接触与交流，提供了解决问题和社会融合的其他可能。窗口，类似于其他不同主体和不对称的权力之间的边界，比如地理边界，是以多种方式进行磋商，以将公共和私人、集体和个体联结起来的地方。从这个意义上讲，窗口是我们干涉他人，他人干涉我们，然后大家一起就界限与交往问题达成共识的地方。这个过程可以以一种不正式的方式完成。但在现代世界，出现于上述边界空间中的冲突是受正规手段管理的，即处于一个依靠主体的相对独立性及其主观性来保障其权利的公共场域中。在这样一个公共空间内，不论是对那些有礼之士或有级别之人，还是对那些愤怒者或能在冲突中仍保持礼仪的人，都一视同仁地使用相同的规则。

近年来，全球化的创新之处在于，这个公共空间应该在跨国范围内构建。世界的发展导致很难做到让一连串的窗口根据在此相遇的人的知识、关系与主观喜好而随意改变，或放任这些窗口由每个社会的文化风格而定。诚然，诸多文化特征将持续产生影响。但是，不论是为建立一个超越种族和民族的公共场域，还是出于研究方法需要，我们都需要放下这样的顾虑：外国人是否有权研究一个与其出生地不同之国家的文化？这种研究探索移民、文化工业以及所有那些我们的生活方式存在交汇的领域中发生的超越国别的关系。至于文化政策，这就需要我们将拉丁美洲国家之间以及拉美国家与欧洲和美国之间的间歇性互动提升为长期交流。

加强高质量的艺术、文学、电影和电视的交流，它们能展现每个社会的发展轨迹，帮助我们摆脱相互之间的刻板印象，引发我们共同思考我们能在自己的社会中以及不同社会之间做些什么，以促进社会平等，改善等级差异和推动民主。要推动拉丁美洲国家、欧洲国家以及美国的知识分子与艺术家之间的顺畅交流，就需要将诸多有组织、跨国别的科学文化研究计划，以及代表着多元文化追求的行动呈现于大众媒体中，毕竟大多数人都是通过大众媒体获得信息，由此实现如下目标：并不是只有商业利益可以决定大众媒体对于各种意象的设计以及传播，从而影响我们对它们的接受或排斥。

结　语

社会转变和当前的全球化想象

2011年秋内斯托尔·加西亚·坎克里尼与托比·米勒[①]的谈话

托比·米勒（以下简称“米勒”）：首先我想说，你在1999年完成了《想象的全球化》一书，而一般的观点认为世界的某些地区乃至整个世界开始发生大变化是在2001年。那么，对于墨西哥或者拉丁美洲来说，2001年这个时间点是否也意味着变化？什么意义上的变化？

内斯托尔·加西亚·坎克里尼（以下简称“坎克里尼”）：对所有人来说，变化之一就是人们谈论风险的方式变了。“9·11”事件发生时，我人在美国。事发前几天，我去华盛顿参加拉丁美洲研究协会的会议，然后应埃默里大学教授邀请到亚特兰大做演讲。我还记得我到的那个周日，9月9号，来机场接我的教授带我去了大学校园内的酒店，然后和我开玩笑说：这家酒店前面就是美国最重要的传染病研究中心之一，所以如果

① 著名文化研究学者，曾任文化研究协会主席，著有多本专著并被译成西班牙语、德语、法语、意大利语、汉语等11种语言，其中 *A Companion to Cultural Studies* 被译为汉语（《文化研究指南》，王晓路译，南京大学出版社，2009年），新冠疫情在全球爆发后，米勒出版了新著《一部新冠宪章，一个更好的世界》（*A Covid Charter, A Better World*, 2001，Rutgers University Press）。

细菌泄露的话，很快就会传到你这里来。

米勒：没错，这个中心就是美国疾病控制与预防中心。

一、2001年至2008年

坎克里尼：9月11号是星期二，我当时不在酒店，而是在附近的教学楼里。我正准备给学生们上课，突然有人打电话让我们看电视新闻。我们看到了世贸中心第二座塔①的倒塌，然后是双塔倒塌的多次重播。当天下午1点，在教学楼内举行了一次教师和研究生的会议，讨论这事对未来可能产生的影响。我们所有人都不知所措。我回不去酒店，因为出于安全考虑，酒店所在区域已被封。我被带到一位大学老师家里。我在她家共待了五天，因为没有航班，我无法返回墨西哥。在与房主——那位女老师和她丈夫——聊天的过程中，我意识到这次事件在美国产生了多大的影响。当我们得知在下一个周一之前暂停金融和银行交易的消息时，他（一位研究股市的经济学者）说这种情况在美国从未出现过，即使是1929年大萧条时期也没有。接下来，我陆续在网上阅读了拉丁美洲和法国的各大报纸，发现世界各地对事件的反响很不相同。尽管国际社会普遍声援美国，但也有某些拉丁美洲的报纸，有些武断的左翼报纸，发表评论说，美国在国际社会上的作为导致了这次袭击的发生，为此，美国应负有部分责任。

---

① 即世界贸易中心北塔。“9·11”事件当天的9点59分世贸中心南塔倒塌，随后的10点28分，世贸中心北塔倒塌。

米勒：不像法国《世界报》说的，“我们都是美国人”（Nous sommes tous Américains）。

坎克里尼：像墨西哥的《劳动报》、阿根廷的《第十二页报》（*Página 12*）等报纸都发表了类似言论，既表达痛苦，进行声援，同时坚持认为美国对此次暴力事件也负有一定责任。我们很快发现，不仅国际和国内航班被迫停飞数天，而且旅游业下滑，许多国际贸易也都受到影响。之后的伊拉克战争和美国在国际关系中的其他调整都证明：美国与世界关系的各个方面几乎都已发生了改变。

今天，我们以另一种方式将“9·11”事件列入讨论议程，不仅因为我们知晓了“基地组织”更多细节，更加了解其他之前鲜为人知的国际进程，也因为其他一些灾难陆续发生。例如2008年美国雷曼兄弟等公司和银行倒闭，这对许多国家的经济发展造成了极大的负面影响。从结构的角度来看，全球化的各层级之间发生了重组，想象全球化的方式也经历了重构。可以说，2001年和2008年发生的变革、金融市场和经济市场上的剧烈动荡，改变了人们想象世界的方式。如果我们从传统意义上来理解全球化，比如按照乌尔利希·贝克所述，将全球化理解为所有国家和所有社会之间相互依赖程度的全面性增强，那么不同主体（如公司与文化产业的管理人员、合法移民与非法移民）对这种相互依赖的理解是非常不同的，不同职业和国籍之人的理解也是多样的。这种在二十世纪末就已初见端倪的多样性，让我觉得全球化在某种程度上是想象之物。

米勒：我在思考过去十年的变化，尤其关注中国、印度、巴西这三个人口众多、幅员辽阔的国家。在我看来，国际上关于全球化的世界话语已转向亚洲的未来，而越来越少谈及一贯的美国主导。譬如谈及巴西的时候，会讲到巴西的地位如媒体记者和全球化理论家们想象的那样已发生改变。我知道你两年前在中国待过一段时间。对你来说，未来是亚洲的吗？你如何看待拉丁美洲以及巴西在全球重组中的地位？

坎克里尼：我首先想谈的是，你提到的中国、印度和巴西这几个国家都属于“金砖四国”，它们均未在联合国的投票中支持（即反对）入侵伊拉克，它们对美国或欧洲国家提出的全球议程也有不同意见。同时应当指出，它们已经不再是发展中国家或者新兴国家，它们的崛起也无法用南—北、中心—外围等二元对立理论来分析。它们在国际舞台上表明自己的立场，而现在的国际舞台与十年前相比也发生了变化。这种变化可以被总结为显著的去欧洲中心化。我们想想过去极具变革性的历史事件，比如柏林墙的倒塌，它被阐释为世界历史上的一大转折，但实际上这种阐释也是一种欧洲中心论。在柏林墙倒塌二十年后的今天，围墙依然存于美国与拉丁美洲、以色列与巴勒斯坦之间，而我们可以更好地理解围墙在世界各地双边关系中所扮演的角色。人为建立的边界大量存在让我们不得不放弃后现代思潮所构想的“在所有国家间自由流动”的观点——如此泛化游牧主义只是一种理想化的观点，是想象全球化意义的方式之一。

与此同时，像中国、巴西、印度这些二十年前未曾被预料为主角的国家，在世界议程中异军突起，带来了先进技术的扩张和原材料的升值。如此一来，工业发展则处于架空状态。我们不甚清楚工业化在当前经济中所处的地位。我们不知道它是否还像二十世纪下半叶所认为的那样，是历史进步或社会发展的决定性因素。根据二十世纪下半叶的观点，要想成为发达国家，参与国际事务，走向世界，就必须实现工业化。而我们今天看到的是，工业化仍然很重要，但对几乎所有的国家来说，工业化对国内生产总值的贡献率都在下降。与此相反，原材料或其他物质（如水和地理意义上的领土）及非物质化的发展形式（比如技术）都在增值。这样的重大转变主要就体现在巴西、中国和印度这三个国家身上。

二、作为征兆的人口迁移

坎克里尼：我们可以在人口迁移的过程中看到南北关系的其他变化。移民的行为反映了大型社会群体感知全球化的方式。统计数据显示，从二十世纪末至二十一世纪前十年的中期，从南半球涌向美国和欧洲的移民一直保持增长。而近年来，特别是自 2008 年经济危机以来，从南到北的移民流有所减少：数十万墨西哥人、哥伦比亚人从加利福尼亚、芝加哥、迈阿密返回自己的国家，阿根廷人、厄瓜多尔人和秘鲁人也相继离开西班牙，重新融入故土的生活。2010 年，58 万人离开西班牙，其中 90％是曾经选择定居西班牙的外国人，还有 10％是西班牙本国人。截至 2005 年，数以万计的巴西人抵达葡萄牙。他们中的许多人都想利用葡萄牙便捷的入境政策先到葡萄牙，然后再过境到欧洲其他地区。而过去的五年中，两地的人口流动发生了逆转，也就是说，葡萄牙人开始到巴西寻找工作，与此同时，其他国家的科学家和技术人员也开始到巴西谋求发展。迁移路线改变的原因是传统强国出现就业困难和生存难题，人们想象在阿根廷、巴西、乌拉圭等南美国家或许能拥有更好的发展前景。

当然，这些国家也不乏痼疾，像不平等、腐败、贩毒等问题，长期以来被太多的政治家、企业家和法官纵容。但这些国家已打破了国际货币基金组织所设立的常规，它们重新分配财富，关注社会需求，并构建出了独立发展的路径。

米勒：我想现在来谈一谈文化话题。我上周读到了一条让人难以置信的消息：今年9月，尼尔森公司（在美国以及其他国家通过媒体发布排行数据）发现在非洲拥有手机的人数多于拥有可饮用水源的人数。尼尔森公司将之视为胜利。

坎克里尼：谁的胜利？

米勒：这就是问题所在。由于电信管制的解除，几乎所有不能用电或无法使用传统电话的人都可以使用手机，但他们没有可饮用的水。对我们这个年龄段的人来说，这真是个令人难以置信的变化。在我们那个时候，发展意味着饮用水和电力，而现在，发展意味着可以使用手机。

坎克里尼：这一点我也看到了。其实不用跑到非洲，在当今年轻人的行为中就能看到这一点。我这几年研究了人们对于“独立”概念的理解所发生的变化①。三四十年前，人们理解的“独立”主要是指找到工作、结婚和从父母家搬出去。如今，“独立”基本上指的是个人能获得独享的技术资源：孩子们有自己的手机，每个家庭成员有自己的电视。iPhone等手机摆脱了地域限制，也不再必须挂靠某家庭住址，而能够自由移动并使任意两地间的联通成为可能，这些都影响了年轻人对其独立性的看法。说到年轻人，针对这个群体的研究已经放宽了定义年轻人年龄的上限，这一点在欧洲尤为明显。直至几年前，人们

---

① 加西亚·坎克里尼近年来研究的课题为网络与青年文化。

都认为 30 岁以下都算是年轻人，在墨西哥，全国青年普查的适用年龄仍为 15 至 29 周岁。但在西班牙和其他一些欧洲国家，青年调查中的年龄上限是 35 岁。如此设置的主要依据是，这部分人仍然与父母生活在一起。如果说他们仍与父母同住是因为没有工作，或工作收入微薄难以支撑其单独生活，那么得益于数字网络，他们都获得了更多的独立空间。

米勒：你所说的这种“独立”和《想象的全球化》有关吗？

坎克里尼：有的，因为看待“独立”的视野拓宽了。我举几个例子。从二十世纪初开始，有的国家（例如阿根廷和乌拉圭）就拥有非常广阔的国际视野，至少是广阔的“西方视野”。从二十世纪中叶开始，许多年轻人出国留学，其中不乏选择留在国外的人；而在墨西哥和一些欧洲国家，大学生去国外攻读研究生之后会返回原籍国。但现在，情况已经发生了变化：数以千计的欧洲人在获得研究生学位后选择留在美国。直到二十年前，墨西哥人都还没有去另一个国家居住的习惯和设想。而时至今日，以在外定居为目的离开墨西哥的想法已经开始被普遍接受。因墨西哥经济停滞导致工作机会缺乏，同时大学和企业增长不足，使得人们开始接受以定居国外为目的而出国。现今视野已是如此广阔，哪怕是到亚洲国家（中国、印度、新加坡等）或澳大利亚生活都不足为怪。这种地理文化开放在其他一些拉丁美洲国家始于二十世纪七十年代的独裁统治时期。那时候，许多乌拉圭人和智利人移民澳大利亚（现今在澳大利亚仍有一个由乌拉圭和智利移民组成的社群）。在独裁统治后产生的大量经济移民，现已在世界各地组成大大小小的本国社群，这拓展了人们关于“可以去哪里，可以在哪里找到工作，可以在哪里谋得发展”的想象。

米勒：另外，我也在思考一个我们或许可以称为“被拒绝的全球化”的问题。举两个例子。第一个例子来自你的母国阿根廷，说的是总统基什内尔在 2003 年执政后，建立了与国际货币基金组织和世界银行的新关系。第二个例子是眼下正在发生的事情：世界范围内的许多年轻人反对全球化，反对日常生活在世界范围内的金融化，比如智利正发生学生罢课事件。

坎克里尼：还有现在美国的抗议者。

米勒：对，那些反对华尔街、反对学生债务的人。他们认为自己正在引领这一全球性的运动。当然，在圣迭戈、洛杉矶、纽约等地，反全球化运动并非年轻人的专利，各个层次的人都参与其中。

坎克里尼：从你提到的两点（一是拒绝全球化，或者我更愿意称之为“去全球化”，二是愤怒不满的年轻人发起的新运动）中，我看到有两种社会变革在发生。我们不知道这两种转变会走向何方，但看来都会是重要的变革。另一个影响深远的变化是人口迁移方向的变化。下面我们来逐一讨论一下。

关于你提到的有的国家，比如阿根廷和冰岛，会拒斥某些国际主体，如国际货币基金组织或世界银行，我想补充一点，也有些国家（如巴西和乌拉圭）没有对国际货币基金组织的指示和规定亦步亦趋，而是选择以新的方式来解决本国的债务问题。我昨天刚好读了约瑟夫·斯蒂格利茨的《怎样救治经济》（“To Cure the Economy”）一文，这篇文章引起了我的注意，因为它提出了理解当前全球化的关键之一，即社会或经济范式的缺乏。我们不仅缺乏范式，甚至也缺乏叙事——从后现代的意义上讲，叙事逐渐取代了认识论范式；而现在，我们连全球性的叙事都没有。这并不是说我们没有故事，但我们确实缺少一个总括性的故事（能让我们思考所有文化和社会共处的必要性）。斯蒂格利茨文章开头的观点也让我印象深刻。他说，2007年爆发并于2011年重新出现的经济危机并没有相应的理解模式，因此也没有相应的行动模式。他提出，一些过去想规避全球化风险的国家，现在也还不愿意通过风险投资来促生更多的消费或新的企业与公共项目，这是资金积累产生的原因之一。他在文章中提到了一些这样做的拉丁美洲国家，其中包括阿根廷。我认为这是世界经济停滞的可能解释之一，但还有其他进程也在发生。例如，在阿根廷，政府与反对派之间就通货膨胀问题展开激烈辩论；这场辩论首先是一场关于统计数据的辩论，因为政府没有说出通货膨胀的真相。与几个私营主体估算出的通货膨胀率相比，阿根廷国家统计与人口普查研究所公布的通胀值减少了大约一半。

米勒：缺乏一个结构上的独立性。

三、去中心化的全球化

坎克里尼：对。事实上，全球化和民主制度的存活困境之一是，在许多国家，部委领导按照自己的意志篡改统计数据，评级机构的公信力超过政府，投资者违反生产和消费规则（即使是在按照资本主义逻辑运作的情况下）。阿根廷政府官员修改通货膨胀率的第一个理由是，他们认为此举就像促进消费一样，并非危险之事。他们的第二个理由是，如果官方数据承认了每年约25%的真实通胀率，那么国家将不得不为外债支付更多的费用。虽说篡改统计数据这事欠妥，但这一行为确实说明了阿根廷在国际经济的游戏规则面前是相对独立的——这个“独立”带不带引号都可以。我尤其要指出它远离货币主义（认为增加消费和提高通货膨胀率是危险之举）的原则。我想说的是，从2003年开始应用这一标准直到现在的2011年，这一改动后的标准不但没有使经济处于危险之中，反而让近年来的经济以7%至9%的速度增长。此外，阿根廷改善了服务，提高了工资水平，在国家规划中关注公共利益，实现了一定的经济和社会再分配。同样，其他国家也在拒绝金融自由主义带来的一定程度上全球性的同质化，并寻求经济和社会发展的其他方式。巴西、乌拉圭等国就是典型的例子；中国、印度和冰岛也殊途同归。有趣的是，大家也没有一致认同某个单一的标准发展思路，而是选择了可能有一定风险的不同尝试。没有人能保证阿根廷经济在近年内不会受到欧美危机的影响；但如果我们把目光放到阿根廷的邻国智利身上——这个国家直到一年前还被周边国家视作新自由主义经济成就的典范，我们会看到，它正面临的困境是部分产品出口量下降，铜和其他对其内部发展起决定作用的商品价格下跌。而就在这样的糟糕状态下，其教育系统的危机、教育管理和筹资方式的危机也相继爆发。

现在让我们来看第二点：不满者发起的运动倍增。其中一些运动或许与全球化有关，但无疑，每一个具体的运动其各自的内因不尽相同。由青年人主导的阿拉伯国家的运动，与其他运动（包括反独裁运动、追求社会民主化和商品社会化的运动，以及质疑现有性别等级的运动）相比，有着自己独特的逻辑，诸多原因导致了这一暴动的发生。而西班牙抗议者的情况又极为不同：不满的西班牙人拒绝所有政党，质疑整个政治体系。美国不满者的运动亦是独具风格：这些运动大都依附工会，而工会对此也欣然接受。智利的青年运动也有自己鲜明的特点：智利追求盈利的教育模式——甚至公共教育也不例外——使得每个孩子的教育支出达到了四万美元，很多家庭支付不起这笔费用，运动由此爆发。当政界人士问起应如何为免费教育找到资金来源时，学生们提出了三个方案：将大型外国采矿业收归国有；改革税制，以使最富有的一部分人缴纳更多的税款；减少国防开支。这样的提案如果放在我们的时代来看，想必会被认为极具革命性，但提出这套解决方案的年轻人不标榜自己为革命者，而只是在新自由主义体制下长大的年轻人，他们成长的民主社会环境过去从未敢做出改变，以纠正皮诺切特建立的制度。

米勒：我同意你的观点，不过我还想谈谈对于“自由”的理解发生的一些变化。我们可以回溯一下 1968 年处于国家社会主义时期的布拉格发生的事情，而 2011 年的“阿拉伯之春”和其他第三世界国家让我们看到了自由的另一种意义。你怎么看待他们对问题（尤其是经济问题）的不同反应？其中一些运动声势浩大、引人注目，媒体还不时将之标榜为自由的范本，就好像各国不同文化之间相互关联似的，就如 1968 年的情形一样。

坎克里尼：关联确实存在，但地缘政治形势各有不同。1968 年，我们生活的世界是由欧美主导的。

1968 年过去数年之后，柏林墙倒塌，这在当时被认为是世界大事。法国、德国、美国伯克利和墨西哥的学生运动的含义，与阿拉伯或智利的学生运动的含义很不相同，而阿拉伯和智利两国的学生运动也彼此各异。但它们在当前的地缘政治局势中也有一些共通点：在二十一世纪的第二个十年中，新自由主义思想一统天下的局面已经宣告破裂，世界各地同时涌现出多种新的样态和可能，让人们看到了各种社会构建、男女关系以及技术—领土—投资关系构成的其他方式。让我觉得有趣的正是这种去中心化的多焦点性，因为它提供了不同的声音和视角，削弱了强势地缘政治体的权威，也放下了试图恢复马克思主义或简单的后殖民主义（即未对“殖民化”一词进行更复杂的解释的后殖民主义）的尝试，也没有试图复兴其他时代的社会主义或共产主义政权。

米勒：我清楚地记得在 2001 年的拉丁美洲研究协会年会上，我们经历了从后现代主义到全球化的话语转向。可以看到在过去十年中，拉丁美洲研究协会年会中的论文题目发生了变化，其关注点从后现代性转向另一种世界观，转向对全球化环境下的文化差异的新观察。当谈及这样一个分裂的未来（表现为社会运动的不断增长）之时，你会将其视为后现代性的回归，还是想象中的全球化与后现代性相结合的产物？

坎克里尼：都不是。在我看来，后现代主义已经一去不复返了。通过对哲学、建筑、艺术、绘画等深受后现代思想影响的领域的观察，我们可以看出后现代主义思想的主张：将现代性的矛盾极端化，否认某些现代运动寻求发展“单线”历史的企图。后现代主义思想的贡献在于，它质疑了单线的历史哲学观点，这个“单线”历史最终将走向一个唯一的终极。思考世界的碎片化和去中心化现象让我们受益。沿着这个思路来看，我认为后现代主义在某种程度上可以说是全球化的先兆，或者说是对全球化语境下所发生的事件进行解释的初探。然而，正是由于历史是非线性的，在后现代主义之后才产生了全球范围内的“单声部”思潮，试图将所有社会带往同一个方向。现在我们看到，这种尝试失败了，存在多种进行去中心化和多焦点化试验的可能。然而，我并未看到任何对后现代性的怀旧之情。此外，用瓦蒂莫的话来说，后现代主义是一种“弱思想”，是一种赞美[①]——如此之弱，且过分赞美碎片化。我试图在《想象的全球化》中分析的矛盾就是这种后现代思想与商业思维之间的张力：前者赞美全球化，而后者倾向于垄断与集中（比如整个世界的音乐市场被区区四家公司掌控，只有非常少数的互联网公司能做成谷歌这样）。我们需要考虑“去整体化”的过程——之所以用“整体化”而非“整体性”这个词，是因为“整体”这一概念应该理解为一个未完的过程，而非既成的结果。对我来说，“整体性”这个词包含了“已经完结”和“结果已知”的意义。而我们如果从动态的意义上思考整体化过程，就需要超越各个片段。也许有必要解释一下是什么让我产生了这种思维方式，以及我是如何清楚地察觉到这种冲突的，这种冲突我指的是以后现代的方式赞扬碎片化的不可能性和思考国际整体化过程的必要性之间的冲突。

二十世纪八十年代末、九十年代初的墨西哥城，后现代都市主义盛行。在当时的城市问题研究中，人们并不看好对社会或城市进行规划的尝试。我当时的观点是，这是一种欧洲中心主义的思想。这种思想起源于欧洲那些已经在此前几个世纪中完成了自身规划的城市，和当时拉丁美洲的各大城市相比，这些城市已经进入了缓慢发展的阶段。在墨西哥城这样的城市，

① 参见瓦蒂莫《弱思想》中《对现象的赞美》一文［Gianni Vattimo y Pier Aldo Rovatti (eds. lit.), *El pensamiento débil*, Madrid: Cátedra, 1990, pp. 115－127］。另，该文的意大利语原名和英文版译名分别为“Elogio dell'apparenza”和“In Praise of Appearance”。

首个城市调整规划到1979年才制定。当时，墨西哥大都市区[①]已容纳了1500万居民，人口无序、混乱增长的状况已经持续了数十年，自建房屋的比例超过了50%。于是，要尝试改变这种无序并整顿出一个成形的面貌就要先提出城市整体性的问题。我们不能从局部着眼，试图管窥以得全貌，再对整体进行调整，我们需要着眼于城市整体的结构性问题，如生态问题、墨西哥城和其他大都市区城镇间的交通问题都是结构性问题。从各个片段出发去思考问题是不可行的。在我看来，大都会中心地带孕育的思想和大都会周边地区萌发的思想之间的分歧是一种征兆，表明我们这些国家（以前被称为“边缘地区”）更有必要思考整体性并在整体性的框架下行动（就如刚才所提阿根廷、巴西、中国正在实行的那样）。

米勒：确实如此。中国的城市规划从某种意义上说获得了成功。有意思的是，这种规划没有用亚当·斯密“看不见的手”来建造新城市，而是用了国家的手、“看得见”的手。

坎克里尼：用了国家和政党的手。

米勒：是的，政党的手，还有专家的手。中国的成功也是官方认知的胜利。

坎克里尼：另外还有一点，我之前也提到了，现在想展开来说一说，可以和你刚才提到的两个运动——“去全球化”或说“拒绝全球化”，以及我们刚才说到的移民迁移方向的转变——放在一起来谈。过去两三年来，我们在墨西哥听到的消息是，从墨西哥到美国的移民正在减少，但这并非因为墨西哥变得更好了，也不是对非法越境的打击更为严厉的直接后果。

① 大都市区（zona metropolitana）包括墨西哥城及其附近的17个城镇。

毋庸置疑，美国对边境的施压有一定效果，但是当我们把美墨间的流动进程和其他迁移场景放在一起观察时，就会发现上述问题背后还有许多其他因素。西班牙的人口正在减少，是因为（如我们之前所讨论）西班牙已不再接收拉丁美洲或非洲的外部移民，但还有一个原因是一些出生在西班牙本国的人也在向外移民，尤其是很多专业人才移民德国或美国。直到几年前仍为从南到北的移民方向现已发生了改变，而在这个移民流正在重新形成的背景下，新的合法性产生了。

我们在去全球化的过程中，或确切地说，在对当前去全球化的批评中能看到另一种变化，这种变化体现在语言中，也体现在人们所使用的隐喻中。在二十世纪九十年代以及刚刚过去的二十一世纪头十年中，人们试图将许多危机定位于具体某国，就好像危机是一国管理不善的后果一样。人们当时都承认阿根廷或巴西的那场危机对整个股市和世界市场都有影响，但在命名的时候还是会归咎于危机爆发国，如“龙舌兰酒效应”源于墨西哥，“探戈效应”是阿根廷引起的，“桑巴效应”是从巴西传出去的等等。今天，我们无法使用这些隐喻性质的名称，因为人们普遍意识到危机是全球性的，意识到在这个无人知晓如何控制或改变整个系统的背景下，每个人都负有共同的责任。评级机构位于何地？即便它们的主要办事处设立在美国，但我们都知道它们的行动之影响范围是全球。

还有就是连续性和非连续性的问题，这个问题令我忧心，虽然忧心的方式与《想象的全球化》一书中所述的不同。一方面，国际组织和世界峰会具有抽象性、非物质化和非社会化的特点，这些特点带来的最大影响之一就是欧洲联盟的式微。在《想象的全球化》一书中，我相当乐观地评估了欧洲的统一进程。实际上，至今我仍然认为这是最先进的区域一体化进程之一，因为它不仅实现了贸易自由，而且实现了深度的经济一体化。与此同时，它还创立了欧洲公民身份，设计了盟歌、盟旗等文化符号，开展了诸多文化、传媒、教育等领域的项目。如伊拉斯谟计划（Erasmus）、MEDIA 等都推动欧洲不限于经济商贸领域的一体化。为什么欧洲一体化进程会正走向失败？我认为，在先前对欧盟的批判性研究中，学者已经揭示了部分原因。在这些学者中，人类学家马克·阿贝莱的观点在当时引起了我的注意，我在《想象的全球化》中也引用了他的观点。他研究了布鲁塞尔高层①与社会和民众的脱节问题，并提出对如下风险的警示：一方面，尽管推行了一系列教育、文化、传媒领域的合作项目，但欧洲一体化只是一个不能落地的顶层设计。而各社会以及现在的普通民众对于一体化的漠不关心在加剧，因为民众失业，公司倒闭，甚至希腊举国破产。在这样的情况下，为什么还要孤注一掷地求统一而放弃作为独立国家所能享有的利益呢？另一方面，国际组织决策不透明，以及民众难以进行干预与纠错等问题也是引发改革的原因。欧美各国的新运动就提出了抗议："我们不再相信为抽象空洞之物的实现而应放弃所有既有权益的说辞。"

米勒：说两个小故事。第一个是被称为"欧洲之父"的欧洲一体化奠基人让·莫内的故事。他在某次回答提问时说，"你总要做些与众不同的事"，并且让这些事与具体每个社会对于文化的认可方式相结合。第二个故事发生在八年前印度的一辆出租车上。当时我和一位著名的德国理论家在一起，出租车司机

① 布鲁塞尔为欧盟总部所在地，此处即指欧盟决策层。

问我们来自哪里。我的这位理论家朋友回答说："我来自欧洲。"然后出租车司机追问道："我知道欧洲，但究竟是哪国人呢?"这位理论家在第三世界遇到了很多日常生活中的问题，但最令他困扰的还是说出"我来自德国"或者"我来自欧洲某国"这样的句子。

坎克里尼：我同意应将我们还有他人的寻根与寻找归属的需求纳入考虑。不过有必要说明，不应仅把欧盟走向失败归因于各国对隶属与集合关系的抵制，更重要的原因在于，欧洲国家在新自由主义的号召下采取了不同的方式来实现全球化，而这与最初的一体化计划背道而驰。回顾欧盟前身的诞生——二十世纪中叶因需要形成关于煤炭能源的洲际政策而产生了欧洲煤钢共同体，我们可以看到，的确，当时为了确保作为工业化必要条件的能源生产，各国有必要联合起来。这个共同体成员国之间一开始达成的是有关生产与合作的具体协议，而随着成员国间的关系由实体间的、人际的、与能源和工业化相关的具体联系逐渐转为抽象的服务性关系后，这种具体协议的重要性就下降了。最终，一切都包含在金融市场的去物质化之中。正如大家所知，这些金融市场的抽象虚拟包含大多数以货币形式流通的资源，这些资源的流通不利于社区等公共主体进行生产性投资。

也许现在的问题不是如何回到前全球化时代的问题，而是在全球化业已建立、不可逆转的当下如何生活的问题，是如何在社会主体的主导下寻求新的方式来联结本地、区域和民族的问题。已经有一些地方正在建立独立于金融系统的银行，以提供借款和信贷服务。新的组织模式出现，而且产生了许多金融投机之外的运作方式。这些势头虽然还很微弱，但事实证明，它们有一定的可持续性，其发展未必不可能。

米勒：你刚才说你十年前完成的这本书里对欧洲的看法过于乐观。如今你是否对书中的某些内容有了新的思考？

坎克里尼：有的，比如说对当代艺术的分析，这也是我近年来最感兴趣的研究方向。我现在了解到，在二十世纪九十年代都还能感受到的先锋派的回响已经发生了变化，同样发生改变的还有发展与民众事业相关的艺术的尝试。另外，我们谈到的“多焦点性”在各大双年展中也有所体现。威尼斯双年展已经不再是定义世界艺术的唯一决定性场所。新加坡、伊斯坦布尔、南非等许多地方都在举办有着重要影响的双年展。

至于出版业和音像业，它们虽然挺过了二十世纪末的全球化初期，但现今也经历了重新配置。这是因为技术网络、手机、新型屏幕、迷你屏等改变了电影、视频的制作方式，降低了制作和发行成本。

应该澄清，这也不是一个线性发展的过程，我们可以看到，通过新型屏幕实现的文化工业化与文化惠及的社会化（或说民主化），波动起伏，极不稳定。今天，我们还发现强调真人互动的音乐节有所增加。在出版领域，并未发生数字书籍或线上直接访问的形式取代纸质书籍的现象，而是出现了这几种形式并存的状态。我不清楚这种情况后续将如何发展，不过，我不相信某些出版商的预测，说五年后将不会再有书店，也不会再有纸质书籍。最近的一些进程表明，市场正在进行重新配置，但此次重新配置在不同语言中以不同的方式进行。例如，平板电脑风靡盎格鲁-撒克逊世界，而在西班牙语世界和其他语种地区，平板电脑并没有那么流行。这不是一个取代的过程。经历史证实的文化发展规律之一是，新媒体的出现并不能消除旧媒体：电影没有取代戏剧，电视未能取代电影，而视频也不能取代电视。新旧媒体共存，在这种共存中各自重新调整自己的角色。在全球化和去全球化并存的世界中，本土性的东西将以新的形式继续存活下去，其延续会凭借新的载体或媒介，而这些载体与媒介往往容易被全球化，比如先进技术。

米勒：确实如此，不过也存在本土性延续形式方面的竞争，这与我们可以称为“文化酒窖”的现象有关。不管过去还是现在，电视的功能之一都是提供这样一个“酒窖”，一个“信息内容库”，整合丰富的内容。

坎克里尼：既然你提到了电视和数字酒窖，那么我想顺着你的思路补充一点：近五到七年间，因为社交网络的出现，电视正在被取代，比如墨西哥特莱维萨电视公司、巴西环球电视网、美国三大电视台这类大型垄断公司，如今地位堪忧。其传统垄断地位发生变化的原因是，有些国家出台了鼓励开设新节目、鼓励多渠道收看节目的相关政策。数字化扩大了广播频率范围，使开设更多频道成为可能，由此让服务和选择都更多样化。此外，数字化为谷歌等新型垄断企业的出现提供了土壤也是不争的事实。在新型垄断下，内容的高度集中和产品定价过高都可能成为反民主倾向的温床。这一情况我们已经在学术期刊等领域目睹，而它现在正向音乐和音像制品领域蔓延。因此，我们正面临新的挑战——不仅要防范电视公司巨头的垄断，更要敦促新一代通信方式的规范化、民主化进程。在这一点上，我认为同时任哈佛图书馆馆长的谷歌研究员罗伯特·达恩顿的观点非常有意思。他倡议对欧美各大图书馆的馆藏进行数字化，通过数字化，以另一种方式提供“酒窖”可以整合的内容。

米勒：我有一些出版业的朋友，到哈佛向达恩顿推介新期刊，他表示自己愿意订阅，但有一个条件："请你告诉我，为了订阅这本新的期刊，我应该退订贵社的哪一本出版物呢?"知识流通过程中的某些趋势强化了全球化的力量，但同时也有另一些潮流根据年龄、语言等建立起解域化的网络，试图回归或重建其民族和区域特质。

坎克里尼：我不会用"解域化"这个词，而是采用我们的朋友丹尼尔·马托提出的"跨地域化"这个说法，因为所有的网络都不可能完全脱离地域的限制，哪怕这种地域限制是指互联网用户与当前居住地之间的关联。

米勒：就像印度出租车司机问的那样："我知道欧洲，但究竟是哪国人呢?"在结束之前，我还想请你解释一下你提到的"去全球化"这个概念。

坎克里尼：全球化进程中存在着反向发展或试图改变其对民族经济和社会影响的运动，"去全球化"的概念就是针对这些运动提出的。我们可以这样说，全球化进程和去全球化进程之间的这种张力开始出现是因为某些区域在无限制的全面开放面前感到脆弱并抱起团来以自我保护。欧洲一体化、南方共同市场、《北美自由贸易协定》等都是典型的例子。

于是，预设的脆弱酿成了灾难。虽然全球化从二十年前起就陆续造成了各种问题——失业、南部国家向外移民、北部国家排斥移民、中产阶级衰落以及随处可见的贫困加剧，但全球化模式的危机在 2008 年 9 月才爆发。我们以前有过许多民族性灾难（如 1994 年的墨西哥比索危机、二十世纪九十年代末的俄罗斯和东欧各国危机、2001 年的阿根廷金融危机），但在过去三年中，这种局部的骚动正逐渐演变成全球的崩盘：欧盟无力维持一体化，美国一次又一次地来到悬崖边……

欧洲各国首脑一直在思考“是否要弃用欧元?”“如何保护自己免受全球危机的影响?”“中国的发展是否会带来威胁?”……如此种种疑问都指向了“去全球化”的趋势。

“去全球化”可以有两种理解方式：可以将其理解为打破世界一体化的承诺，将部分国家或数量庞大的人口排斥在全球化框架之外；也可以将其理解为借全球性运动的东风来建造超越本土的本地化基础设施（包括物力与人力意义上的设施）。

参考文献

Abélès, Marc: “L'Europe en trois questions”, *Esprit*, 202, junio 1994.

——: *En attente d'Europe*, Francia, Hachette, 1996 (colección Questions de politique).

Achugar, Hugo: “Leones, cazadores e historiadores: a propósito de las políticas de la memoria y del conocimiento”, *Revista Iberoamericana*, 63 (180), 1997, pp. 379 - 387.

Aguilar, Miguel Ángel: “Espacio público y prensa urbana”, en Néstor García Canclini (coord.), *Cultura y comunicación en la Ciudad de México*, vols. 1 y 2, México, Grijalbo, 1998, pp. 84 - 125.

Alatriste Sealtiel: “El mercado editorial en lengua española”, en Néstor García Canclini y Carlos Moneta (coords.), *Las industrias culturales en la integración latinoamericana*, ob. cit., pp. 261 - 306.

Albrow, Martin: *The global age*, Stanford, Stanford University Press, 1997.

Alegría, Tito: *Desarrollo urbano en la frontera México-Estados Unidos*, México, Conaculta, 1992.

Alonso, Guiomar: “¿Bienes culturales o mercancías? Tendencias y dilemas en el comercio mundial de productos culturales”, inédito.

Anderson, Benedict: *Comunidades imaginadas*, México, Fondo de Cultura Económica, 1997.

Appadurai, Arjun: *Modernity at Large: Cultural Dimensions of Globalization*, Minneapolis / Londres, University of Minnesota Press, 1996.

Arizpe, Lourdes (ed.): *The Cultural Dimensions of Global Change: An Anthropological Approach*, París, UNESCO Publishing, 1996.

Arizpe, Lourdes y Alonso, Guiomar: "Culture, globalization and international trade", Human Development Report Office, PNUD, 1999.

Audinet Jacques: *Le temps du métissage*, París, Les Éditions de l'Atelier / Les Éditions Ouvrières, 1999.

Bachelard, Gaston: *Études*, París, Librairie Philosophique, J. Vrin, 1970.

Balibar, Étienne: *Droit de cité*, La Tour d'Aigues, L'Aube, 1998 (colección Monde en Cours).

Bartolomé, Miguel Alberto: *Gente de costumbre y gente de razón: las identidades étnicas en México*, México, Instituto Nacional Indigenista/Siglo XXI, 1997.

Bartra, Roger: *La jaula de la melancolía: identidad y metamorfosis del mexicano*, México, Grijalbo, 1987.

——: *El salvaje artificial*, México, UNAM-Ediciones Era, 1997.

Baudrillard, Jean: *América*, 3ª ed., Barcelona, Anagrama, 1997.

Bauman, Zygmunt: *Intimations of postmodernity*, Londres, Routledge, 1992.

——: *La globalización: consecuencias humanas*, Buenos Aires / México, D. F., Fondo de Cultura Económica, 1999.

Bautista, Juan Carlos: "El intelectual entre el proscenio y la intimidad: entrevista con Carlos Monsiváis", *Viceversa*, 49, México, 1997, pp. 27 – 33.

Beverley, John: "Estudios culturales y vocación política", *Revista de Crítica Cultural*, n°12, Santiago de Chile, julio de 1996, pp. 46 – 53.

Beck, Ulrich: *¿Qué es la globalización?: falacias del globalismo, respuestas a la globalización*, Barcelona, Paidós, 1998.

Berger, John: "Señuelos", *El País*, 10 de diciembre de 1995, pp. 13 – 14.

Bhabha, Homi K.: *The location of culture*, Londres / Nueva York, Routledge, 1994.

Bonet, Lluís y De Gregorio, Albert: "La industria cultural española en América Latina", en Néstor García Canclini y Carlos Moneta (coords.), *Las industrias culturales en la integración latinoamericana*, 1999, ob. cit., pp. 77－111.

Bonfil Batalla, Guillermo: *México profundo: una civilización negada*, México, Grijalbo / Consejo Nacional para la Cultura y las Artes, 1990.

Borja, Jordi y Castells, Manuel: *Local y global: la gestión de las ciudades en la era de la información*, Madrid, United Nations for Human Settlements (Habitat) / Taurus, 1997.

Bourdieu, Pierre (ed.): *Liber 1*, San Pablo, Editora da Universidade de São Paulo, 1997.

——: *Contre-feux*, París, Raisons d'Agir, 1998.

Brunner, José Joaquín: *Globalización cultural y posmodernidad*, México / Santiago de Chile, Fondo de Cultura Económica, 1998.

Caldeira, Teresa P. R.: "Un noveau modele de ségrégation spatiale: les murs de São Paulo", *Revue Internationale des Sciences Sociales*, n°147, París, 1996.

Calhoun, Craig: "The infrastructure of modernity: indirect social relationship, information technology, and social integration", en H. Haferkamp y N. J. Smelser (eds.), *Social Change in Modernity*, Berkeley, University of California Press, 1992.

——: "El problema de la identidad en la acción colectiva", en Javier Auyero, *Caja de herramientas*, Buenos Aires, Universidad Nacional de Quilmes, 1999.

Calvino, Italo: *Las ciudades invisibles*, Barcelona, Minotauro, 1985.

Carvalho, Jose Jorge de: *Hacia una etnografía de la sensibilidad musical contemporánea*, Brasilia, Universidad de Brasilia, Departamento de

Antropología, 1995 (serie Antropología).

Case, Brendan M.: "El estado unido de México", *Latin Trade*, agosto de 1999, pp. 48 - 52.

Castells, Manuel: *La ciudad informacional*, Madrid, Alianza, 1995.

Castoriadis, Cornelius: *La institución imaginaria de la sociedad*, vol. 2, Buenos Aires, Tusquets, 1999.

Chanady, Amaryll: *Hybridity as an Imaginary Signification*, Montreal, 1997, inédito.

Chesnaux, Jean: *La modernité-monde*, París, La Découverte, 1989.

Clifford, James: *Itinerarios transculturales*, Barcelona, Gedisa, 1999.

Cornejo Polar, Antonio: "Una heterogeneidad no dialéctica: sujeto y discurso. Migrantes en el Perú moderno", *Revista Iberoamericana*, 67 (176 - 177), 1996, pp. 837 - 844.

Council of Europe: *In from the Margins: A Contribution to the Debate on Culture and Development in Europe*, Estrasburgo, Council of Europe Publishing, 1997.

D'Adamo, Orlando y García Beadoux, Virginia: *El argentino feo*, Buenos Aires, Losada, 1995.

Da Matta, Roberto: "Você sabe com quem está falando?: um ensaio sobre a distinção entre indivíduo e pessoa no Brasil", *Carnavais, malandros e heróis*, Río de Janeiro, Zahar, 1980.

De Grandis, Rita: "Processos de hibridação cultural", en Zilá Berdn y Rita De Grandis (coords.), *Imprevisíveis Américas: questões de hibridação cultural nas Américas*, Porto Alegre, Sagra-DC Luzzatto / Associação Brasileira de Estudos Canadenses, 1995, pp. 21 - 32.

De la Campa, Román: "Transculturación y posmodernidad: ¿destinos de la producción cultural latinoamericana?", en *Memorias: Jornadas Andinas de Literatura Latinoamericana*, La Paz, Plural, Facultad de Humanidades y Ciencias de la Educación, UMSA, 1995.

——："Latinoamérica y sus nuevos cartógrafos：discurso poscolonial，diásporas intelectuales y enunciación fronteriza"，*Revista Iberoamericana*，62（176－177），julio-diciembre de 1996，pp. 697－717.

De León，Arnaldo：*They Called Them Greasers*，Austin，University of Texas Press，1983.

De Rudder，Véronique y Poiret，Christian："*Afirmative action* et《discrimination justifiée》：vers un individualisme en acte"，en Philippe Dewitte（dir.），*Immigration et intégration：l'état des savoirs*，ob. cit.，pp. 397－406.

Derrida，Jaques："La mythologie blanche"，en *Marges de la philosophie*，París，Minuit，1972.

Dewitte，Philippe（dir.）：*Immigration et intégration：l'état des savoirs*，París，La Découverte，1999（Colección L'état des savoirs）.

Dietz，Henry y Mato，Daniel："Algunas ideas para mejorar la comunicación entre los investigadores de Estados Unidos y América Latina：una carta abierta"，*LASA Forum*，28（2），1997，pp. 31－32.

Echeverría，Ignacio："El estilo internacional"（reseña al libro *McOndo*，editado por Alberto Fuguet y Sergio Gómez，Barcelona，1996），*El País*，18 de enero de 1997.

Enzensberger，Hans Magnus：*La gran migración*，Barcelona，Anagrama，1992.

Eudes，Yves："MTV：chaine du rock et de la jeunesse"，*Le Monde：Culture，ideologie et societe*，París，marzo de 1997.

Faret，Laurent："La frontera y el Estado-nación en la perspectiva de los migrantes internacionales"，actas del Coloquio "Las Fronteras del Istmo"，Guatemala，25－27 de septiembre de 1996.

Flores，William V. y Benmayor，Rina（eds.）：*Latino Cultural Citizenship*，Boston，Beacon Press，1997.

Ford，Aníbal，Martini，Stella M. y Mazziotti，Nora："Construcciones de la información en la prensa argentina sobre el Tratado del MERCOSUR"，en

Néstor García Canclini (coord.), *Culturas en globalización*, ob. cit., pp. 177-214.

Fox, Claire F.: *The Fence and the River: Culture and Politics at the U. S. - Mexico Border*, Minneapolis, MN, University of Minnesota Press, 1999 (*Cultural Studies of the Americas*, vol. 1).

Fraser, Nancy: *Iustitia interrupta: reflexiones críticas desde la posición "postsocialista"*, Santa Fe de Bogotá, Siglo del Hombre Editores / Universidad de los Andes, Facultad de Derecho, 1997.

Fuentes, Carlos: *Tiempo mexicano*, México, Joaquín Mortiz, 1971.

Fukuyama, Francis: "The end of history", *The National Interest*, n°16, verano de 1989.

Galli, Gabriel: en *Fórum Mercosur Cultural*, Bahía, 18 a 20 de septiembre de 1999.

García Canclini, Néstor: *Culturas híbridas: estrategias para entrar y salir de la modernidad*, México, Consejo Nacional para la Cultura y las Artes / Grijalbo, 1990.

——: *Consumidores y ciudadanos: conflictos multiculturales de la globalización*, México, Grijalbo, 1995.

—— (coord.): *Culturas en globalización. América Latina-Europa-Estados Unidos: libre comercio e integración*, Caracas, Seminario de Estudios de la Cultura (CNCA) / CLACSO / Nueva Sociedad, 1996.

——: *Cultura y comunicación en la Ciudad de México*, vols. 1 y 2, con textos de de A. Ballent, M. T. Ejea, A. Giglia, R. Nieto, E. Nivón, P. Ramírez Kuri, A. Rosas, P. Safa, M. A. Aguilar, F. Cruces, A. Sevilla, C. A. Vergara, E. Vernik y R. Winocur, México, Grijalbo, 1998.

García Canclini, Néstor y Moneta, Carlos (coords.): *Las industrias culturales en la integración latinoamericana*, Buenos Aires, EUDEBA; México, Grijalbo / SELA / UNESCO, 1999.

Garnham, Nicholas: "Economía política y estudios culturales: ¿reconciliación o divorcio?", *Causas y azares*, n°6, Buenos Aires, primavera de 1997.

Garretón, Manuel Antonio: "Políticas, financiamiento e industrias culturales en América Latina y el Caribe", documento de la III Reunión de la Comisión Mundial de Cultura y Desarrollo de la UNESCO, San José, Costa Rica, 22 - 26 de febrero de 1994.

Garson, Jean-Pierre y Thoreau, Cécile: "Typologie des migrations et analyse de l'intégration", en Philippe Dewitte (dir.), *Immigration et intégration: l'état des savoirs*, ob. cit., pp. 15 - 31.

Getino, Octavio: *Cine argentino: entre lo posible y lo deseable*, Buenos Aires, Ciccus, 1998.

Giddens, Anthony: "Globalization: Keynote address at the UNRISD Conference on Globalization and Citizenship", en *UNRISD NEWS*, The United Nations Research Institute for Social Development Bulletin, otoño de 1996-invierno de 1997, n°15.

——: *La tercera vía: la renovación de la socialdemocracia*, Madrid, Taurus, 1999.

Giglia, Ángela y Winocur, Rosalía: "La participación en la radio: entre inquietudes ciudadanas y estrategias mediáticas", *Perfiles Latinoamericanos*, 9, México, 1996, pp. 73 - 84.

Goldberg, David Theo: "Introduction: Multicultural Conditions", en D. T. Goldberg (ed.), *Multiculturalism: A Critical Reader*, Cambridge, Mass. & Oxford, Basil Blackwell, 1994, pp. 1 - 41.

González Martínez, Elda E.: "Españoles en América e iberoamericanos en España: cara y cruz de un fenómeno", *Arbor*, 154 (607), 1996, pp. 15 - 33.

Grimson, Alejandro: *Relatos de la diferencia y la igualdad: los bolivianos en Buenos Aires*, Buenos Aires, EUDEBA / Felafacs, 1999.

Grossberg, Lawrence, Nelson, Cary y Treicher, Paula (eds.): *Cultural Studies*, Nueva York / Londres, Routledge, 1992.

——: "Cultural studies, modem logics, and theories of globalisation", en Angela McRobbie (ed.), *Back to reality: social experience and cultural studies*, Manchester University Press, 1997a.

——: "Estudios culturales *vs*. economía política: ¿Quién más está aburrido con este debate?, *Causas y azares*, n°6, Buenos Aires, primavera de 1997b.

Gruzinski, Serge: *La pensée métisse*, París, Fayard, 1999.

Gubern, Román: "Pluralismo y comunidad de nuestras cinematografías", *La Jornada*, México, 11 de abril de 1997.

Habermas, Jürgen: *La inclusión del otro*, Barcelona, Paidós, 1999.

Hall, Peter: "La ville planetarie", *Revue international des Sciences Sociales*, 147, París, marzo de 1996, pp. 19 - 29.

Hannerz, Ulf: *Conexiones transnacionales: cultura, gente, lugares*, Madrid, Cátedra, 1998.

——: "Fluxos, fronteiras, híbridos: palavras-chave da antropologia transnacional", *Mana*, 3 (1), Río de Janeiro, 1997, pp. 7 - 39.

Harvey, Penelope: *Hybrids of Modernity: Anthropology, the Nation State and the Universal Exhibition*, Londres / Nueva York, Routledge, 1996.

Henríquez Ureña, Pedro: *Las corrientes literarias en la América hispánica*, México, Fondo de Cultura Económica, 1949.

Herzog, Laurence: *Where North Meets South*, Austin, Texas University Press, 1990.

Holston, James y Arjun Appadurai: "Cities and citizenship", *Public Culture*, 8 (2), 1996, pp. 187 - 204.

Hopenhayn, Martín: *Promoción y protección de la creación y la creatividad en Iberoamérica: las ventajas del hacer y los costos del no hacer*, inédito.

Hughes, Robert: *A toda crítica: ensayos sobre arte y artistas*, Barcelona, Anagrama, 1992 (colección Argumentos, 130).

Huntington, Samuel P.: *El choque de civilizaciones y la reconfiguración del orden mundial*, México, Paidós, 1998.

Ianni, Octavio: *Teorias da globalização*, Río de Janeiro, Civilização Brasileira, 1995.

Inglehart, Ronald, Basáñez, Miguel y Nevitte, Neil: *Convergencia en Norteamérica: política y cultura*, México, Siglo XXI / Este País, 1994.

Jameson, Fredric: "Conflictos interdisciplinarios en la investigación sobre cultura", *Alteridades*, n°5/ México, 1993, pp. 93 - 117.

Jameson, Fredric y Masao, Miyoshi (eds.): *The cultures of globalization*, Durham y Londres, Duke University Press, 1998.

Jelin, Elizabeth: "Cities, culture, and globalization", en UNESCO, *World Culture Report*, ob. cit., pp. 105 - 124.

Keane, John: "Structural Transformations of the Public Sphere", *The Communication Review*, 1 (1), San Diego, California, 1995.

Kennedy, John: "Entrevista a Madeleine Albright: 《Lo mejor con Cuba es aislarla》", *El País*, 8 de febrero de 1998, pp. 12 - 13.

Kerouac, Jack: *Lonesome Traveler*, Nueva York, McGraw-Hill, 1960, pp. 21 -22.

Klahn, Norma: "La frontera imaginada, inventada o de la geopolítica de la literatura a la nada", M. Esther Schumacher (comp.), *Mitos en las relaciones México-Estados Unidos*, México, Fondo de Cultura Económica / Secretaría de Relaciones Exteriores, 1994, pp. 460 - 480.

Koolhaas, Rem: *Delirious New York*, Nueva York, The Monacelli Press, 1994.

Kymlicka, Will: *Ciudadanía multicultural: una teoría liberal de los derechos de las minorías*, Barcelona, Paidós, 1996.

Laplantine, François: *Transatlantique: entre Europe et Amériques Latines*, París, Payot & Rivages, 1994.

Laplanline, François y Nouss, Alexis: *Le métissage*, París, Flammarion, 1997 (Dominos, n°145).

Lechner, Norbert: "Nuestros miedos", *Perfiles Latinoamericanos*, n° 13,

México, diciembre de 1998, pp. 179 - 198.

Lida, Clara E.: *Inmigración y exilio: reflexiones sobre el caso español*, México, El Colegio de México / Siglo XXI, 1997.

Lomnitz, Claudio: "Usage politique de l'ambiguité: le cas mexicain", *L'Homme*, 32 (l), enero-marzo de 1992, pp. 99 - 121.

——: *Las salidas del laberinto: cultura e ideología en el espacio nacional mexicano*, México, Juaquín Mortiz / Planeta, 1995.

——: *Modernidad indiana: nueve ensayos sobre nación y mediación en México*, México, Planeta, 1999.

Maalouf, Amin: *Identidades asesinas*, Madrid, Alianza, 1999.

Margolis, Maxime L.: *Little Brazil: An Ethnography of Brazilian Immigrants in New York City*, Princeton, Princeton University Press, 1994.

Martín-Barbero, Jesús: *De los medios a las mediaciones: comunicación, cultura y hegemonía*, Santa Fe de Bogotá, Convenio Andrés Bello, 1998 (Cultura y comunicación).

Mattelart, Armand: *La mondialisation de la comunication*, París, Presses Universitaries de France, 1996.

Mateu, Cristina y Spiguel Claudio (entrevista a Rita Laura Segato): "Una aplanadora homogeneizante", *La Marea*, n° 9, Buenos Aires, 1997, pp. 40 - 45.

Mato, Daniel: "On the theory; epistemology, and politics of the social construction of cultural identities in the age of globalization: introductory remarks to ongoing debates", *Identities. Global Studies in Culture and Power*, 3 (1 - 2), octubre de 1996.

——: "The transnational making of representations of gender, ethnicity and culture: indegenous peoples' organizations at the Smithsonian Institution's Festival", *Cultural Studies*, 12 (2), 1998a.

——: "On the making of transnational identities in the age of globalization: the US Latina / A Latin American case", *Cultural Studies*, 12 (4), 1998b.

——："Telenovelas：transnacionalización de la industria y transformaciones del género"，en Néstor García Canclini y Carlos Moneta (coords.)，*Las industrias culturales en la integración latinoamericana*，1999a，ob. cit.，pp. 229 -257.

——："Sobre la fetichización de la globalización y las dificultades que plantea para el estudio de las transformaciones sociales contemporáneas"，*Revista Venezolana de Análisis de Coyuntura*，5 (1)，enero-junio de 1999b.

McAnany，Emile y Wilkinson，Kenton T. (eds.)：*Mass Media and Free Trade: Nafta and the Cultural Industries*，Austin，University of Texas Press，1996.

McLaren，Peter："White Terror and Oppositional Agency：Towards a Critical Multiculturalism"，en David Theo Goldberg (ed.)，*Multiculturalism: A Critical Reader*，1994，ob. cit.，pp. 45 - 74.

Michaelsen，Scott y Johnson，David E. (eds.)：*Border Theory: The Limits of Cultural Politics*，Minneapolis，MN，University of Minnesota Press，1997.

Mignolo，Waller：*The Darker Side of the Renaissance*，University of Michigan Press，1995.

Milet，Paz y Rojas Aravena，Francisco："Diplomacia de cumbres：el multilateralismo emergente del siglo XXI"，en F. Rojas Aravena (ed.)，*Globalización，América Latina y la diplomacia de cumbres*，Santiago，FLACSO-Chile，1998，pp. 201 - 232.

Mongin，Oliver："Retour sur une controverse：du《politiquement correct》au multiculturalisme"，*Esprit*，París，junio de 1995，pp. 83 - 87.

Mons，Alain：*La metáfora social: imagen，territorio，comunicación*，Buenos Aires，Nueva Visión，1994.

Monsiváis，Carlos："La identidad nacional y la cultura ante el Tratado de Libre Comercio"，en *Cultura，medios de comunicación y libre comercio*，México，AMIC，1993.

Moragas, Miguel de: "Políticas culturales en Europa: entre políticas de comunicación y el desarrollo tecnológico", en Néstor García Canclini (coord.), *Culturas en globalización*, ob. cit., pp. 55 - 72.

Moreno, Javier: "Los latinoamericanos temen que su crisis sea eterna", *El País*, 18 de abril de 1998.

Morley, David: "EurAm, Modernity, Reason and Alterity or, Postmodernism, the Highest Stage of Cultural Imperialism?", en D. Morley y Kuan-Hsing Chen (eds.), *Stuart Hall: Critical Dialogues in Cultural Studies*, ob. cit., pp. 326 - 360.

Morley, D. y Kuan-Hsing Chen (eds.): *Stuart Hall: Critical Dialogues in Cultural Studies*, Londres / Nueva York, Routledge, 1996.

Moulin, Raymonde: *L'artiste, l'institution et le marché*, París, Flammarion, 1992.

——: "Face à la mondialisation du marché de l'art", *Le Débat*, París, Gallimard, 80, mayo-junio de 1994.

Nivón, Eduardo: "De periferias y suburbios", en N. García Canclini (coord.) 1998, ob. cit.

Ochoa Gautier, Ana María: "El desplazamiento de los espacios de la autenticidad: una mirada desde la música", *Antropología*, Madrid, n° 15-16, marzo-octubre de 1998, pp. 171 - 182.

O'Donnell, Guillermo: *¿Y a mí qué me importa?: notas sobre sociabilidad y política en Argentina y Brasil*, Buenos Aires, CEDES, 1984.

Ohmae, Kenichi: *Mundo sem fronteiras*, San Pablo, Makron Books, 1991.

Oliven, Ruben George: "Um antropólogo brasileiro numa universidade norte-americana", *Horizontes Antropológicos*, n° 5, 1997, pp. 225 - 244.

Ortiz, Renato: *Mundialización y cultura*, Buenos Aires, Alianza, 1997.

Papastergiadis, Nikos: "Tracing hibridity in theory", Pnina Werbner y Tariq Modood (eds.), *Debating Cultural Hybridity: Multicultural Identities and the Politics of Anti-Racism*, ob. cit., pp. 257 - 281.

Passeron, Jean-Claude: *Le raisonnement sociologique: l'espace nonpoppérien du raisonnement naturel*, París, Nathan, 1991 (colección Essais et recherches).

Paz, Octavio: *El laberinto de la soledad*, México, Fondo de Cultura Económica, 1964.

Perulli, Paolo: *Atlas metropolitano: el cambio social en las grandes ciudades*, Madrid, Alianza Universidad, 1995.

Piglia, Ricardo: *Conversación en Princeton*, Arcadio Díaz Quiñones y otros (eds.), Princeton, Program in Latin American Studies, Princeton University, 1998.

PNUD: *Desarrollo humano en Chile* 1998, Santiago de Chile, Programa de las Naciones Unidas para el Desarrollo, 1998.

Portal, María Ana: "Políticas culturales y reconstitución de la identidad urbana: tiempo, espacio e imagen ciudadana en el Distrito Federal", ponencia presentada en el seminario "El Distrito Federal: Sociedad, Economía, Política y Cultura. Retos para el nuevo gobierno capitalino", México, D. F., noviembre de 1997.

Pratt, Mary Louise: *Ojos imperiales*, Buenos Aires, Universidad Nacional de Quilmes, 1997.

Quijada, Mónica: "Présentation: le cas de l'Argentina", *Cahiers Intenationaux de Sociologie*, 105, 1998a, pp. 301-303.

——: "La question indienne", *Cahiers Intenationaux de Sociologie* 105, 1998b, pp. 305-323.

Ramírez Kuri, Patricia: "Coyoacán y los escenarios de la modernidad", en Néstor García Canclini (coord.), *Cultura y comunicación en la Ciudad de México*, ob. cit., vol. 1, pp. 320-367.

Reati, Fernando y Gómez Ocampo, Gilberto: "Académicos y *gringos malos*: la universidad norteamericana y la *barbarie cultural* en la novela latinoamericana reciente", *Revista Iberoamericana* 64 (184 - 185), 1998, pp.

587 - 609.

Recondo, Gregorio (comp.): *Mercosur: la dimensión cultural de la integración*, Buenos Aires, Ediciones Ciccus, 1997.

Rex, John: "Le multiculturalisme et l'intégration politique dans les villes européennes", *Cahiers Intenationaux de Sociologie* 105, 1998, pp. 261 - 280.

Ribeiro, Gustavo Lins: *Goiânia, Califórnia: vulnerabilidade, ambiguidade e cidadania transnacional*, Brasilia, Universidad de Brasilia, Departamento de Antropología, 1998a (serie Antropología, n° 235).

——: *O que faz o Brasil, Brazil: jogos identitários em San Francisco*, Brasilia, Universidad de Brasilia, Departamento de Antropología, 1998b (serie Antropología, n° 237).

Richard, Nelly: *Residuos y metáforas (ensayos de crítica cultural sobre el Chile de la transición)*, Santiago, Cuarto Propio, 1998.

Ricœur, Paul: *La metáfora viva*, Buenos Aires, Megápolis, 1977.

——: "Para una teoría del discurso narrativo", *Semiosis*, n° 22 - 23, Xalapa, Veracruz, 1989, pp. 19 - 99.

——: *La critique et la conviction: entretien avec François Azouvi et Marc Launay*, París, Calmann-Lévy, 1995.

Ritzer, George: *La McDonalización de la sociedad: un análisis de la racionalización en la vida cotidiana*, Barcelona, Ariel, 1996.

Robertson, Roland: *Globalization: social theory and global culture*, Great Britain, Sage, 1996.

Rojas Mix, Miguel: *América imaginaria*, Barcelona, Sociedad Estatal Quinto Centenario / Lumen, 1992.

Roncagliolo, Rafael: "La integración audiovisual en América Latina: estados, empresas y productores independientes", en Néstor García Canclini (coord.), *Culturas en globalización*, 1996, ob. cit., pp. 41 - 54.

Rosaldo, Renato: "Cultural citizenship: Theory", en William Flores y Rina

Benmayor, ob. cit., 1997, pp. 27 - 38.

Rother, Larry: "Miami, the Hollywood of Latin America", Nueva York, Times News Services, 1996, citado por George Yúdice, 1999b.

Rouse, Roger C.: "Mexican migration and the social space of postmodernism", *Diáspora*, n° 1, 1991, pp. 8 - 23.

Sarlo, Beatriz: *Escenas de la vida posmoderna*, Buenos Aires, Ariel, 1994.

——: "Europa para los argentinos", en "Radar libros", suplemento literario de *Página*/12, 20 de septiembre de 1998, año 1, n° 45.

——: "Educación: el estado de las cosas", *Punto de Vista*, 63, 1999, pp. 17 - 21.

Sassen, Saskia: "Ciudades en la economía global: enfoques teóricos y metodológicos", *Eure*, 24 (71), marzo 1998, pp. 5 - 25.

——: "The de-nationalizing of time and space", *Public Culture* 2000 (en prensa).

Schlesinger Philip: "El contradictorio espacio comunicativo de Europa", *Voces y culturas*, Barcelona, n° 9, 1° semestre, 1996.

Segato, Rita Laura: *Alteridades históricas / identidades políticas: una crítica a las certezas del pluralismo global*, Brasilia, Universidade de Brasilia, Departamento de Antropologia, 1998 (serie Antropologia, n° 234).

Sekula, Allan: "Dead Letter Office", en Sally Yard (ed.), *in SITE97: private time in public space / tiempo privado en espacio público*, ob. cit., pp. 28 - 37.

Senett, Richard: *Uses of Disorder: Personal Identity and City Life*, Londres, Faber & Faber, 1996.

Silva, Armando: *Imaginarios urbanos*, Colombia, Tercer Mundo Editores, 1992.

Signorelli, Amalia: "Antropología de la ventanilla: la atención en oficinas y la crisis de la relación público-privado", *Alteridades*, 6 (11), 1996, pp. 27 - 32.

——: *Antropología urbana*, Milán, Guerini, 1996b.

Simon, Gilda: "Les mouvements de population aujourd'hui", pp. 43 - 55, en Philippe Dewitte (dir.): *Immigration et intégration: l'état des savoirs*, ob. cit.

Singer, Paul: "Globalizção positiva e globalização negativa: a diferença é o Estado", *Novos Estudos*, n° 48, julio de 1997.

Slater, Candace: "La Amazonía como relato edénico", *Antropología*, 14, Madrid, 1997, pp. 23 - 43.

Sollers, Philippe: "Deux et deux font quatre", *Le Monde des Livres*, 3 de abril de 1998, pág. 5.

Sontag, Susan: "En el centro de la polémica: entrevista colectiva", *La Jornada Semanal*, 5 de abril de 1998, pp. 10 - 11.

Soros, George: "Hacia una sociedad abierta global", *El País*, 23 de diciembre de 1997, pp. 15 - 16.

Tarrius, Alain: "Territoires circulatoires et espaces urbains: diferenciation des groupes migrants", *Les Annales de la Recherche Urbaine*, n° 59 - 60, 1993, pp. 50 - 60.

Theroux, Paul: *Old Patagonia Express*, Boston, Houghton Mifflin, 1979, pp. 40 - 41.

Todorov, Tzvetan: "Du culte de la différence à la sacralisation de la victime", *Esprit*, París, junio de 1995, pp. 90 - 102.

——: *L'homme dépaysé*, París, Éditions du Seuil, 1996.

Trejo Delarbre, Raúl: "La internet en América Latina", en Néstor García Canclini y Carlos Moneta (coords.), *Las industrias culturales en la integración latinoamericana*, 1999, ob. cit., pp. 261 - 306.

UNESCO: *Nuestra diversidad creativa: informe de la Comisión Mundial de Cultura y Desarrollo*, Madrid, Ediciones UNESCO / Fundación Santa María, 1997.

——: *World, Culture Report 1998: Culture, Creativity and Markets*, París,

UNESCO, 1998.

Valdés, Adriana: "Alfredo Jaar: imágenes entre culturas", *Arte en Colombia internacional*, 42, diciembre de 1989.

Valenzuela, José Manuel: "Diáspora social, nomadismo y proyecto nacional en México", *Nómadas*, n° 10, Santa Fe de Bogotá, abril de 1999.

Varios autores: *El pabellón de Chile: huracanes y maravillas en una exposición universal*, Santiago de Chile, La Máquina del Arte, 1992.

Varios autores: Simposio "Los que no somos Hollywood", México, 1998.

Vila, Pablo: "La teoría de frontera versión norteamericana: una crítica desde la etnografía", presentado en el Seminario Internacional "Fronteras, Naciones e Identidades", Buenos Aires, 26 a 28 de mayo de 1999.

Virilio, Paul: "Un mundo sobre-expuesto", *Le Monde Diplomatique*, agosto de 1997.

Wallerstein, Immanuel: *The Modern World-System*, vol. Ⅲ: *The Second Era of Great Expansion of the Capitalist World-Economy, 1730 - 1840*, San Diego, California, Academic Press, 1989.

Walzer, Michael: "Individus et communautés: les deux pluralismes", *Esprit*, París, junio de 1995, pp. 103 - 113.

Warnier, Jean-Pierre: *La mondialisation de la culture*, París, La Découverte, 1999.

Werbner, Pnina y Modood, Tariq (eds.): *Debating Cultural Hybridity: Multicultural Identities and the Politics of Anti-Racism*, Londres / Nueva Jersey, Zed Books, 1997.

Wieviorka, Michel: "Le multiculturalisme est-il la réponse?", *Cahiers Internationaux de Sociologie*, 105, 1998, pp. 233 - 260.

Yankelevich, Pablo: *Miradas australes: propaganda, cabildeo y proyección de la Revolución Mexicana en el Río de La Plata*, tesis de doctorado presentada en la Universidad Nacional Autónoma de México, 1996.

—— (coord.): *En México, entre exilios: una experiencia de sudamericanos*,

México, Secretaría de Relaciones Exteriores / ITAM / Plaza y Valdés, 1998.

Yard, Sally (ed.): *in SITE97 :private time in public space / tiempo privado en espacio público*, San Diego, Installation Gallery, 1998.

Yúdice, George: "El impacto cultural del Tratado de Libre Comercio norteamericano", en Néstor García Canclini (coord.), *Culturas en globalización*, ob. cit., 1996, pp. 73 - 126.

——: "La industria de la música en la integración América Latina-Estados Unidos", en Néstor García Canclini y Carlos Moneta (coords.), *Las industrias culturales en la integración latinoamericana*, 1999a, ob. cit., pp. 115 -161.

——: "La integración del Caribe y de América Latina a partir de Miami", Conferencia sobre el Caribe, Wellesley College, 21 de abril de 1999b.

Zermeño, Sergio: *La sociedad derrotada*, México, Siglo XXI, 1996.

译名对照表

（按汉语拼音顺序排序）

阿贝莱，马克　Abélès，Marc
阿楚加尔，乌戈　Achugar，Hugo
阿多诺，西奥多·W.　Adorno，Theodor W.
阿尔法罗·西凯罗斯，大卫　Alfaro Siqueiros，David
阿尔托，安托南　Artaud，Antonin
阿格达斯，何塞·玛丽娅　Arguedas，José María
阿古斯丁，何塞　Agustín，José
阿吉拉尔，米格尔·安赫尔　Aguilar，Miguel Angel
阿吉莱拉，马尔科·图里奥　Aguilera，Marco Tulio
阿吉雷·贝尔特兰，贡萨洛　Aguirre Beltrán，Gonzalo
阿里斯佩，洛德斯　Arizpe，Lourdes
阿里亚斯，阿图罗　Arias，Arturo
阿梅尔，赖纳·恩里克　Hamel，Rainer Enrique
阿帕杜莱，阿尔君　Appadurai，Arjun
阿斯图里亚斯，米格尔·安赫尔　Asturias，Miguel Ángel
埃切尼克，布赖斯　Echenique，Bryce
埃切维里亚，路易斯　Echeverría，Luis
埃斯基韦尔，劳拉　Esquivel，Laura
埃索里尼亚，奥塔　Iosseliani，Otar

艾默里奇，罗兰　Emmerich，Roland

爱森斯坦，谢尔盖　Eisenstein，Sergei

安德森，本尼迪克特　Anderson，Benedict

奥尔登堡，克拉斯　Oldenberg，Claes

奥尔蒂斯，雷纳托　Ortiz，Renato

奥尔菲拉·雷纳尔，阿纳尔多　Orfila Reynal，Arnaldo

奥尔特加-加塞特，何塞　Ortega y Gasset，José

奥古斯托·皮诺切特　Augusto Pinochet

奥兰达，安娜·德　Hollanda，Ana de

奥罗斯科，加夫列尔　Orozco，Gabriel

奥斯特，保罗　Auster，Paul

奥唐奈，吉列尔莫　O'Donnell，Guillermo

巴巴，霍米　Bhabha，Homi

巴尔加斯，露斯·玛丽亚　Vargas，Luz María

巴利巴尔，艾蒂安　Balibar，Etienne

巴鲁埃尔，亚历杭德罗　Barruel，Alejandro

巴伦苏埃拉，何塞·曼努埃尔　Valenzuela，José Manuel

巴萨内斯，米格尔　Basanez，Miguel

巴斯孔塞洛斯，何塞　Vasconcelos，José

巴特拉，罗赫尔　Bartra，Roger

巴以利，海梅　Bayly，Jaime

邦菲尔，吉列尔莫　Bonfil，Guillermo

鲍曼，齐格蒙特　Bauman，Zygmunt

鲍什，皮娜　Bausch，Pina

贝贝托　Bebeto

贝尔赫，约翰　Berger，John

贝尔尼，安东尼奥　Berni，Antonio

贝克，乌尔利希　Beck，Ulrich

贝洛索，卡埃塔诺　Veloso，Caetano

彼得森，沃尔夫冈　Peterson，Wolfgang

比拉，巴勃罗　Vila，Pablo

比亚纳，埃尔马诺　Vianna，Hermano

毕维思，卡洛斯　Vives，Carlos

波兰斯基，罗曼　Polanski，Roman

波索，马里察·乌特亚加·卡斯特罗　Pozo，Maritza Urteaga Castro

博杜，比希尼娅·加西亚　Beaudoux，Virginia García

博厄斯，弗朗兹　Boas，Franz

博尔哈，霍尔迪　Borja，Jordi

博内特，路易斯　Bonet，Lluis

伯尼托·奥利瓦，阿基莱　Bonito Oliva，Archile

布阿尔克·德奥兰达，赫罗依萨　Buarque De Holanda，Heloisa

布尔斯廷，丹尼尔　Boorstin，Daneil

布拉德斯，鲁本　Blades，Rubén

布努埃尔，路易斯　Buñuel，Luis

查纳迪，阿玛利　Chanady，Amaryll

达达莫，奥兰多　D'Adamo，Orlando

达恩顿，罗伯特　Darnton，Robert

达里奥，鲁文　Darío，Rubén

达马塔，罗伯托　Da Matta，Roberto

达维拉，胡安　Dávila，Juan

大前研一　Ohmae，Kenichi

大卫，凯瑟琳　David，Catherine

大卫，雅克-路易　David，Jacques-Louis

德安德拉德，奥斯瓦尔　De Andrade，Oswald

德尔加多，爱德华　Delgado，Eduard

德卡瓦略，何塞·豪尔赫　De Carvalho，José Jorge
德拉坎帕，拉蒙.　De la Campa，Román
德拉斯·卡萨斯，巴托洛梅　De las Casas，Bartolomé
德莱昂，阿纳尔多　De León，Arnaldo
德萨阿贡，贝尔纳迪诺　De Sahagún，Bernardino
德维利耶，热拉尔　De Villiers，Gerard
迪普莱西，约瑟夫　Duplessis，Joseph
迪娜·帕乌卡尔　Dina Páucar
迪韦尔热，克里斯蒂安　Duverger，Christian
迭戈·里维拉　Diego Rivera
多尔塞，安德烈　Dorcé，André
多诺索，何塞　Donoso，José

恩岑斯贝格尔，汉斯·马格努斯　Enzensberger，Hans Magnus
恩里克斯·乌雷尼亚，佩德罗　Henríquez Ureña，Pedro

法雷，洛朗　Faret，Laurent
法农，弗朗茨　Fanon，Frantz
费尔南德斯，埃米利奥　Fernández，Emilio（el Indio）
费雷拉，茹卡　Ferreira，Juca
丰塔纳罗萨，罗伯特　Fontanarrosa，Roberto
佛朗哥，琼　Franco，Jean
福尔曼，米洛斯　Forman，Milos
福山，弗朗西斯　Fukuyama，Francis
福斯特，诺曼　Foster，Norman
福特，阿尼巴尔　Ford，Aníbal
弗劳斯托，托马斯·伊瓦拉　Frausto，Tomás Ybarra
弗雷，爱德华多　Frei，Eduardo
弗雷泽，南希　Fraser，Nancy

弗洛雷斯，胡安　Flores，Juan
富恩特斯，费尔南多・德　Fuentes，Fernando de
富恩特斯，卡洛斯　Fuentes，Carlos

冈萨雷斯・马丁内斯，恩里克　González Martínez，Enrique
高更，保罗　Gauguin，Paul
戈达尔，让-吕克　Godard，Jean-Luc
戈麦斯・奥坎波，吉尔贝托　Gómez Ocampo，Gilberto
戈麦斯，胡安・比森特　Gómez，Juan Vicente
格拉，弗朗索瓦-哈维尔　Guerra，François-Xavier
格雷泽，雷蒙多　Gleyzer，Raymundo
格里姆松，亚历杭德罗　Grimson，Alejandro
格鲁津斯基，塞尔日　Gruzinski，Serge
格罗斯伯格，劳伦斯　Grossberg，Lawrence
古本，罗曼　Gubern，Román

哈尔，阿尔弗雷多　Jaar，Alfredo
哈林，基思　Haring，Keith
海耶克，萨尔玛　Hayek，Salma
汉内斯，乌尔夫　Hannerz，Ulf
赫斯科维茨，梅尔维尔・J.　Herskovits，Melville J.
亨廷顿，萨缪尔　Huntington，Samuel
胡亚雷斯，贝尼托　Juárez，Benito
霍尔，彼得　Hall，Peter
霍尔，斯图亚特　Hall，Stuart

基恩，约翰　Keane，John
基什内尔，内斯托尔・卡洛斯　Kirchner，Néstor Carlos
基亚罗斯塔米，阿巴斯　Kiarostami，Abbas

吉登斯，安东尼　Giddens，Anthony

吉尔，吉尔贝托　Gil，Gilberto

加伯，尤金　Garber，Eugene

加尔松，巴尔塔萨　Garzón，Baltazar

加米奥，曼努埃尔　Gamio，Manuel

加纳姆，尼古拉斯　Garnham，Nicholas

卡尔代拉，特蕾莎·P. R.　Caldeira，Teresa P. R.

卡尔霍恩，克雷格　Calhoun，Craig

卡夫雷拉·因方特，吉列尔莫　Cabrera Infante，Guillermo

卡夫鲁哈斯，何塞·伊格纳西奥　Cabrujas，José Ignacio

卡罗，弗里达　Kahlo，Frida

卡门尼策尔，路易斯　Camnitzer，Luis

卡斯特利斯，曼努埃尔　Castells，Manuel

卡索，安东尼奥　Caso，Antonio

凯卢瓦，罗歇　Caillois，Roger

坎波拉，埃克托尔　Cámpora，Héctor

坎帕内拉，托马索　Campanella，Tommaso

科恩，亚历杭德罗　Korn，Alejandro

科尔内霍·波拉尔，安东尼奥　Cornejo Polar，Antonio

科塔萨尔，胡利奥　Cortázar，Julio

科尔特斯，埃尔南　Cortés，Hernán

科西奥·比列加斯，丹尼尔　Cosío Villegas，Daniel

克拉恩，诺尔玛　Klahn，Norma

克利福德，詹姆斯　Clifford，James

克鲁塞斯，弗朗西斯科　Cruces，Francisco

克瑞奇曼，麦克　Krichman，Michel

孔德，奥古斯特　Comte，Auguste

奎特卡，吉列尔莫　Kuitca，Guillermo

昆卡，卡门　Cuenca，Carmen

拉米雷斯·厄雷，马科斯　Ramírez Erre，Marcos
拉米雷斯，玛丽卡门　Ramírez，MariCarmen
拉莫斯，胡利奥　Ramos，Julio
拉普兰廷，弗朗索瓦　Laplantine，François
拉瓦纳尔，鲁道夫　Rabanal，Rodolfo
莱希纳，诺伯特　Lechner，Norbert
劳里，马尔科姆　Lowry，Malcom
劳森伯格，罗伯特　Rauschenberg，Robert
勒南，埃内斯特　Renan，Ernest
雷德菲尔德，罗伯特　Redfield，Robert
雷耶斯，阿方索　Reyes，Alfonso
理查德，内莉　Richard，Nelly
里帕·阿尔韦迪，埃克托尔　Ripa Alberdi，Hector
利达，克拉拉·E.　Lida，Clara E.
利普斯坦，奥图罗　Ripstein，Arturo
林内乌斯，卡尔　Linnaeus，Carl
林斯·里韦罗，古斯塔沃　Lins Ribeiro，Gustavo
刘易斯，奥斯卡　Lewis，Oscar
柳幸典　Yanagi，Yukinori
龙尼茨，克劳迪奥　Lomnitz，Claudio
卢卡奇，格奥尔格　Lukács，Georg
罗德里格斯，何塞·路易斯　Rodríguez，José Luis
罗多，何塞·恩里克　Rodó，José Enrique
罗哈斯·米克斯，米格尔 Rojas Mix，Miguel
罗萨尔多，雷纳托　Rosaldo，Renato
罗塞夫，迪尔玛　Rousseff，Dilma

罗特，拉里　Rohter，Larrychexiao

洛伦萨诺，桑德拉　Lorenzano，Sandra

洛佩斯，伊斯雷尔·“卡查”　López，Israel “Cachao”

马德罗，弗朗西斯科　Madero，Francisco

马蒂，何塞　Marti，José

马丁，瑞奇　Martin，Ricky

马丁-巴韦罗，赫苏斯　Martín-Barbero，Jesús

马尔法蒂，阿妮塔　Malfatti，Anita

马戈利斯，马克辛·L.　Margolis，Maxine L.

马古利斯，马里奥　Margulis，Mario

马利亚斯，哈维尔　Marías，Javier

马卢夫，阿敏　Maalouf，Amin

马特尔，卢克　Martell，Luke

马托，丹尼尔　Mato，Daniel

马托斯·桑切斯，米格尔·拉斐尔　Martos Sánchez，Miguel Raphael

麦克拉伦，彼得　McLaren，Peter

麦克卢汉，马歇尔　Mcluhan，Mashall

曼特孔，安娜·罗萨斯　Mantecón，Ana Rosas

梅迪斯·博略，安东尼奥　Mediz Bolio，Antonio

梅内姆，卡洛斯　Menem，Carlos

门德斯，露西亚　Méndez，Lucía

蒙特罗梭，奥古斯托　Monterroso，Augusto

蒙西瓦伊斯，卡洛斯　Monsiváis，Carlos

米勒，托比　Miller，Toby

米罗·胡安　Miró，Joan

米尼奥罗，瓦尔特　Mignolo，Walter

莫尔，托马斯　More，Thomas

莫利，大卫　Morley，David
莫林，加西亚　Morín，García
莫内，让　Monnet，Jean
莫斯科尼，恩里克　Mosconi，Enrique

拿破雷斯·古斯塔沃　Gustavo Nápoles
纳尔逊，卡里　Nelson，Cary
奈特，阿兰　Knight，Alan
内阿迪，费尔南多　Reati，Fernando
内尔沃，阿马多　Nervo，Amado
内维特，尼尔　Nevitte，Neil
尼翁，爱德华多　Nivón，Eduardo
纽曼，凯瑟琳　Newman，Kathleen

帕帕斯特吉亚蒂斯，尼科斯　Papastergiadis，Nikos
帕切科，何塞·埃米利奥　Pacheco，José Emilio
帕斯，奥克塔维奥　Paz，Octavio
帕乌卡尔，迪娜　Páucar，Dina
庞塞，阿尼瓦尔　Ponce，Aníbal
佩鲁利，保罗　Perulli，Paolo
皮尔斯，查尔斯·桑德斯　Pierce，Charles Sanders
皮里亚，里卡多　Piglia，Ricardo
皮亚诺，伦佐　Piano，Renzo
普拉特，玛丽　Pratt，Mary
普瓦罗，路易　Poirot，Luis

琼斯，贾斯培　Johns，Jasper

萨尔加多，塞巴斯蒂昂　Salgado，Sebastião

萨拉莱吉，克里斯蒂娜　Saralegui，Cristina

萨拉马戈，何塞　Saramago，José

萨洛，比阿特丽斯　Sarlo，Beatriz

萨缅托，多明戈・福斯蒂诺　Sarmiento，Domingo Faustino

萨帕塔，埃米利亚诺　Zapata，Emiliano

萨森，萨斯基亚　Sassen，Saskia

塞尔纳，恩里克　Serna Enrique

塞加多，丽塔・劳拉　Segato，Rita Laura

塞库拉，艾伦　Sekula，Allan

塞梅尼奥，塞尔希奥　Zermeño，Sergio

赛尔，胡安・何塞　Saer，Juan José

桑切斯，卡洛斯　Sánchez，Carlos

桑切斯・乌戈 Sánchez，Hugo

桑塔格，苏珊　Sontag，Susan

森尼特，理查德　Sennett，Richard

斯蒂格利茨，约瑟夫　Stiglitz，Joseph

斯特罗斯纳，阿尔弗雷多　Stroessner，Alfredo

苏普利西，玛尔塔　Suplicy，Marta

苏斯戴尔，雅克　Soustelle，Jacques

索莱尔斯，菲利普　Sollers，Philippe

索罗斯，乔治　Soros，George

索萨・洛佩兹，埃米利奥　Sosa López，Emilio

索斯诺斯基，萨乌尔　Sosnoski，Saúl

塔皮埃斯，安东尼　Tàpies，Antoni

特赖希勒，帕梅拉 Treichler，Pamela

特鲁希略，拉斐尔　Trujillo，Rafael

托多罗夫，茨维坦　Todorov，Tzvetan
托夫勒，阿尔文　Toffler，Alvin
托莱多，弗朗西斯科　Toledo，Francisco

瓦蒂莫，詹尼　Vattimo，Gianni
瓦尼耶，让-皮埃尔　Warnier，Jean-Pierre
维多夫罗，亚历杭德罗　Huidobro，Alejandro
维诺库尔，罗莎莉亚　Winocur，Rosalía
维希留，保罗　Virilio，Paulo
沃尔泽，迈克尔 Walzer，Michael
沃霍尔，安迪　Warhol，Andy
沃洛希诺夫，瓦连京　Voloshinov，Valentin

希格里亚，安赫拉　Giglia，Angela
希门尼斯，何塞·阿尔弗雷多　Jiménez，José Alfredo
西蒙，吉尔达　Simon，Gilda
西尼奥雷利，阿马利娅　Signorelli，Amalia
休斯，罗伯特　Hughes，Robert

扬克列维奇，巴勃罗　Yankelevich，Pablo
扬尼，奥克塔维奥　Ianni，Octavio
伊格莱西亚斯，恩里克　Iglesias，Enrique
伊格莱西亚斯，胡利奥　Iglesias，Julio
伊斯特凡，格洛丽亚　Estefan，Gloria
英格尔哈特，罗纳德　hart，Ronald
尤迪斯，乔治　Yúdice，George

图书在版编目(CIP)数据

江苏省版权局著作权合同登记　图字:10 - 2018 - 239 号

图书在版编目(CIP)数据

想象的全球化/(阿根廷)内斯托尔·加西亚·坎克里尼著;陈金梅译.—南京:南京大学出版社,2022.7

ISBN 978 - 7 - 305 - 25255 - 6

Ⅰ.①想… Ⅱ.①内…②陈… Ⅲ.①全球化—研究 Ⅳ.①C913

中国版本图书馆 CIP 数据核字(2021)第 276957 号

出版发行　南京大学出版社
社　　址　南京市汉口路 22 号　　　　邮　编 210093
出 版 人　金鑫荣

书　　名　想象的全球化
著　　者　[阿根廷] 内斯托尔·加西亚·坎克里尼
译　　者　陈金梅
责任编辑　付　裕

照　　排　南京紫藤制版印务中心
印　　刷　徐州绪权印刷有限公司
开　　本　889×1194　1/32　印张 11.875　字数 285 千
版　　次　2022 年 7 月第 1 版　2022 年 7 月第 1 次印刷
ISBN　978 - 7 - 305 - 25255 - 6
定　　价　78.00 元

网　　址　http://www.njupco.com
官方微博　http://weibo.com/njupco
官方微信　njupress
销售咨询　025 - 83594756